|台湾研究系列|

台湾地区宪制性规定变迁的社会视角分析

陈咏江 著

图书在版编目（CIP）数据

台湾地区宪制性规定变迁的社会视角分析 / 陈咏江著. -- 北京：九州出版社，2023.2
　　ISBN 978-7-5225-1681-3

　Ⅰ．①台… Ⅱ．①陈… Ⅲ．①法的理论－研究－台湾 Ⅳ．①D927.580.4

中国国家版本馆CIP数据核字(2023)第041399号

台湾地区宪制性规定变迁的社会视角分析

作　　者	陈咏江　著
责任编辑	郝军启
出版发行	九州出版社
地　　址	北京市西城区阜外大街甲35号（100037）
发行电话	(010)68992190/3/5/6
网　　址	www.jiuzhoupress.com
印　　刷	北京九州迅驰传媒文化有限公司
开　　本	720毫米×1020毫米　16开
印　　张	14
字　　数	256千字
版　　次	2023年2月第1版
印　　次	2023年2月第1次印刷
书　　号	ISBN 978-7-5225-1681-3
定　　价	56.00元

★版权所有　侵权必究★

序 言

古人云:"能攻心,则反侧自消,从古知兵非好战;不审势,即宽严皆误,后来治蜀要深思。"[①] 社会条件是台湾地区发展、治理很重要的部分。对台湾社会了解越深,对把握两岸关系发展越有利。

"人之相交,贵在知心。"一方面,争取台湾民心需要充分把握台湾地区的社会条件。[②] "做对台工作一定要从台湾民众的角度出发,以民为本,把对台工作的重点真正落实到台湾民众身上去。"[③] 遏制"台独"分裂势力,引导两岸走向和平统一,需要"实现同胞心灵契合",需要"尊重台湾同胞的社会制度和生活方式"。[④] 因为"环境创造人"[⑤],所以,需要充分了解台湾社会的基础性状况,才能有效地争取民心。

"回顾历史,是为了启迪今天、昭示明天。"[⑥] 另一方面,丰富和平统一实践,需要探索"两制"方案。对台湾地区宪制性规定发展历程认识越深,对

[①] 清人赵藩写的一副名联,挂于成都武侯祠供奉诸葛亮的大殿里,意在警醒后人治蜀。参见严安林. 汪道涵:关键时刻适时出手 [J]. 世界知识,2006,(2):46—48.

[②] 孟子曰:"人之相识,贵在相知,人之相知,贵在知心。"意思是人们互相认识,贵在能够相互了解。而人们相互了解,贵在能够了解到对方的心灵深处。习近平总书记在《告台湾同胞书》发表40周年纪念会重要讲话中提到"人之相交贵在知心"。参见《告台湾同胞书》发表40周年纪念会在京举行 [J]. 中国发展观察,2019,(1):2. 孟轲. 孟子 [M]. 任大援,刘丰注译. 合肥:安徽人民出版社,2002:155.

[③] 曹建明. 呕心沥血推进法治 [A].《报国有心爱国无限:汪道涵百年诞辰纪念文集》编辑组. 报国有心爱国无限——汪道涵百年诞辰纪念文集 [C]. 上海:上海人民出版社,2015:249—251. 或参见严安林. 汪道涵:关键时刻适时出手 [J]. 世界知识,2006,(2):p46—48.

[④]《告台湾同胞书》发表40周年纪念会在京举行 [J]. 中国发展观察,2019,(1):2.

[⑤] 马克思,恩格斯. 马克思恩格斯选集第1卷 [M]. 中共中央马克思恩格斯列宁斯大林著作编译局译. 北京:人民出版社,1995:92.

[⑥]《告台湾同胞书》发表40周年纪念会在京举行 [J]. 中国发展观察,2019,(1):2.

有效开展对台工作越有价值。[①] 当今台湾地区的社会制度和生活方式奠基于1987年的"解严",深刻认识"解严"前台湾社会的转型,从法社会学的视角对台湾地区宪制性规定的历史变迁进行研究,[②] 有助于全面客观地了解台湾社会和台湾民众,[③] "早日解决政治对立,达成国家统一愿景"[④]。

台湾地区作为中国不可分割的一部分,在中华民族伟大复兴进程中有不可或缺的地位和作用。推进祖国和平统一,探索"两制"台湾方案,确保台湾的繁荣稳定,需要深刻认识台湾地区宪制性规定及其变迁背后的深层原因。目前两岸及国外的学者对台湾地区宪制性规定变迁转型的相关研究,成果已相当丰硕,但通过本书的梳理发现,现有解释并不充分,除了强调外力因素、政治因素外,基于社会视角的分析偏重于经济变量,对社会变量的研究不充分,对转型动力来源、维持机制的探讨不足。鉴此,本节在确立解释框架的基础上,阐释台湾地区宪制性规定变迁转型的社会条件。

本书的主要内容分为四章。第一章进行理论廓清,建立自己的理论解释框架。首先,运用托克维尔关于民主的社会条件的相关理论,探讨社会条件对于阐释宪制性规定变迁转型的必要性,廓清研究认识上的误区。接着,运用涂尔干的有机团结理论,从社会的立场,明确社会结构作为宪制性规定变迁转型独立变量的重要性,将社会整合作为宪制性规定变迁转型的基础性条件。然后,运用诺斯的制度变迁理论,探讨宪制性规定变迁转型的变迁方式与动力来源,在社会与制度变迁之间建立因果关系。最后,运用帕特南的社会资本理论,论述宪制性规定变迁转型的维持机制,即,社会资本的形成与社会均衡的实现可以促进宪制性规定变迁转型的巩固。不同理论的递进论述也对应着本书主体内容的结构安排。第二章论述宪制性规定变迁转型的初始条件。台湾地区从20世纪70年代中后期到80年代末期,随着经济的持续高速发展,以工商团体为代表的新兴社会组织走上历史舞台,促进原来平铺直

[①] 海峡两岸关系协会前会长汪道涵先生曾经指出,"所有的台湾问题、两岸问题,最后都是法律问题。两岸要往前走一步,就是法律往前走一步。"曹建明. 呕心沥血推进法治 [A].《报国有心爱国无限:汪道涵百年诞辰纪念文集》编辑组. 报国有心爱国无限——汪道涵百年诞辰纪念文集 [C]. 上海:上海人民出版社,2015:249—251.

[②] "宪制"的变迁是两岸关系"法律"法规变迁的基础。游劝荣. 台湾法律界 [M]. 北京:九州出版社,2013:259.

[③] 目前,大陆对台湾地区法学界、法律界的了解和介绍还很有限。游劝荣. 台湾法律界 [M]. 北京:九州出版社,2013:259.

[④] 《告台湾同胞书》发表40周年纪念会在京举行 [J]. 中国发展观察,2019,(1):2.

叙的社会开启复杂的再组织化进程，整个社会开始由原来的一元社会转型成多元社会。第三章论述宪制性规定变迁转型的推进条件。实现再组织化后的社会逐渐获得了独立的地位，拥有了足以和政治、经济相抗衡的力量，推动多元化的社会力量理性表达、有序参与，促进公共领域的形成，进而影响社会乃至体制、机制的变迁方向。第四章论述宪制性规定变迁转型的巩固条件。随着台湾地区宗教的适应化、民俗化发展，持续改善社会的精神面貌。本土宗教的繁荣则使得急剧变迁社会中的民情得以持续稳定，促进提升社会的公共道德。公共团体的扩张，使得台湾社会的纵向支撑与横向联系得以建立，促进社会资本与新的社会均衡的形成。

综上，本书在托克维尔、涂尔干、诺斯、帕特南的理论基础上建立起自己的解释框架，结合台湾地区实际阐释了宪制性规定变迁转型所需要的社会条件，即：首先是工业化、城市化基础之上开启的多元化转型，促进社会的再组织化；接着是多元主体的不同诉求导入理性化的途径中，公共领域开始制度化发展，持续推进转型；最后是宗教、民情及社会资本的引领，促进公共精神的提升，维持巩固转型。可见，社会变迁深刻影响了政治法律制度的演进，应坚持从社会视角出发，丰富和发展"一国两制"台湾方案。

陈咏江
2021 年 10 月

目 录

绪论 ··· 1
  一、问题缘起与研究意义 ··· 1
  二、研究文献述评 ·· 17
  三、结构安排与思路 ·· 37

第一章 宪制性规定变迁的理论基础 ································ 43
  第一节 托克维尔关于民情的理论 ·································· 44
  第二节 涂尔干的有机团结理论 ···································· 48
  第三节 诺斯的制度变迁理论 ······································ 53
  第四节 帕特南的社会资本理论 ···································· 59
  小 结 ··· 63

第二章 台湾地区社会的再组织化 ·································· 65
  第一节 台湾地区的经济发展及其社会影响 ·························· 65
  第二节 工商团体的组织化 ·· 84
  第三节 新兴工商团体的合法化 ···································· 93
  第四节 社会的再组织化 ··· 101
  小 结 ·· 113

第三章 台湾地区公共领域的形成 ································· 115
  第一节 公共性的形成 ··· 115
  第二节 体制的变迁 ··· 134

第三节　参与机制的形成 …………………………………… 144
小　结 …………………………………………………………… 153

第四章　台湾地区公共精神的再提升 …………………………… 155
　　第一节　宗教的促进 …………………………………………… 156
　　第二节　民情的稳定 …………………………………………… 166
　　第三节　社会资本的良性发展 ………………………………… 175
　　小　结 …………………………………………………………… 185

结语——回到社会看问题 …………………………………………… 189

参考文献 ……………………………………………………………… 191

后　记 ………………………………………………………………… 215

绪　论

一、问题缘起与研究意义

（一）问题缘起

一种政治制度的实践，从来就不单纯是一种价值观的选择性安排，更是一种社会生活方式。宪制性规定是政治问题法律化的集中表达，不仅仅是一套形式化的政治体系，更是包含着整个生活方式：道德、宗教、习惯、风俗、情感等等，需要有相应的条件作为支撑。① 即便是在漫长的中古时期，虽然政治力强势支配着整个社会，社会条件本身仍然影响着政治的合法性与有效性，对于政治制度与社会条件的探讨也时常出现。比如古希腊悲剧《安提戈涅》，讲述的就是"家庭的爱、神圣者、属情感范畴的内在者，因而也被理解为诸神的法律，与城邦的法发生冲突"②。中国历史上也很早就认识到"橘生淮南为橘，淮北为枳"的道理，并重视政治制度安排的地区差异性。许多朝代在主体民族、核心文化地区实行高度集中统一的政治制度，但在边疆及少数民族地区却允许根据历史、地理、社会、文化条件的不同实行不同的政治制度，

---

① 对于如何推行以宪制性权利为中心的治理模式，有人认为就是单纯价值观的选择，或者是一种政治制度的选择性安排，是选举制度变迁的结果，如约瑟夫·熊彼特广为人知的民主定义，"民主方法就是那种为做出政治决定而实行的制度安排，在这种安排中，某些人通过争取选票而取得作决定的权力"。熊彼特依据定期选举制度衡量民主，虽然较方便地区别了民主与非民主，但依据这种认识，"一般的公民没有能力、也不应该进行统治，因为在大多数议题上这些平民都没有明确的概念，而且也不够聪明"。这就否定了民主内在的平等诉求，出现这种矛盾恰恰是忽略了民主的社会条件。[奥] 约瑟夫·熊彼特. 资本主义、社会主义与民主 [M]. 吴良健译. 北京：商务印书馆，2007：395—396. 孙林，黄日涵. 政治学核心概念与理论 [M]. 天津：天津人民出版社，2017：118—119.

② [美] 史蒂芬·B. 斯密什. 耶鲁大学公开课：政治哲学 [M]. 贺晴川译. 北京：社会科学文献出版社，2015:21.

如汉唐管理西域的都护府制度,元明清时期管理西南少数民族的土司制度。[①]不过,由于经济社会形态总体上是稳定的,社会大体上是封闭而受压抑的,在古代社会对政治制度的社会条件的探讨并不系统。

政治制度的社会条件真正成为一个问题,是近代资本主义逐渐取得优势地位以后。首先是工业革命带来的经济方面的革命,与之相应的还有理性主义、科学及实证主义带来的精神革命,从而使得社会力量空前扩张、社会形态复杂多变,并反过来成为政治制度不得不面临的问题。当原来的政治制度开始面临日新月异的社会形态时,政治转型成为一个严肃的问题,若无法适应新的社会变化,会使得政治制度名存实亡或效率低下,甚至直接带来政治革命。因此,关于民主政治转型的研究,被视为近代以来最核心的政治问题。由于近代资本主义飞速发展带来的巨大成就,早期对民主政治条件的研究往往是从政治与经济的关系切入的。最早可以追溯到启蒙思想家的政治思想论述。孟德斯鸠很早便发现,"追求利润的商业精神开启了通往'以贸易为基础的民主政治'的政治智慧之路"[②]。另外一位英国的古典政治经济学家詹姆斯·斯图亚特则指出:"近代经济(即各种利益)的复杂系统必然是已经发明出来的对付专制主义蠢行的最有效的辔绳。"[③]同时,文艺复兴后,人取代上帝成为世间的主人。在政治领域,人民主权成为至高无上的原则。自由、平等、博爱成为最高的价值。由于资本主义被视为理性胜利的产物,民主政治被理所当然地认为是可以纯粹人为设计、打造出来的。重视民主政治的制度设计,从理性出发,如何建立可以良好运行的民主政治,一直是学术界最为重要的讨论议题。在这样的思潮下,按照启蒙思想家卢梭、孟德斯鸠等人的理性设计,人民主权之下,建立在三权分立基础上的代议制政府就是保障人民行使主权的理想政治制度。这种理性设计与政治制度的结合最早在欧洲大陆的法国出现,宣告资本主义终于实现了有利于自己的政治诉求。不过,这

[①] 中国古代的治理经验表明,"一国两制"甚至是"一国多制"只要是因地制宜,符合社会实际情况,均能实现善治。
[②] 韦森.入世的政治——经济学家阿尔伯特·赫希曼的思想之旅[J].复旦学报(社会科学版),2015(6):117—129.
[③] "现代经济复杂的相互依赖与发展构成了一架如此精密的机器,这使专制政府的肆意妄为变得不可能。如果确实必须服从经济利益,那么这不仅为约束君主的鲁莽行为提供了理由,也为压制人民的行为和限制参与提供了依据。"[美]艾伯特·奥·赫希曼.欲望与利益——资本主义走向胜利前的政治争论[M].上海:上海文艺出版社,2003:75—80.

些看似完美的理性设计都是建立在抽象原则下，没有经过实践经验的检验。恩格斯指出："和启蒙学者的华美语言比起来，由理性的胜利建立起来的社会制度和政治制度竟是一幅令人极度失望的讽刺画。"①

托克维尔深刻地总结了法国大革命的教训。托克维尔指出："在法国，政治世界截然分裂成两块互不交往的领地……在政客的领地里是统治……在作家们的领地里表述着抽象的原则……在现实社会之上……一个虚构的社会逐渐成型了，它的一切事物似乎都简单明了而美好，协调一致，都符合理性典范。"②在法国，民主和理性的联姻演变成抽象原则和想象社会的结合，变成反现实主义的，将法国带入危险的境地。③法国在18世纪末19世纪初的政治转型就是在高举自由、平等、博爱的理性旗帜下进行，但整个大革命期间，理性被演绎成教条式的推理，反而被热情所淹没，造成社会动荡，给生活在那里的人民带来深重的灾难。大革命期间，"党派……无一例外地表现出群体以适用于任何情况的最简单的抽象原则和普遍法则来解决社会问题的倾向……他们擅长推理和使用教条，脑子里装满了各种模糊的空洞理念；他们没有弄清楚状况就忙于实行各种死板的原则……他们自以为依靠一些非常简单的指导性教条，就能够将社会从头到尾彻底改造一番……"④作为政治运作最关键的机构——议会，拥有了空前的权力，但"议会……扮演着深思熟虑的闹剧……（议员）像是在放荡的观众面前表演的市集喜剧演员，在一群乌合之众的喧嚣的吵闹声中表演……推翻了国王的议会，甚至没有一个庄严立法机构的面貌——既无国王的姿态，又无任何元老的风度。议员们被给予了一种颠覆和破坏的权力……但是除了建造有利于进一步颠覆和破坏的工具，他们什么建设性的作用也没有"⑤。法国政治转型的初衷本是追求自由、平等、民主，但过程中充满暴力与恐怖，结果演变成全民参与的大革命，出现了"以

---

① [德]恩格斯.社会主义从空想到科学的发展(节选)(1880年)[A].马克思等.马列著作选编[C].北京：中共中央党校出版社，2002：245.或参见黄学胜.马克思对启蒙理性的批判及其审视[J].马克思主义哲学研究，2019(1)：75—84.

② [法]托克维尔.旧制度与大革命[M].陈玮译.北京：中央编译出版社，2013：146.

③ [美]乔万尼·萨托利.民主新论上：当代论争[M].冯克利，阎克文译.上海：上海人民出版社，2015：52.

④ [法]古斯塔夫·勒庞.乌合之众：大众心理研究[M].语娴译.呼和浩特：远方出版社，2016：161.

⑤ [爱尔兰]伯克.伯克文集[M].廖红译.北京：北京理工大学出版社，2014：168—169.

革命和人民的名义随意践踏人权"的新型独裁统治。其间，从 1789 年巴黎人民攻占巴士底狱开始，到 1799 年拿破仑当权，仅为推翻国王统治就进行了三次起义，随后又有花月政变、果月政变、葡月政变、牧月起义、芽月起义、热月政变、雾月政变等，除了 1792 年 8 月国王路易十六被送上断头台，仅雅各宾派当政期间，就有 20 万人被逮捕，许多人未经必要审判就被送上断头台，包括雅各宾派领袖罗伯斯庇尔本人，如革命法庭公诉人富基埃－坦维尔所言，"脑袋如板岩般纷纷落地"①。对此，埃德蒙·伯克（Edmund Burke）指出："抽象化的理性主义是疯狂行径的温床。如果某人老是用逻辑范畴思考，那么他最终会遗忘他的人民"。"法国的那帮理论家对人类有着深深的爱，但是对具体的人却很不耐烦。更为糟糕的是，索性把他们忘掉。""抽象化的做法就是把具体的人加以分类，然后就抛弃他们仍然是人类的想法。'让我们把贵族消灭掉！'这样说着，就开了杀戒。"②

在伯克、托克维尔等人对法国大革命进行深切反思的基础上，许多思想家也都从不同角度对民主政治的条件进行深入的研究，③使得政治制度与社会条件的关系这一命题不仅在原发的老牌资本主义国家受到重视，成为后来保守主义政治思潮的重要理论渊源，也成为后发地区无法绕过的政治难题。无论是中国近代以来宪法实践的曲折发展历程，还是拉美国家反反复复的政治转型与政治动荡，④都是政治制度缺乏相应社会条件支撑的必然政治后果。由此可见，在民主转型相关的几个变量中，社会应当作为一个独立的变量看待，有着与经济变量、政治变量同等重要的地位，需要对社会变量进行深入的研究。

---

① 1793 年制定的《嫌疑犯治罪条例》规定，只要是主张温和的，只要是对革命没有贡献的，统统都在治罪之列。参见林达.带一本书去巴黎 [M].北京：生活·读书·新知三联书店，2002：239—248.

② [爱尔兰] 伯克.自由与传统：柏克政治论文选 [M].蒋庆译.北京：商务印书馆，2001：5.

③ 诸如埃米尔·涂尔干、罗伯特·帕特南等人均有深刻的见解，本书也将在第一章的部分再进行梳理。

④ 如阿根廷等拉美国家，国家与社会时不时走向崩溃重来、循环往复的困境。[美] 杰弗里·弗里登.20 世纪全球资本主义的兴衰 [M].上海：上海人民出版社，2017：401—406.

（二）基本概念

1. 宪制性规定变迁

从政治学的视角看，宪制性规定变迁转型的研究属于转型政治学，也称"转轨政治学""过渡政治学"，属于比较政治学的分支学科。该学科主要研究20世纪70年代中期以来在南欧、拉美、东亚等地区发生的从权威统治向民主政治转变的原因、过程、战略等问题。1986年奥唐奈尔等主编的《权威统治的转型》是转型政治学的早期代表作。1991年亨廷顿出版的《第三波——二十世纪后期的民主化浪潮》，使转型政治学渐趋成熟。[①] 中国台湾地区的宪制性规定变迁转型是第三波民主化浪潮中社会代价较小、过程相对平稳的一次政治转型，受到学界的广泛关注。[②] 从宪法史的角度看，宪制性规定变迁转型是研究中国历史上宪制性规定演变规律的学科，是宪法学和法律史学的交叉学科。中国宪法的历史是中国人民为争取民主政治和宪法权利进行前仆后继斗争的历史。[③] 中国台湾地区的宪制性规定变迁是中国宪法史研究领域难以回避的一部分。中国台湾地区的宪制性规定源自大陆制定的"中华民国宪法"，深受孙中山先生"三民主义"思想的影响，[④] 蕴含"大一中"的法理架构。要研究台湾地区的宪制性规定变迁转型的社会条件，需要从认识和理解台湾地区的"威权体制"入手。

[①] 王邦佐等.政治学词典[Z].上海：上海辞书出版社，2009.

[②] 郑振清."本土化"与当代台湾政治转型的动力与进程[A].周志怀.台湾研究优秀成果奖获奖论文汇编2010卷[C].北京：社会科学文献出版社，2011：114—130.

[③] 张光忠等.社会科学学科词典[Z].北京：中国青年出版社，1990.

[④] "中华民国宪法"于1946年12月25日经"制宪国民大会"通过，于1947年1月1日由国民政府公布，同年12月25日施行。内容除前言外，全文共175条条文，计分14章。"宪法"本文的主要特色"为彰显主权在民的理念，明定人民自由权利的保障，规定五权分立的中央政府体制及地方自治制度，明示中央与地方权限划分采取均权制度，并明列基本国策等"。参见王晓梅等.不可不知的2000个重大事件[Z].北京：中央编译出版社，2009.

威权体制既不同于极权政体,[①] 也异于民主政体,[②] 而是介于两者之间的一种政体形式。由于本身是一种过渡的政治体制形态,其在资本主义发展的不同阶段都有不同的表现形式,如德国历史上的第二帝国,到 20 世纪 20 年代的西南欧国家,再到 20 世纪中期的拉美国家。由于形态多样,威权体制的概念描述也在不断变化。虽然威权体制的概念早在 20 世纪 30 年代就有人提出,但主要是取其贬义,特指法西斯主义。[③] 后来引发广泛的学术讨论和实务关注的是在 1964 年由美籍西班牙裔学者胡安·林兹提出,专门指称佛朗哥统治下的西班牙。[④]20 世纪 80 年代开始,西方学者广泛使用这一概念来描述"出现于 20 世纪二三十年代的西南欧国家以及到了六七十年代纷纷放弃议会民主制的亚非拉国家和地区","六七十年代实行威权体制的国家远远超过其他政体类型的国家"。美籍意大利裔学者萨托利通过比较分析,详细区分了不同体制的类型,并从自由与威权关系的角度对威权体制的概念做了详尽阐释,认为威权体制虽然限制民主,损害自由,但往往具备民主的外衣,具有向实质性民主过渡的条件。[⑤] 威权体制以拉美地区的军人威权体制最为常见,台湾地区的威权体制属于"党国"威权体制,与军人威权体制最大不同在于"由政

---

① 又称全能政体,是 20 世纪 20 年代意大利的墨索里尼发明的政治术语,特指法西斯国家对社会生活的强大控制力。其特质包括:一是具有并推行一个无所不包,渗透于个人生活的方方面面的官方意识形态,主张非黑即白的两分法;二是只有一个合法政党,且政党受领袖的统一领导并具有严密的组织系统;三是实行有组织的恐怖策略,以秘密警察组织做后盾,以此培植对政党的孝忠;四是政府垄断大众资讯;五是实行统制型经济。参见 Carl J. Fredrick & Zbigniew Brzeziski. Totalirarian Dictatorship and Autocracy [M]. MA: Harvard University Press, 1965: Chapter Two.

② 约瑟夫·熊彼特从组成政府的程序这一角度来界定民主体制,认为民主体制是一种制度安排,在这种制度安排中,某些人通过争取人民选票取得做决定的权力。参见 [美] 约瑟夫·熊彼特. 吴良健译. 资本主义、社会主义与民主 [M]. 北京:商务印书馆,1999:395—396. 罗伯特·达尔提出了民主体制的五个构成要素:有效的参与、投票的平等、充分的知情、对议程的最终控制、成年人的公民资格。参见 [美] 罗伯特·达尔. 李柏光、林猛译. 论民主 [M]. 北京:商务印书馆,1999:43—44.

③ 参见许开轶. 二战后东亚地区社会变迁的政治分析——东亚威权政治及其转型研究 [M]. 合肥:合肥工业大学出版社,2014:20—21.

④ 胡安·林兹认为佛朗哥威权体制具有四个特征:有限的政治多元主义、缺乏主导性的意识形态但有特殊的威权心态、有限的政治动员以及领导人权力行使的可预测性。Juan J.Linz. "An Authoritarian Regime: The Case of Spain" In Cleavages, Ideologies and Party Systems: Contributions to Comparative Political Sociology, edited by Erik Allardt and Yrjö Littunen, Transactions of the Westermark Society, vol. 10. Helsinki: The Academic Bookstore, 1964:291—341.

⑤ [美] 乔·萨托利. 政党与政党体制 [M]. 王明进译. 北京:商务印书馆,2006:306—322.

治强人控制强力政党,党组织高度穿透政府、军队和社会","好比是一把雨伞,国民党党组织是伞柄,'两蒋父子'则是先后撑伞的强人"①。台湾地区威权体制特征包括"对人民基本人权和参政权的限制,对经济活动及市场行为的管制与操控,对人民团体和社会运动的动员和压制,对意识形态和传播媒体的操控"②。本文对威权体制的界定,主要是指蒋经国主政中国国民党时期,在台湾地区实施的威权体制。相较于蒋介石时期的威权体制,蒋经国时期的威权体制体现出更多的柔性,如果将前者归纳为硬性威权体制,则后者可以视为软性威权体制,③其特点如表1所示。

表1 蒋介石时期威权体制与蒋经国时期威权体制区别

威权类型	硬性威权体制	软性威权体制
意识形态	民族主义为主,发展主义为辅	发展主义为主,民族主义为辅
领导层	最高领袖绝对权威,少数军政要员掌握实权,辐射状的主从关系	最高领袖权威犹存,决策权有限度下放,本土精英进入领导层但无实权
合法性	执政党掌控所有"中央"权力机关,但允许地方议会和"首长"选举	执政党掌握大部分"中央"权力机关,开始"中央"民意代表增额补选的局部民主化,民意机关功能局部恢复
社会势力	结合中上层压制中下层,限制反对力量及人民活动,控制信息流通	结合中上层但关注农民和劳工阶层,局部放宽对反对力量和信息流动的限制
权力	有限一元主义	有限多元主义

图表来源:参照柯三吉关于硬性、软性威权体制的分类,④作者自制,2019

可见,在蒋经国时期的威权体制已经无力完全控制社会,而是展现出与新兴经济、社会力量妥协的特征,呈现出体制变小社会变大的发展趋势,出

---

① 孙代尧.台湾威权体制及其转型研究[M].北京:中国社会科学出版社,2003:104.
② 萧全政."国民主义":台湾地区威权体制的政经转型[A].中国的民主前途:台湾地区政治民主化的回顾与展望学术研讨会论文集[C].台北:"财团法人民主文教基金会",1991:74.
③ 柯三吉将"宪治"转型前的台湾政经体制分为蒋介石主政时期的硬性威权体制和蒋经国主政时期的软性威权体制。柯三吉.构建新台湾人的生活愿景[M].台北:国民党中央政策研究工作会,1999.
④ 柯指出,两者区别表现在意识形态、领导层、合法性、社会势力组合等方面,前者是有限一元主义,是以一党独大条件下有限度的推动选举政治,后者是有限多元主义。参见柯三吉.构建新台湾人的生活愿景[M].台北:国民党中央政策研究工作会,1999.

现有利于开启转型的政治、经济及社会条件。

2. 社会组织

社会是指以一定的物质生产为基础而相互联系的人们的总体,"是人们交互作用的产物"①。现代社会基本上是一个"组织社会",由政府、公司、社团等各类组织共同构成,广义上都可以称为社会组织。狭义上的社会组织是指"政府、企业之外,向社会某个领域提供社会服务,并具有非营利性、非政府性、志愿公益性或互益性特点的组织机构"②。在不同的语境之下,社会组织也可被称为非营利组织、非政府组织、公民社会组织、第三部门等,③但不论在哪种语境下,社会组织通常具有组织性(formal organization)、非政府性(nongovernmental)、非营利性(nonprofit-distributing)、自治性(self-governing)、志愿性(voluntary)等共同的特征。本书对社会组织的界定是采取狭义的概念,是指"不以营利为目的,主要开展各种志愿性的公益或互益活动的非政府的社会组织"④。

大陆地区的社会组织在狭义上是指社会团体、基金会、民办非企业等,广义上的社会组织则包括社区基层组织、工商注册的非营利组织、人民团体、事业单位、中介组织以及社会企业等。⑤台湾地区不使用社会组织的词汇,主要依靠"民法、人民团体法、政党法、财团法人法、宗教法"等法规来区分不同的组织。⑥与社会组织含义相似的大致包括社会团体、职业团体、组织团体等公益社团法人,基金会为主的公益财团法人、私立学校、医院、寺庙、研究所、福利机构等特别财团法人以及部分没有完成登记的公权力机构、企业之外的非法人组织。⑦

托克维尔指出:"在民主国家,关于结社组织的科学乃是一切科学之母。"⑧

---

① 刘炳瑛等. 马克思主义原理辞典 [Z]. 杭州:浙江人民出版社,1988.
② 王名. 社会组织概论 [M]. 北京:中国社会出版社,2010:6.
③ 王名. 社会组织概论 [M]. 北京:中国社会出版社,2010:6.
④ 王名. 非营利组织管理概论 [M]. 北京:中国人民大学出版社,2002:3.
⑤ 王名. 社会组织概论 [M]. 北京:中国社会出版社,2010:9.
⑥ "财团法人法""政党法"都是在2016年之后才通过,"社团法人法"也在积极推动之中。
⑦ 贾西津,王名. 两岸NGO发展与现状比较 [J]. 第三部门学刊,2004(1):169—187.
⑧ [法] 托克维尔. 论美国的民主(下卷)[M]. 李宜培,杨新楣译. 香港:今日世界社,1985:115.

哲学家查尔斯·泰勒在解释托克维尔的观点时表示:"结社是对抗温和专制的唯一堡垒。为任何目的而出现的自愿组织都是宝贵的,它们的重要性在于使人们养成自我管理的嗜好和习惯。"[1]结社是最直接表达公民意识的行动,也是社会自治的成熟度指标。[2]在社会变迁产生有利于宪制性规定变迁转型的社会条件中,社会组织作为社会的有机组成部分,是新的社会结构的载体,是新的社会结构变迁下社会力量的集中体现,社会组织的运作状况直接反映社会运作机制与价值观念的变迁,从社会组织入手,更能直观地观察到社会转型中发生的有利于实现以宪制性权利为中心的治理条件的具体转变。

社会转型(social transformation)最早出现在社会学家大卫·哈利森的《现代化与发展社会学》一书中,用来论述现代化与社会发展。[3]中国社科院原副院长李培林认为,社会转型的主体是社会结构,社会结构转型是影响经济发展和资源配置的另一只看不见的手,它既是经济增长的结果,也是社会变革的推动力量。[4]在整个社会转型期,结构转型作为一种无形的巨大力量,将以它特有的方式规定着社会发展的趋势和资源配置的方向,这种力量用国家干预和市场调节都是无法概括的。[5]李培林指出:"社会转型的具体内容是结构转换、机制转轨、利益调整和观念转变。在社会转型时期,人们的行为方式、生活方式、价值体系都会发生明显的变化。"[6]由此可见,社会转型本身是一个范围很广、包容性很强的概念。[7]本书对社会转型的界定是相对于宪制性规定变迁转型而言的,落脚点是社会组织,是指"社会变迁产生有利于宪制性规定变迁转型的社会条件,具体包括社会结构、运作机制、力量对比

---

[1] Taylor C. Models of Civil Society[J]. *Public Culture*, 1990, Vol. 3, No. 1, pp.95—132. 或参见王宏, 2011. 结社组织的角色与功能——公民与国家的中介 [J]. 学术交流 (1): 143—146.
[2] 顾忠华."公民"结社的结构变迁——以台湾非营利组织的发展为例 [J]. 台湾社会研究季刊, 1999 (36): 123—145.
[3] 中美联合编审委员会. 简明大不列颠百科全书第九册 [Z]. 北京: 中国大百科全书出版社, 1986.
[4] 李培林. 另一只看不见的手: 社会结构转型 [J]. 中国社会科学, 1992 (5): 3—19.
[5] 李培林. 社会结构转型理论研究 [J]. 哲学动态, 1995 (2): 41—45.
[6] 李培林. 另一只看不见的手: 社会结构转型 [J]. 中国社会科学, 1992 (5): 3—19.
[7] 伦理学认为,社会转型就是社会结构转型的简称,"发生于社会历史转折时期的社会存在范型的根本性转变。是在不同文明形态更替基础之上的新的价值结构关系的形成。如由农业社会向工业社会、前现代性社会向现代性社会的变化"。朱贻庭等. 伦理学大辞典 [Z]. 上海: 上海辞书出版社, 2002.

和价值观念等方面所发生的有利于实现以宪法为中心的治理方式的转变"①。

（三）研究范围

由于台湾政治转型过程本身的复杂性，②以及为深入认识台湾社会变迁与宪制性规定变迁之间的关系，本书拟将研究的范畴限制在1973年到1987年，③重点研究台湾社会步入工业化以后，直到解除"戒严"前台湾社会组织化的那段历史。因为这段历史是台湾地区经济起飞、整个社会快速发展的阶段，恰恰是这个阶段的社会发展奠定了台湾地区政治转型的基础。也就是说，探讨的不是台湾地区整个政治转型过程，而是台湾地区经济高速发展以后，台湾地区政治制度发生结构性改变之前，台湾社会出现的有利于宪制性规定变迁转型的条件。

就研究内容而言，本书的宪制性规定变迁转型特指20世纪80年代台湾地区发生的由"戒严"到"解严"的转变，从社会转型的层面切入，主要内容是通过描述典型的社会组织的发展反映社会结构的变迁，展现"宪制性权利对应的社会条件"是如何产生的，又起到了哪些作用。因此，选举政治、威权体制的变化、国民党当局的改革、反对势力的活动以及美国对台影响、两岸关系等政治体制层面的变化不是本书探讨的范围。而社会组织的发展、价值观的变迁、生活方式的变化以及社会的整合程度是本书探讨的重点。

就研究的时间范围而言，之所以选择1973年作为研究的起点，是因为该年是台湾社会、经济乃至政治发展的一个节点。当时的台湾社会同时面临政治、经济等各方面的问题，使台湾社会出现了信心危机。政治上，国民党威权体制开始由"硬"向"软"转变。由于冷战形势的变化，台湾地区的"国

---

① 本书将社会转型作为一个基本概念，主要是从社会转型对政治转型，尤其是宪制性规定变迁转型的影响的角度来认识、界定社会转型。政治转型与社会转型的关系属于政治学与社会学的交叉——政治社会学的研究范畴。这是为了强调政治的社会学方面而出现的一个研究领域，主要研究社会转型涉及的政治问题，具体包括：精英人物、合法性与有效性、经济和政治发展的关系、分配的公平、民主的条件、极权主义、革命的条件、社会团体的政治作用等。[英]A. 布洛克等. 枫丹娜现代思潮辞典[Z]. 北京：社会科学文献出版社，1988.

② 1987年的"解严"，一般视为台湾政治实现自由化，此后历经民意机关改选、台湾地区领导人直选、首次政党轮替等，实现民主化。姜南扬. 台湾政治转型与两岸关系[M]. 武汉：武汉出版社，1999：128—129.

③ 台湾地区在这两个时间点均发生重大转折事件。1973年是台湾地区进入工业化后，国民党威权体制面对各种危机开启改革的关键之年。1987年台湾当局宣布"解严"。

际地位"下降。1972年2月，美国总统尼克松访问中国，中美双方在上海发表联合公报，宣布两国开始走向关系正常化。这让国民党当局标榜的"中国唯一合法政府"的合法性动摇。经济上，台湾地区面临由轻工业向重工业跨越的转型陷阱。石油危机的冲击让美日等台湾地区主要出口国家纷纷出台限制措施，让台湾地区的纺织品、鞋类、电视机等大宗出口商品遭遇贸易壁垒，高度依赖外贸的台湾地区经济首次在1974年出现入超。同时，进口原材料价格上涨，带动常年维持稳定的台湾地区物价大幅上涨。而台湾地区的劳动力短缺问题也开始出现，工资成本上升进一步冲击台湾地区所依赖的加工出口贸易。不过，1973年之前，台湾地区经历了长期的高速经济增长，已经有一半以上的人口居住在城市，台湾社会已经进入工业社会。[①] 台湾地区农村家庭的收入来源中，非农业收入占农村家庭收入总额中的比例已经过半。[②] 台湾地区的服务业就业岗位开始在1973年前后接近并超越工业提供的就业岗位。[③] 与同等收入地区相比，台湾地区的基尼系数在1973年之前一直是排名最低的。[④] 也就是说，即便政治、经济问题凸出，资本信心不足，但社会基础结构是非常稳定的，从而为政经改革和社会转型提供坚实的基础。刚刚掌权的蒋经国决定于1972年底开放增额"立委"补选，吸收了部分本省籍精英进入体制内，透过适当分享权力和强化反腐力度、塑造亲民形象等方式来释放政治压力。经济上则加强台湾本岛建设来挽回资本信心。1974年开始，蒋经国主导的行政部门正式推动"十大建设"，改善岛内基础设施并建立重工业，通过刺激岛内需求度过石油危机，并为以后的工业发展奠定基础。政治、经济大变动背景之下，台湾地区的社会转型也在进入工业化社会以后全面铺开，工商组织、慈善组织、社会改良组织逐渐出现并不断发展完善，提供台湾地区宪制性规定变迁转型的社会资源，因此本书将研究起点设在1973年。

之所以选择1987年为研究的时间终点，是因为该年台湾地区宣布解除戒

[①] 1973年，工业产值占经济所有部门的比重增至37.9%，而1952年为17.9%，农业产值的比重从1952年的35.7%下降到15.5%。Tien Hung-mao, "Taiwan in Transition: Prospects for Socio—Political Change" [J]. *The China Quarterly*, 1975, 64: p. 621.

[②] Barrett Richard E and Martin King Whyte, "Dependency Theory and Taiwan: Analysis of a Deviant Case" [J]. *American Journal of Sociology*, 1982, 87: p. 1082.

[③] Myers Ramon H, "The Economic Transformation of the Republic of China on Taiwan" [J]. *The China Quarterly*, 1984, 99: pp.520–521.

[④] Myers Ramon H, "The Economic Transformation of the Republic of China on Taiwan" [J]. *The China Quarterly*, 1984, 99: pp.509–512.

严,①恢复因"戒严"而无法行使的、宪制性规定所含的各项人民基本权利。1987 年也被视为台湾地区威权体制转型的正式开始。②1987 年后,国民党的上层独裁体制向多元政治体制转变,由转型前政治进入到转型中政治。③从这个意义上讲,1987 年既是本书研究的时间终点,也是台湾地区政治发展史上的一个起点。④

（四）研究意义

就中国的视角而言,台湾是中国不可分割的一部分。台湾地区的宪制性规定变迁自然是整个中国宪法变迁不可回避的一部分。在中国的大地上,宪法从诞生的那一天起就命运多舛。清末,"救亡图存"是中华民族的首要历史任务。⑤宪法最早是作为"救亡图存"的一种"制度"革新手段,针对"洋务运动"学习西方列强"器物"失败而被寄予厚望。⑥清末"立宪运动"的失败

---

① 台湾地区的"戒严"是指国民党 1949 年从大陆败退到台湾后,根据"动员戡乱时期临时条款"于 1949 年 5 月 19 日公布台湾地区"戒严令",宣布台湾地区为军事"戒严"地区,对台湾地区施行"党禁"、"报禁"、军事管制,限制人民生活自由和民主权利,以镇压民众反抗。参见佟建寅等.台湾历史辞典[Z].北京:群众出版社,1990.

② 学界包括李水旺、王国贤、刘国深等多数学者主张政治转型从 1986 年 3 月国民党第十二届三中全会以后开始。姜南扬则主张 1987 年 7 月 15 日解除戒严才是政治转型的正式开始。本书不否认多数学者政治转型在 1986 年就已经开始的看法,但从宪法史的角度、从宪法制度变迁出发,采纳姜南扬的主张。参见张海鹏等.当代中国台湾史研究[M].北京:中国社会科学出版社,2015:342—343.

③ 姜南扬.台湾政治转型之谜[M].北京:文津出版社,1993:15.

④ 1987 年以后,台湾地区的政治转型以 1991 年终止"动员戡乱时期"和废除"临时条款"以及 1996 年的台湾地区领导人"直选"为标志,又可以分为自由化转型阶段（1987—1991）与民主化转型阶段（1991—1996）以及民主巩固阶段（1996 至今）。参见孙代尧.台湾威权政体的转型:策略互动、成本计算与理性选择[J].台湾研究集刊,2002（2）.

⑤ 中华文明是全世界仅存的一个延续 5000 多年依然存在的文明,无论是经济发展的总体水平,还是政治秩序的基本稳定,或者社会纽带的紧密程度在全世界都是长期处于领先地位的。即便是改朝换代,面对拥有强大武力的少数民族的入侵,依然能够凭借紧密的社会纽带、先进的生产力和文化以及广袤多样的腹地确保文明的延续。不过,相对于农业时代曾遭遇过各种各样的挑战,因为闭关锁国而依然停留在农业时代的中华文明在世界文明进入工业时代以后,遭遇到空前的危机,最艰困的莫过于清朝末期的内外交困。李鸿章称其为"三千年未有之大变局",康有为、梁启超则称面临"亡国灭种"的危机。洋务运动的失败让人们认识到"中体西用"这种只学习西方坚船利炮而不学习制度精神是不行的。参见赖骏楠.宪制道路与中国命运:中国近代宪法文献选编（1840—1949）（上）[M].北京:中央编译出版社,2017:374.

⑥ 朱谌."中华民国宪法"与孙中山思想[M].台北:五南图书出版有限公司,1995:146.

以及清廷的极端保守做法,[①]让孙中山为代表的革命党人的主张成为士大夫接受的主流思潮。[②]孙中山提出"三民主义"促成了革命的传播,[③]也成为后来民国宪法依循的根本。[④]民国初年军阀混战,宪法所规定的对人民权利的保障却让共和思想深入人心,无论谁在政治舞台上表演,都需要一部宪法笼络人心。[⑤]于是,宪法随着政局变化不断更换,甚至出现曹锟版本的"贿选宪法",宪法的宣誓性越来越强,规范性越来越差,让宪法的规范性与权威性无

[①] 维新运动的失败以及清末"立宪"运动的失败,又让人们意识到制度精神的推动不能只靠少数当权者。由下而上的革命浪潮由此兴起,接受新思想、以职业学生为主体的新军发动辛亥革命,在全体民众都希望善治的氛围中相对平稳地顺利落幕,没有出现法国大革命时期路易十六上断头台的情形,充分彰显出中华文化包容并蓄的传统,让东亚地区出现首个共和国,首部充分彰显普通人民权利的"中华民国临时约法"。但革命的成果很快被依旧拥有皇权思想的袁世凯窃取,社会主体仍然延续着封建传统。虽然新的潮流不可阻挡,袁世凯或者辫子军的"帝制梦"均不过数日,但理想与现实的差距实在太大,整个中华民族在政治失序、经济混乱、社会塌陷的历史动荡中寻求出路,局势在内忧外患中江河日下。参见赖骏楠.宪制道路与中国命运:中国近代宪法文献选编(1840—1949)(上)[M].北京:中央编译出版社,2017:374.

[②] 1908年,光绪皇帝颁布《宪法大纲23条》,效仿日本明治宪法,虽初步具有保障人民权利的规定,但不采用政党政治或内阁制,与现代的民主宪法相去甚远。武昌起义爆发后,清廷为挽回政治颓势,仓促颁布"19信条",增加内阁制的内容,但已经无法取信于人民。参见钟秉正、蔡怀卿.宪法精义[M].台北:新学林出版有限公司,2007:12.

[③] 针对当时苦难深重、民智未开、一盘散沙的中国社会,孙中山提出革命的目标是实现"三民主义"。三民主义分别是民族主义、民权主义、民生主义。民族主义强调对内应扶助弱小民族,对外要抵抗强权,使民族平等。民权主义主张政府应当训练人民行使"四权",使民权普遍。民生主义强调政府与人民协力解决衣食住行问题,使民生幸福。"三民主义"其实是救国主义。其中,"民"是有团体、有组织的众人,主义是一种思想、一种信仰与一种力量。孙中山.三民主义[M].北京:北新书局,1927:1.

[④] 孙中山将同盟会的纲领"驱除鞑虏、恢复中华、创立民国、平均地权"归纳为"民族主义、民权主义、民生主义"。早期,民族主义主要是指国族主义,民权主义主要是指人民拥有选举、罢免、创制、复决等四项"政权"以支配政府,政府则拥有立法、司法、行政、考试、监察等五项"治权"以管理国家,民生主义主要是指平均地权与节制资本。后来,民族主义中提出了反帝斗争的具体要求,民权主义中强调了政权为一般平民所有,民生主义中增加了"耕者有其田""扶助农工"的内容。参见赖骏楠.宪制道路与中国命运:中国近代宪法文献选编(1840—1949)(下卷)[M].北京:中央编译出版社,2017:54—72.

[⑤] 正如俗谚所云,"画虎画皮难画骨,传形传貌难传神"。以模仿抄袭的方式,来订定一部宪法或一套制度,其事虽然为易,其效则殊难获致。荆知仁.中国"立宪"史[M].台北:联经出版社,卷首语(二),1984.

从建立。[1] 鉴于当时中国实现宪制性权利缺乏相应的社会条件,[2] 孙中山提出分步走的建国大纲,先"军政",再"训政",最后再还权于民。[3] 1928 年南京国民政府完成二次北伐,全国归于统一,"军政"结束。于是国民政府订定《训政时期约法》,由中国国民党实行"一党训政"。[4] 直至抗战胜利,国共和谈,全国人民期望走向繁荣稳定,"依宪治国"的社会条件如昙花一现。在各方力量的共同制约下,于 1946 年制定、1947 年 12 月 25 日正式生效并在台湾地区沿用至今的"中华民国宪法"出炉。该部"宪法"尤其强调孙中山遗教对该部"宪法"的指导与影响,前言载明"依据孙中山先生创立中华民国之遗教"、第一章第一条就提到"中华民国基于三民主义,为民有、民治、民享之民主共和国"。第二章详细规定了人民的权利,包括"居住及迁徙自由,言论、讲学、著作及出版自由,秘密通讯自由,信仰宗教自由,集会、结社自由"[5] "生存权、工作权及财产权,请愿、诉愿及诉讼权,选举、罢免、创制、复决权,考试、服公职权"等自由和权利,明订"除为防止妨碍他人自由、避免紧急危难、维持社会秩序,或增进公共利益所必要者外,不得以法律限制之"。[6] 由于该部"宪法"是抗战胜利后执政的中国国民党在中国共产党、民主同盟、无党派社会贤达的制约下共同制定的,该部"宪法"的文本体现了相当程度的民主性质或色彩。[7] 不过,正如该部"宪法"主要起草人之一张君劢指出的,有了一部带有民主性质或色彩的"宪法",并不一定就有了

---

[1] 林纪东."中华民国宪法"释论[M].台北:大中国图书公司,1972:108—110.
[2] 从清朝开始所遭遇的维新"立宪"问题,在精神的本质上,实在是一个政治文化的变迁问题,也就是传统的专制政治文化,走向民主的政治文化问题。当一种政治文化的相关基本信念,未经过有效的社会化过程,升华为人生或日常生活的基本信念之前,其形貌性的制度,是很难产生其预期的功效。民主是一种生活方式,实在是指民主政治文化的精髓作用而言。荆知仁.中国"立宪"史[M].台北:联经出版社,卷首语(三),1984.
[3] 建国的方略是分三步走,由"军政、训政再到宪政"。"军政"的性质是以党救国,中心工作是扫除革命障碍、宣传革命主义、促进国家统一,实现军法之治,目的是夺取政权。"训政"的性质是以党治国,中心工作是训练人民行使选举、罢免、创制、复决等四项权利,实行地方自治,推行五大建设,实行约法之治,目的是巩固政权。"宪政"的性质是以民治国,中心工作是召开国民大会、颁布宪法、成立五权政府,实行宪法之治,目的是实现理想。李在全.法治与党治——国民党政权的司法党化[M].北京:社会科学文献出版社,2012:24.乔丛启.孙中山法律思想体系研究[M].北京:法律出版社,1992:127.
[4] 张明伟.宪政下的训政[M].台北:元照出版有限公司,2017:157—165.
[5] 郑大华.重评 1946 年"中华民国宪法"[J].史学月刊,2003(2):62—67.
[6] 郑大华.重评 1946 年"中华民国宪法"[J].史学月刊,2003(2):62—67.
[7] 张君劢.中国"新宪法"起草经过[J].再生周刊,1948(220):3—5.

民主政治。[①]蒋介石是迫于各方压力才同意通过这部"宪法"的,因此,他一开始就没有打算实行它。[②]公布不久,国民党即先后制定和通过了"维持社会秩序临时办法""戡乱动员令"和"动员戡乱时期临时条款",将"宪法"所规定的人民种种自由权利剥夺殆尽,同时赋予蒋介石本人以不受立法机关限制的紧急处置权,从而使"宪法"所确立的"英美混合制"成了"总统独裁制"。[③]不过,这部"宪法"毕竟是带有民主色彩,对人民自由权利也有明确规定,作为一种"宪法"上的承诺始终存在,国民党当局也只敢暂停其适用效力,始终不敢说将来就不实行。国民党败逃台湾以后,面对台湾社会的不断发展,一方面主动适应形势做出了许多调整,另一方面更为重要的是民智渐开,社会的有序参与及组织化程度不断提升,使得宪制性权利的社会条件逐渐具备。宪制性规定所蕴含的社会目标与价值诉求,为"解严"前反对势力与国民党内当权派的斗争划定了边界,最终促成了台湾地区的宪制性规定变迁转型,由此奠定当今台湾地区政治、经济及社会发展的宪制性基础。深刻认识台湾地区宪制性规定变迁的历史背景,有利于更清晰、全面的认识台湾地区"一中宪法"的内涵,有利于更好地将台湾地区的宪制性规定纳入整个中国的宪法体系之中。

从世界的范围来看,"上个世纪 70 年代中期开始到 80 年代末期,整个世界经历了第三波民主化浪潮"[④]。在这一波民主化浪潮中,相较于拉美等地剧烈的政治与社会动荡,台湾地区的转型过程渐进、温和、平顺地进行,台湾社会付出的转型代价相对较小,很大程度上是因为其实现宪制性权利的过程与台湾社会发展的进程相向而行。同样的宪制性规定,在 1987 年"解严"以后,1946 年"宪法"所规定的"人民拥有结社自由和言论自由",才得以由纸上权利逐渐变成现实。因为早期的"宪法"不是由内而生,是外部刺激下

---

① 郑大华.张君劢[M].北京:群言出版社,2013:254—276.
② 郑大华.张君劢与1946年"中华民国宪法"[J].淮阴师范学院学报(哲学社会科学版),2003(2):213—219、238.
③ 郑大华.重评1946年"中华民国宪法"[J].史学月刊,2003(2):62—67.
④ 亨廷顿将全球的民主化浪潮按时段分为三波:第一波是发生在1828年到1926年,这一波民主化基本上是自生自发形成的;第二波发生在1843年到1962年期间,这一波民主化主要源于民族国家大量诞生后形成;第三波是从1974年开始,包括南欧、拉美、东亚等威权国家与地区的民主化。参见[美]塞缪尔·P.亨廷顿.第三波:20世纪后期的民主化浪潮[M].刘军宁译.上海:上海三联书店,1998:15.

产生，未必适合当时中国社会的环境。①"宪法制度在现代社会的出现和发展，以及它对公安权力的合法性重新论证或国家制度的重新构造，是现代化这个三四百年来席卷全球的历史运动所带来的与这一社会结构变迁契合的组成部分。"②聚焦"解严"前台湾地区社会发生的社会结构性改变，可以窥探宪制性规定变迁转型的社会基础条件，探索转型的普遍性规律。同时，当落实人民主权、落实人民权利成为整个世界的发展趋势，后发地区宪制性规定变迁转型面临的挑战与困境成为世界关注的焦点。研究台湾地区的宪制性规定变迁转型，尤其是其社会转型，也是在展现后发地区实现宪法化治理过程中的特殊性，回答后发地区是否可以自发地、演进式地形成新的适应现代化过程的社会秩序和宪法制度的问题。③

就理论意义而言，"台湾社会的转型是台湾研究中的一个带根本性的问题。现在大陆的研究主要集中于转型过程，即转型中发生了什么事情，而对于这种转型对台湾社会的深远影响则了解较少"④。因此，本书通过系统梳理台湾社会民间组织的发展历程，全面展现整个社会组织与行为方式的变化，在理论意义上首先是补足了大陆学界在台湾研究这一领域的研究空白。其次，纵观当前学界对台湾地区政治转型的讨论，主要集中在行动者视角，即便是结构视角，也往往流于现代化理论的简单分析，对台湾社会结构的解释并不充分，尤其是缺乏对于社会如何整合的相关研究。本书争取补足转型政治学研究中社会整合、社会中介组织研究不够的问题。最后，本书通过台湾地区为分析样本，验证托克维尔、帕特南等人关于民主的社会条件的理论，从而廓清相关理论问题。在理论廓清基础上，本书尝试建立以社会视角研究宪制性权利变迁的当代理论分析框架，不仅提出宪制性权利要素生成所需要的社会变量，还指出动力机制、维持机制的基础性作用。

在实践意义上，台湾是中国不可分割的一部分，在中华民族伟大复兴进程中有不可或缺的地位和作用。解决台湾问题，是中华儿女的共同心愿，更是实现中华民族伟大复兴的历史任务。弄清楚台湾地区的基础性状况，对两

---

① 萨孟武.中国宪法新论[M].台北：三民书局，2007：38—42.
② 潘伟杰.宪法的理念与制度[M].上海：上海人民出版社，2004：157.
③ 潘伟杰.宪法的理念与制度[M].上海：上海人民出版社，2004：157—158.
④ 陶文钊.加强对台湾社会转型及其影响的研究[A].张海鹏、李细珠.台湾历史研究（第二辑）[C].北京：社会科学文献出版社，2014：38.

岸关系的发展有巨大的影响。针对当前复杂多变的台海局势，尤其是民进党当局不断修法谋"独"，持续污名化香港"一国两制"实践，虚化、弱化象征"一中"的台湾地区宪制性体系，而台湾地区社情民意发生深刻改变的背景下，亟须深入把握台湾地区社会发展与宪制性规定变迁的关系，希望本书的相关研究能够提供客观认识台湾社会的一种思路，更好地指导未来对台工作，更好地推进两制台湾方案的探索，丰富和发展"一国两制"的具体实践。此外，社会建设是民主建设的核心。"中国几千年来，社会上的民情风土习惯和欧美大不相同。如果不管中国自己的风土人情是什么样，便像学习外国的机器一样，把外国管理社会的政治机器，硬搬进来，那是大错。"[①]当前中国社会处于转型时期，需要关注发展与社会转型关系，研究台湾地区的社会发展历程对当前大陆的社会建设有启示意义。

二、研究文献述评

（一）国外研究综述

针对台湾地区如何开启宪制性规定变迁转型的条件问题，西方学者基于西方社会已有的理论与实践经验，尝试结合台湾地区的特点，做出了相较于台湾地区本土更早的研究。国外相关研究主要集中在对台湾地区开启宪制性规定变迁转型原因的探讨。有学者总结了美国学界对台湾地区政治转型原因的探讨面向，指出："外部和内部的发展都是导致过渡的原因，外部因素包括：1971年失去联合国席位、全球贸易实力不断增强、中国大陆因素、美国的影响、国际孤立鼓励台湾地区通过民主途径寻求重返国际社会；内部因素包括：经济成熟、接班在位、反对党的崛起，以及资深代表的合法性，都是推动台湾地区政治进程民主化的因素。"[②]所不同的只是不同学者看待问题的视角、强调的关键因素不同：

[①] 李默海. 增强对中国特色社会主义政治制度的自信 [J]. 实事求是（6）：14—18. 或参见孙中山，2007. 三民主义 [M]. 台北：三民书局，2003：38—42.

[②] Tan Qingshan and others, "Local Politics in Taiwan: Democratic Consolidation" [J]. *Asian Survey*, 1996（36：5.——注：36卷5期，后面注释中此类情况不再注明）；pp.483–494.

1. 外在视角

巴雷特(Richard E.Barrett)、西蒙(Denis Fred Simon)、葛苏姗（Susan Greenhalgh）等美国学者认为美援以及美国对台政治影响力等美国因素是台湾地区开启政治转型的关键所在。葛苏姗（Susan Greenhalgh）关注台湾地区内部收入分配的国际背景，认为台湾地区战后的经济发展，尤其是由此产生的分配平均现象，置于全球性与区域性经济发展史中进行研究，不能低估境外经济、政治因素，尤其是美援、美国对台政策对台湾地区的土改政策与扩大劳动力密集产业的出口扩张政策的影响。[①]巴雷特在《依赖理论与台湾：一个离经叛道的案例分析》一文中以台湾地区发展经验指出，依赖并非必然和一致地导致经济停滞和不平等加剧。"事实上，这可能会带来明显的好处"。[②]巴雷特认为，美国之所以能够长期容忍台美贸易逆差是因为"美国主张改良主义的援助官员能够在对台政策中占据上风"，因为"美国国家机构没有受到内部经济压力的影响，享有相对的政策自主权"。[③]西蒙则断言，美国自由主义指导下的援助台湾地区的政策服务于美国整体对外战略，目的是"要把台湾纳入美国的防务体系"，必须使台湾地区具有"自由世界的性质"。[④]此外，荷兰学者德荣·恩戈（Tak-Wing Ngo）和陈一志（Yi-Chi Chen）关注在大陆腐朽失败的国民党政权如何能够在维持威权体制的同时建立责任政权，提出"最重要的是美国援助所起的作用及其附加条件"，这些附加条件涉及组织结构、预算规则、审计准则和方案评价，有助于追究官员的责任，限制滥用权力，限制了军方无节制的财政需求，使政策过程透明，并在没有民主监督的情况下确保官僚机构的效率，使技术官僚式的财政和经济规划模式重新焕发生机，加强了对社会经济变化的反应能力。[⑤]

---

① [美]韦艾德，葛苏珊编著．台湾政治经济理论研究[M]．张苾芜译．厦门：鹭江出版社，1992：16.

② Barrett Richard E and Martin King Whyte. "Dependency Theory and Taiwan: Analysis of a Deviant Case" (1982) 87:5, American Journal of Sociology, pp.1064–1089.

③ [美]韦艾德，葛苏珊编著．台湾政治经济理论研究[M]．张苾芜译．厦门：鹭江出版社，1992：17—19.

④ [美]韦艾德，葛苏珊编著．台湾政治经济理论研究[M]．张苾芜译．厦门：鹭江出版社，1992：17—19.

⑤ Tak-Wing Ngo and Yi-Chi Chen, "The Genesis of Responsible Government under Authoritarian Conditions: Taiwan during Martial Law" (2008) 8:4, China Review, pp.15–48.

2. 政府中心视角

在台湾地区如何开启宪制性规定变迁转型这一问题上，包括黎安友（Andrew J. Nathan）、马若孟（Ramon H. Myers）等学者，以及韦艾德（Edwin A. Winckler）、高棣民 (Thomas Gold) 等在自身对台研究早期阶段则是从台湾地区威权体制发展经济的自主性与有效性、进行改革的主动性、对经济社会的适应性方面切入的。美国学者高棣民在1987年以前的著作中反复强调了"国民党政权的自主性确保政策的有效性"[①]，回答"台湾作为资本主义世界中一个依赖的周边外围地区，为何并不像'依附理论'所描述的拉丁美洲失败国家那样无法摆脱被控制剥削的命运，而是可以管理自己的依赖实现发展奇迹"[②]，从而避免了吉列尔莫·奥唐奈所描述的拉美地区"从轻工业向重工业转型过程中的贸易与技术依附陷阱"[③]。马若孟关注台湾地区的经济转型，以高度赞扬的口吻描述1984年以前台湾地区工业化转型的全貌，指出台湾地区"向城市社会的快速转变，没有造成巨大的社会动荡，公共道德也没有丝毫恶化，它带来了更高的生活水平、更多的财富和更平等的收入分配。这一成就在现代也许是前所未有的"[④]。马若孟认为，"这种转变是独一无二的"，一方面是"中国传统儒家文化价值观滋养了中小企业的活力与创造力"，另一方面是"国民党坚持孙中山的原则采取了成功的战略"。[⑤] 美国学者托马斯·W. 罗宾逊 (Thomas W. Robinson) 组织台湾地区、韩国以及美国等地的学者，合作进行对台湾地区、韩国和菲律宾民主化的比较研究，[⑥] 得出"不民主的威权主

---

① [美] 高棣民. 从"依附理论"看台湾发展 [J]. 天下杂志，1984（43）：127—133.
② 高棣民指出，一个在大陆失败的国民党政权通过政治改革和系列发展战略可以重塑自身，也改变了台湾的社会结构以及政府与社会的关系。通过对土地改革、进口替代工业化和出口导向型工业化发展战略的深入分析，高棣民认为，政府行为是实现奇迹的关键前提，因为每一个阶段的战略都恰如其分，不但避免了拉美地区的依附陷阱，而且造成了台湾地区社会结构的深刻改变。[美] 高棣民. 东亚新兴工业国对发展理论的挑战 [J]. 思与言，1985（23：4）：52—56.
③ 袁兴昌. 评奥唐奈的新权威主义理论 [J]. 拉丁美洲研究，1992（1）：p51—57.
④ Myers Ramon H, "The Economic Transformation of the Republic of China on Taiwan" [J]. *The China Quarterl*, 1984（99）：pp.500–528.
⑤ Myers Ramon H, "The Economic Transformation of the Republic of China on Taiwan" [J]. *The China Quarterl*, 1984（99）：pp.500–528.
⑥ 林震. 东亚政治发展比较研究——以台湾地区和韩国为例 [M]. 北京：九州出版社，2011：绪论。或参见林震. 关于台湾地区和韩国民主化研究述评 [J]. 莆田学院学报，2003（4）：5—9.

义可能是台湾经济起飞的'必要条件'"的结论。[①] 韦艾德在《台湾的制度化与参与：从硬到弱的威权主义》一文中提出，台湾地区的威权主义经历了从"硬"到"软"的过程。"硬"威权主义意味着在一人独裁统治下的技术统治，选举的主要作用是吸收当地精英的控制手段，并由宪制性规定外的安全警察加强。"软"威权主义意味着国民党集体领导下的"外省人"与"本省人"共治，更开放的选举竞争吸纳因社会经济现代化产生的新生社会力量，虽然压制的手段更少，更不直接，但更具法律性，"执政党"的统治地位仍得到保障。[②] 黎安友（Andrew J. Nathan）则断言，台湾地区的改革导火索是国民党主席蒋经国的决定。[③] 美籍华裔学者谭青山进一步指出，选举控制是国民党威权统治的重要组成部分，"国民党享有组织上的优势和资源，在早期的地方选举中占主导地位。从1951年到1985年，国民党候选人赢得了80%到100%的地方政府职位。在地方立法机构的选举中，国民党在1957—1985年间赢得了省议会70%到85%的席位，在1969年至1985年间赢得了台北市议会75%到92%的席位"，在选举中的有利地位使得国民党有信心进一步推动改革。[④]

3.社会中心视角

迈克尔·英茂（Michael Ying-mao Kau）、康豹（Paul R. Katz）、若林正丈等多数西方学者选择从社会变迁的角度探讨台湾地区开启宪制性规定变迁转型的条件，包括韦艾德、田弘茂、[⑤] 高棣民等也在个人对台研究的中后期从"政府"中心视角转入到社会中心视角。从社会视角切入的研究比较多元化，涉及社会结构变化、中产阶级与政治参与、议题多元化与舆论空间，特

---

① 托马斯·W.罗宾逊认为，"台湾经济的成长和政治多元主义的增长之间是紧密的依赖关系"，但"民主和发展之间只能是大致上有关联"。Thomas W Robinson, *Democracy and development in East Asia : Taiwan, South Korea, and the Philippines*[M], AEI Press, Washington: 1991, p.387.

② Winckler Edwin A, "Institutionalization and Participation on Taiwan: From Hard to Soft Authoritarianism?" [J]. *The China Quarterl*, 1984（99）：pp.482–483.

③ Andrew J Nathan & Helena V. S. Ho, "Chiang Ching-kuo's Decision for Political Reform," in Shao-Chuan Leng, Chiang Ching-kuo's *Leadership in the Development of the "ROC" on Taiwan* [M]Boston: University Press of America, 1993.

④ Tan, Qingshan, et al. "Local Politics in Taiwan: Democratic Consolidation." *Asian Survey*[J], vol. 36, no. 5, 1996, p. 486.

⑤ 田弘茂在写作《大转型》一书时仍是美国籍，后来返台先后出任陈水扁当局的外事部门负责人以及蔡英文当局的海基会董事长。

殊群体、宗教及反对运动等。高棣民在《台湾奇迹中的政府与社会》一书中将台湾地区作为一个政治发展的案例纳入东亚现代化模式中进行类型分析，主要是运用费尔南多·卡多索（Fer nando Cardoso）和恩佐·费莱托（Enzo Falletto）在《拉丁美洲的依赖与发展》一书中所采用的"历史—结构"方法，[1]回顾台湾地区影响"政府"与社会结构性关系的重大历史时刻，[2]用大量数据展示战后台湾地区经济成长所带来的"经济结构的大转型"[3]，也描述了社会变迁效果，包括中产阶级出现、教育普及、都市化程度提高、社会流动增加，这些使大众的政治参与增加，政治更加多元化。[4]高棣民强调，新的社会力量已经复活，"社会对有限但真实的机会提供它的积极反应"[5]。高棣民在《世纪末的台湾社会》一文中进一步讨论了"台湾地区为何能实现平稳过渡"的问题。高棣民强调，经济快速增长的现实，通过教育和商业获得向上流动的机会，以及出境的安全阀，都是在很大程度上吸引了本来可能进入政治的挫折感和精力，使得台湾地区民众的不满情绪远没有韩国、菲律宾或泰国所看到的那样具有破坏性。高指出，20世纪80年代初，自主组织的第一次兴起是消费者保护运动、环境保护运动和妇女权利运动。这些问题不是直接挑战"国家"的控制，而是质疑"政府"的政策和对民众健康和福祉的关注，[6]这是源于台湾地区人民普遍有一种内在的中产阶级立场。[7]美国学者迈克尔·英茂

---

[1] Fernando Henrique Cardoso and Faletto Enzo, *Dependency and Development in Latin America*[M], University of California Press, Berkeley:1979, Preface p. 9.

[2] 高棣民在该书并未直接讨论台湾政治转型，而是探讨了"政府"与社会在发展中的动态关系。该书用三章的篇幅简单描述了清朝及之前的华人移民社会、日本殖民时期以及国民党1945年到1950年在台湾统治时的"政府"与社会关系，然后用三章详细分析在大陆失败的国民党如何在台湾地区恢复元气，台湾地区如何在快速发展的同时保持稳定和繁荣以及工业升级以后政治反对势力的出现，用首尾两章归纳台湾奇迹的原因。高棣民.台湾奇迹[M].胡煜嘉译.台北：洞察出版社，1988.

[3] [美]高棣民.台湾奇迹[M].胡煜嘉译.台北：洞察出版社，1988：3—10.

[4] [美]高棣民.台湾奇迹[M].胡煜嘉译.台北：洞察出版社，1988：185—218.或参见李秘.中间权力网络与台湾的民主进程[D].上海：复旦大学，2010.

[5] 高棣民认为，"中坜事件"是"政府"与社会关系发生转变的一个标志性事件，它们对"政府"施加了压力和要求，需要进行更多的改革和积极的反应。[美]高棣民.台湾奇迹[M].胡煜嘉译.台北：洞察出版社，1988：185—218.

[6] Gold, Thomas B. "Taiwan Society at the Fin De Siècle." [J]. *The China Quarterly*,1996 (148)：pp. 1091–1114.

[7] 高棣民认为，台湾民众从小在一个高度组织化的社会中成长，这样的成长经历对于台湾人民从组织上思考问题很有帮助，因而"渴望更多的自由和更好的生活质量，但对采取极端措施来实现这些愿望保持缄默，不愿冒着失去来之不易的利益的风险"。Gold, Thomas B. "Taiwan Society at the Fin De Siècle." *The China Quarterly*[J], no. 148, 1996, pp. 1091–1114.

(Michael Ying-mao Kau)认为:"台湾的经验有力地证明了现代化理论的有效性。"[①] 早期国民党威权体制是一个按照功能和地理组织起来的无处不在的政党控制网络,社会的次级自治和自发行动没有发展余地。经济的进步逐渐增强了新的职业群体和不断壮大的中产阶级的政治权力和影响力。经济发展的过程进一步复杂化了国民党的权力垄断。[②] 富裕而自信的中产阶级和其他自治社会团体的崛起,混淆了建立在国民党严格控制和赞助基础上的既定选举制度。当当选的官员和代表能够在政治舞台上取得成功,而不必过分依赖国民党的资源和支持时,他们就开始获得自己的自主权。"社会经济多元化的兴起,为台湾地区政治自由化和民主化的后续阶段提供了一些最关键的因素。"[③] 田弘茂在1975年出版的《转型中的台湾:社会政治变革的前景》一书中对台湾地区宪制性规定变迁转型的前景非常悲观,[④] 但在1989年出版的《大转型——"中华民国"的政治和社会变迁》一书中看法完全转变。田弘茂认为,台湾地区四十年的发展在六个方面形成了有利宪制性规定变迁转型的条件:一是中产阶级的崛起;二是民间经济发展产生巨大私人财富及自主财源,可

[①] 现代化理论是转型政治学最经典的理论,该理论探讨经济发展对民主的作用,认为经济推动城市化与工业化水平,提高教育程度,并促进政治领域中民主制度的建立,得出"经济发展水平越高,民主的可能性也就越大"的结论。该理论的代表性人物是李普塞特(Seymour Martin Lipset),主要文章有《政治人:政治的社会基础》《民主的一些先决性社会条件:经济发展和政治合法性》。Seymour Martin Lipset, "Some Social Requisites of Democracy: Economic Development and Political Legitimacy" [J]. *The American Political Science Review*,1959(53:1): pp.69—105.

[②] 迈克尔·英茂认为,随着国民党当局认识到经济发展不仅是为了支持军事建设,也是为了提升国民党执政合法性,开始转变为"发展性威权体制",加强了专业人士和技术官僚的力量,削弱了权力持有者和政党职能的垄断控制。Kau, Michael Ying-mao. "The Power Structure in Taiwan's Political Economy." [J]. *Asian Survey*, 1996(36:3)3: pp. 287–305.

[③] Kau, Michael Ying-mao. "The Power Structure in Taiwan's Political Economy." *Asian Survey*, 1996(36:3): pp.287–305.

[④] 田弘茂在该书中集中讨论20世纪70年代中期以前台湾地区迅速的经济增长对社会和政治部门的影响。田弘茂分析了当时台湾地区的主要社会阶层:中产阶级越来越多,对物质利益和提高生活水平有着强烈的关注,但只有少数人似乎特别关心政治参与和权力,只要他们的经济利益得到保护,大多数人倾向于支持现状或渐进式的变革;100多万工人的工资水平跟不上经济发展,作为一个群体,缺乏其共同利益的代表,仍然是政治的边缘参与者;农民对蒋经国领导下的物质进步感到满意,并不指望社会政治制度发生剧烈的变化;台湾内部的反对活动主要限于知识分子、学生和反对派政客。知识分子持不同政见者和反对派政治家提出的批评也基本上是改良性质的,没有攻击社会和政治制度的基础。除了选举期间,这些活动很少影响到广大工人和农民,也缺乏将知识精英与广大民众联系起来的组织框架,没有对执政当局构成严重挑战。Tien, Hung-mao. "Taiwan in Transition: Prospects for Socio-Political Change." [J]. *The China Quarterly*, 1975(64): pp. 615–644.

以超越"党国"控制范围去资助举办各类活动;三是社会多元化的发展,让议题导向的团体和职业团体逐渐增多;四是大众传播媒体爆发式的剧增,言论尺度逐渐放宽,日趋自由化;五是蒋经国为首的革新派,一直相信改革是必要的而且无法避免的;六是国民党的官方意识形态——"三民主义"强调政治民主是党的终极目标,这使国民党在推动民主化时有了合理化的根据。[①]因此,"台湾地区的政治命题根本上不在于是否应该走上民主,所争议的只是民主化的速度与时间表而已"[②]。韦艾德在《台湾政治经济理论研究》一书中则关注台湾地区民众政治参与的条件变化,认为台湾地区民众政治参与条件的变化反映了台湾地区参与全球性政治与区域性政治的条件的变化,虽然历史上台湾人从未取得充分的政治权利,但对台湾地区民众反应的担忧也一直影响着台湾地区内部和外部的政治安排。[③]日本学者若林正丈将台湾地区民主化进程概括为"中华民国的台湾化",分别为四个方面:"台湾化"、政治的"自由化"、"脱内战化"到"宪治改革",金权政治与国民党的"自民党化",指出"中产阶级的崛起是民主转型的动力"[④]。韩国学者朴允哲对台湾地区的市民社会进行研究,认为台湾地区市民社会的发展在某种程度上造成了政治的民主化。[⑤]康豹(Paul R. Katz)强调了宗教在社会转型中的作用,认为战后台湾地区的公权力机构与社会关系能够逐渐进入一个新的阶段,部分原因是台湾地区的政治发展和经济增长,部分是由于地方宗教传统在公权力机构层面上的影响日益增强。台湾地区的宗教经历了从行政控制外的基层社会中寻求生存到独立且自治的过程。[⑥]简·考夫曼·温(Jane Kaufman Winn)和唐志业(Tang-chi Yeh)在《倡导民主:律师在台湾政治转型中的作用》一文中指出,民进党创始人中法律人的比例远远高于同期国民党中常委中法律人

---

① 林震.关于台湾地区和韩国民主化研究述评[J].莆田学院学报,2003(4):5—9.
② 田弘茂.大转型——"中华民国"的政治和社会变迁[M].李晴晖,丁连财译.台北:时报文化出版社,1989:311—312.或参见林震.关于台湾地区和韩国民主化研究述评[J].莆田学院学报,2003(4):5—9.
③ [美]韦艾德,葛苏珊.台湾政治经济理论研究[M].张苾芜译.厦门:鹭江出版社,1992:15—16.
④ 林震.关于台湾地区和韩国民主化研究述评[J].莆田学院学报,2003(4):5—9.或参见[日]若林政丈.分裂国家与民主化(中文版)[M].台北:月旦出版社股份有限公司,1992:254—258.
⑤ [韩]朴允哲.台湾的市民社会组织与市民社会的成熟 [J].中国学研究,2004(30):511—538.
⑥ Katz, Paul R. "Religion and the State in Post—War Taiwan." [J]. *The China Quarterly*, 2003 (174): pp.395–412.

的比例,[①] 包括姚嘉文、尤清、苏贞昌、吕秀莲、陈水扁、张俊雄、谢长廷、江鹏坚等大量律师参与反对派的政治活动,在大众政治论坛上阐述对政治变革的看法,部分没有直接参与反对运动的律师则将诉讼作为一种策略,来加快社会改革的节奏,并且在劳动法、消费者法和妇女地位方面取得成果。[②]

(二)台湾方面研究综述

台湾学者对台湾地区如何开启宪制性规定变迁转型的研究在解严后开始集中出现,研究成果较为丰硕。相较于西方学者对转型原因的集中探讨与宏观论述,台湾学者的研究虽然多数仍然是侧重于转型原因的探讨,但研究面向更加多元,研究内容更加细致入微。在台湾人文及社会科学引文索引资料库中,以"威权"加"转型"为关键词,搜索相关期刊论文、硕博论文及专著,可获得163笔资料,在结果中再检索,其中包含"民主化"的103笔,包含"社会"的50笔,但包含"非政府组织"的仅5笔。类似的,若以"解严"加"社会"为关键词进行搜索,可获得267笔资料,在结果中再检索,包含"非政府组织"的仅6笔。因此,有必要将台湾学者对宪制性规定变迁转型原因的集中探讨及从社会视角看待转型进行类型化分析。

1. 转型原因探讨

台湾学者关于转型原因的探讨,非常重视转型政治学的理论运用与台湾现实的结合,大致分为以下几类:

一是运用策略互动理论归纳转型原因。林佳龙在《解释台湾的民主化》一文中采用策略互动理论分析,认为台湾地区的民主化是社会压力和统治阶层互动的结果,是统治者为了延续政权生命所做"理性"计算后的策略选择。林佳龙认为,蒋经国扮演改革的开启和布局者角色,其实是计算了容忍成本和镇压成本的结果。[③] 游盈隆在《精英政治与台湾政治自由化(1984—1987)》一文中表示,政治自由化的关键期大约是在1984年到1987年间,

---

① 1987年,在31名民进党领导人中,有9名(占29%)有法律背景。1984年,国民党中央常委31人中,有3人(近10%)有法律背景。

② Winn, Jane Kaufman, and Tang-chi Yeh. "Advocating Democracy: The Role of Lawyers in Taiwan's Political Transformation." [J]. *Law & Social Inquiry*, 1995(20:2): pp.561-599.

③ 林佳龙. 解释台湾的民主化 [A]. "党国"体制与民主发展 [C]. 台北:月旦出版社,1999: 89—131.

有三个重大事件,即:党内外沟通、民进党组党和国民党解严。游盈隆采用策略互动理论分析统治精英与反对精英的各种策略与选择,得出三个结论:台湾地区政治自由化是反对势力长期努力推动,而国民党统治集团在最后紧要关头让步的结果,绝非国民党当局主导的结果;党外反对势力在集体领导下避免直接挑战蒋经国个人权威,以及公开表态支持回归"宪治",有助于化解立即的政治危机;蒋经国在台湾地区威权体制解冻过程中扮演重要的角色,蒋对台湾地区底层的政治社会矛盾有相当深刻的体认,政治自由化对他而言似乎是从根本上解决台湾地区基本政治社会矛盾的措施。[1]

二是聚焦选举对转型的作用。江宜桦认为,台湾地区的民主发展可以归结为"选举带动的民主"。[2] 林佳龙在《台湾民主化与政党体系的变迁:精英与群众的选举联结》一文中分析了台湾地区的选举竞争如何带动政党体系的变迁,进而影响民主的发展。"选举的开放一方面提供政治精英一个体制内的管道来组织和动员群众,另一方面群众的社会属性也透过选举过程来形塑精英的认知、计算和行动。"[3] 因此,"台湾地区的民主化可以说是一种选举带动的民主化"[4]。黄德福在《民主进步党与台湾地区政治民主化》一书中指出,台湾地区政治体制转型过程中,选举机制发挥了更大的政治推进力。[5] 胡佛在《政治变迁与民主化》一书中表明,选举本身的机能会产生像涡流一样的漩力,能不断吸纳社会、经济及文化的新生力,使得执政党的政治操作愈来愈不易,经由此一机制,使得快速工业化引发的社会结构变迁,转化为强大政治力,进而削弱了原本基础稳固的威权统治,成为政治民主的催化剂。[6]

三是分析威权体制的柔性化发展及其影响。倪炎元研究了台湾地区国民党统治的脆弱性,指出国民党在巩固统治初期曾采取动员穿透政治社会与民间社会,但20世纪70年代以后由于环境变化,政党不得不撤退,各个层面出现自主性的发展,表现在:文职部门乃至军事部门强调专业化;选举竞争

---

[1] 游盈隆.Elite Politics in the Process of Taiwan's Regime change (1984—1987)[J]. 东吴政治学报, 1993 (2),p93—130.
[2] 江宜桦.自由民主的理路 [M]. 台北:联经出版社,2001:325.
[3] 林佳龙.台湾民主化与政党体系的变迁:精英与群众的选举联结 [J]. 台湾政治学刊,2000 (4):3—55.
[4] 林佳龙.台湾民主化与政党体系的变迁:精英与群众的选举联结 [J]. 台湾政治学刊,2000 (4):3—55.
[5] 黄德福.民主进步党与台湾地区政治民主化 [M]. 台北:时英出版社,1992:158.
[6] 胡佛.政治变迁与民主化 [M]. 台北:三民书局,1998:50.

扩大；各种自主化的社会运动涌现。[①]朱云汉认为，国民党当局坚持的宪制性规定体制的弹性及内在矛盾促进了政治改革，一方面，"万年国会"等代表性问题客观上需要面对；另一方面，该宪制性规定保障的权利只是被冻结而没有被废除，既提供了反对派攻击的理由，也提供了党内改革派"将政治改革放在制度轨道上朝可预期方向发展"，有利于说服党内顽固派接受改革。[②]此外，刘振兴指出，台湾地区的军队没有像其他地区那样介入转型的政治过程，而成为台湾地区民主化转型过程中一股安定的力量，是因为台湾地区的军队在威权体制柔性化以后不断受到外界影响，包括选举形塑军人政治认知，军人专业化程度提高，兵役制度的影响以及媒体等相关监督机制功能强化后，军队逐渐从"党军"的角色蜕变为"国军"，走上军队"国家化"的道路。[③]

此外，有少数学者认为台湾地区宪制性规定变迁转型是统治者主动开启，如周阳山在《自由与权威》一书中指出，蒋经国力排众议实施改革提供台湾地区持续自由化和民主化的动力。[④]还有少数学者认为台湾地区宪制性规定变迁转型关键是外部因素，如萧全政在《台湾新思维：国民主义》一书中强调，台湾地区的威权体制转型，无论是在其形成、运作或转型的过程，均深受国际政经结构与外来政经势力的影响。[⑤]他认为，20世纪70年代中期以后，欧美新保护主义逐渐增强，特别是1984年后美国迫使台湾地区开放市场，台湾地区被迫采取经济自由化、国际化的措施，美国另一方面也逐渐以人权的关怀为由，声援与支持岛内政治反对运动，这些做法均直接或间接促使台湾地区威权体制的转型。[⑥]还有旅美台湾学者郑敦仁等认为台湾地区宪制性规定变迁转型是多方因素作用的结果，包括1986年台湾地区的社会和经济发展达到了一个水平，这使得从专制统治过渡成为一种现实的可能性；以及台湾地区有着强大的选举政治传统和新生的反对党，有正式的"宪治"承诺，有官

[①] 林震.关于台湾地区和韩国民主化研究述评[J].莆田学院学报（4）：5—9.或参见倪炎元，1993.南韩与台湾威权政体转型之比较研究[D].台北：政治大学，2003.

[②] 朱云汉.国民党与台湾的民主转型[J].二十一世纪，2001（6）：6.

[③] 刘振兴.政治转型中的军队角色——解严前后至政党轮替[D].台北：政治作战学校，2004.

[④] 周阳山.自由与权威[M].台北：三民书局，1990：167.

[⑤] 李秘.中间权力网络与台湾的民主进程[D].上海：复旦大学，2010.或参见萧全政.国民主义：台湾地区威权体制的政经转型[J].政治科学论丛，1991（2）：71—92.

[⑥] 萧全政."国民主义"：台湾地区威权体制的政经转型[J].政治科学论丛，1991（2）：71—92.

方的意识形态，要求逐步过渡到更民主的统治。[1]

2. 社会视角的分析

台湾学者除了集中探讨转型原因外，也从社会视角分析有利于转型的条件，出现对社会变迁、"公民意识"、社会组织发展、社会运动等进行单独深入分析的文章，大致包括以下内容：

一是聚焦"公民社会""公民意识"的演变。顾忠华在《公民结社的结构变迁——以台湾非营利组织的发展为例》一文中指出，"解严"前台湾地区的"社会力"受到极大压抑，并不存在与当局相抗衡的"公民社会"，无论在民众意识的凝聚或民众结社的实践上，都困难重重，甚至在国民党当局刻意的"预防""监视"下，培养出一批批缺乏批判思考能力、自发组织力薄弱以及参与精神不足的"顺民"，与现代社会所需要的"公民"有实质上的差异。[2] 瞿海源在《跨世纪公民的教育问题》中也指出，"戒严"时期的"公民意识"少有着力之处，学校中施行的"公民教育"更是失败，不只教材中充斥着保守驯化的教条，实际上也有大量配合管制的措施，如军训课程、教官制度等，反而"塑造了公民欠缺民主的性格，乃至有着有利于统治的政治心理"[3]。赵永茂在其1987年出版的博士论文《台湾省基层政治精英之民主价值取向——乡镇（市）长、民意代表之分析》中检验台湾地区基层政治精英的个人背景及民主价值取向，指出教育与收入明显没有扮演影响台湾地区基层政治精英民主价值取向的角色，与李普赛特的现代化理论不符；[4] 同时台湾地区基层政治文化"出现失控的都市化、快速工业化、出口扩张及教育、交通膨胀，但个人政治价值却尚来不及整合的'截断式政治文化'，导致台湾地方选举中贿

---

[1] Tun-jen Cheng, "Taiwan in Democratic Transition," in James W. Morley, ed., *Economic Growth and Political Change: The Experience of Nine Countries in the Asia Pacific Region* (Armonk, N.Y.: M. E. Sharpe, 1993).

[2] 顾忠华认为，台湾的市民社会形成要到解严后，是与政治民主化同步形成。参见顾忠华.公民结社的结构变迁——以台湾非营利组织的发展为例[J].台湾社会研究季刊，1999 (36)：123—145.

[3] 瞿海源.跨世纪公民的教育问题[A].市民社会与民主的反思[C].台北：桂冠出版社，1998：75—102.

[4] 李普赛特在20世纪50年代末通过比较近50个不同政体的国家，发现越是民主的国家，其国民收入水平、城市化程度、教育水平等现代化指标越高，由此得出经济发展与民主化之间存在正相关关系的结论。参见[美]西摩·马丁·李普塞特.政治人：政治的社会基础[M].上海：上海人民出版社，1997.

选、暴力及程序性问题频发"①。

与顾忠华、瞿海源、赵永茂等人对"公民社会""公民意识"在威权时代的发展看法悲观不同,江宜桦、萧新煌等学者则相对乐观。江宜桦在《自由民主的理路》一书中提出,威权转型并非完全出自统治者自愿,也迫于内外部环境变化。早期是文人杂志与地方选举的交互缓慢作用启发"公民意识",介绍传播西方本土理念并实践于台湾地区本土社会,"中央"增额民意代表选举后带动出间歇性选举热潮,让选举渐渐成为抒发政治改革意见的触媒,民主思潮透过选举政治与"公民意识"一起得到辩证发展。②萧新煌在其主编的《变迁中台湾社会的中产阶级》一书强调了中产阶级的作用,指出中产阶级在政治转型中分化,既推动改革,又防止转型脱序。③刘阿荣借鉴柯三吉关于硬性威权体制与软性威权体制的分类指出,"刚性威权时期""公民意识"受"政府"形塑,偏向一元化思考方向,类似抗战时期的"意志集中、力量集中","柔性威权时期"不同价值观受到重视,"民主""效能""均富"等既是施政方向也是社会认知的方向。④

二是分析转型时期的反对运动与社会运动。王振寰在《台湾的政治转型与反对运动》一文中指出,反对运动构成国民党当局筹划政治转型的一个不可或缺的因素。⑤何明修在《民主转型过程中的"国家"与民间社会:以台湾的环境运动为例(1986—1998)》的博士论文中将环境运动与台湾地区的政治转型结合起来,讨论社会运动对威权转型的促进作用。⑥王江伟在《威权体制下的环境抗争与政府响应——台湾经验的分析》一文中概括了1980年至1987年的环境抗争的特点,是以自力救济为主,使用围堵和身体暴力等较为传统的抗争手法,由于这一时期当局对环境抗争的响应采取了较为克制和容忍的态度,使得环境抗争也较能取得成功。王江伟强调,"包括环境抗争在内

---

① 赵永茂.台湾省基层政治精英之民主价值取向——乡镇(市)长、民意代表之分析[D].台北:台湾大学,1987.
② 江宜桦.自由民主的理路[M].台北:联经出版社,2001:320—325.
③ 萧新煌指出,中产阶级既有体制内的军公教群体,也有新兴的中小企业主,他们既有改良现实的需求,又担心失去既得利益。萧新煌.变迁中台湾社会的中产阶级[M].台北:巨流图书公司,1989.
④ 刘阿荣."公民意识"与民主政治的辩证发展[J].学术研究,2019(5):55—63。
⑤ 王振寰.台湾的政治转型与反对运动[J].台湾社会研究季刊,1989(1-2):71—116.
⑥ 何明修.民主转型过程中的"国家"与民间社会:以台湾的环境运动为例(1986—1998)[D].台北:台湾大学,2000.

的社会力本身即是制度和法治发展的动力"，台湾地区环境运动经验表明在允许抗议表达和维护社会秩序之"鱼"与"熊掌"是可以兼得的。[①] 范云研究了台湾地区政治转型过程中的妇女运动，强调不同生命传记背景的运动者会选择不同的组织模式，这些选择也会回过来影响运动者的组成，进而影响运动的议题和策略。20 世纪 80 年代台湾地区妇女运动行动者有着教育、阶级的优势和特殊的族群构成，因而她们选择基金会等无需草根动员的组织模式，使得其运动路线偏向于社会服务、"立法"与文化宣传。[②] 卢文婷考察了"解严"前台湾地区妇女参政演变历程，指出战后台湾地区妇女随着自身地位的提升，对政治参与的态度经历了由漠视到积极参政的转变，对台湾地区政治发展的贡献也在提升。[③]

（三）大陆方面研究综述

大陆学者同样重视台湾地区宪制性规定变迁转型的原因，相关研究较为集中，且许多分析超出西方及岛内学者的既有视角范围。虽然大陆学者从岛内社会切入，对台湾地区宪制性规定变迁转型条件进行深入研究的文章不多，但已有学者开始把政治转型与社会转型结合起来论述。重视台湾地区宪制性规定变迁转型前的经济社会结构和认同问题，是大陆学者相关研究的突出特点。相关研究主要分述如下：

1. 转型原因探讨

一是因循既有视角的研究。孙代尧在其博士论文《台湾威权体制及其转型研究》中运用策略互动理论分析台湾地区政治转型，认为转型是台湾地区各种政治行为主体，尤其是执政党领导人基于内外部环境变化所造成的压力下，基于对转型成本的计算所做的"理性"策略选择，其动机是为了维持国民党的执政优势。[④] 李秘在其博士论文《中间权力网络与台湾的民主进程》一

[①] 王江伟.威权体制下的环境抗争与政府响应——台湾经验的分析[J].两岸基层选举与地方治理研究通讯，2015（3：1）：20—33.

[②] 范云.政治转型过程中的妇女运动——以运动者及其生命传记背景为核心的分析取向[J].台湾社会学，2003（5）：133—194.

[③] 卢文婷.解严前台湾妇女参政及其转变（1945—1987）[J].台湾文献，2011（62：1）：259—292.

[④] 孙代尧.台湾威权体制及其转型研究[M].北京：中国社会科学出版社，2003：20.

文中指出，地方派系与财团的结合形成国民党政权与民间社会之间的中间权力网络，通过经纪机制和关系机制帮助国民党赢得时间与空间，最终实现政党转型与威权体制转型，但中间权力网络坐大后，也成为台湾地区后来民主政治运行质量不高的主因。[1]刘锡斌认为，台湾地区地方县市实行选举和地方自治，削弱了国民党当局的威权统治，是诱导台湾地区政治转型的关键性因素，是推动台湾地区政治转型的主要政治动力。[2]徐峰认为，台湾地区的政治转型是在"国民党片面推动经济发展的过程中生长和发展起来的，是威权体制下政府主导的市场经济与国民党侍从主义政治架构之间矛盾最终表面化的结果，是威权戒严体制不能容纳这一矛盾而脆化、坍塌的结果"[3]。沈惠平认为，台湾地区的民主政治是一种植入性、依附性甚至是功利性的民主。就台湾地区本身而言，民主是在美国压力之下强加进来的，是一种依附于美国的民主，是为了"和平演变"中国大陆的目的。沈惠平回顾了美国的对台政策，指出美国从20世纪60年代开始，就将"台湾民主化"排上政策日程，在20世纪70年代后更是不断敦促台当局政治改革，"用资本主义的自由化和多元化影响和牵制大陆"[4]。李松林认为，虽然蒋经国晚年推动的"政治革新"是被动出台的，但起到了加速台湾社会"民主化进程"的效果。[5]刘红认为，是蒋经国力排众议之下推动台湾地区的"全面革新"[6]，也是蒋经国决定结束蒋家在国民党政权中的地位、给政治意义上的蒋氏家族画上句号。[7]

二是强调两岸因素、阶级矛盾、省籍矛盾在宪制性规定变迁转型中的作用。姜南扬在《台湾政治转型之谜》一书中指出，影响台湾地区政治转型的三大因素是台湾地区的二元政治体制、各种阶级力量互动对比关系和各种政治力量互动对比关系，推动政治转型的根本动力是各种力量对于利益的追求，大资产阶级、小农资产阶级与国民党结盟，中产阶级与小资产阶级成为推动政治转型的主体力量。[8]姜南扬在《台湾政治转型与两岸关系》一文中特别

---

[1] 李秘. 中间权力网络与台湾的民主进程 [D]. 上海：复旦大学，2010.
[2] 刘锡斌. 台湾地方自治制度研究 [D]. 北京：中国人民大学，2005：68—69.
[3] 徐峰. 当代台湾政党政治研究 [M]. 北京：时事出版社：228. 或参见冯琳，2015. 当代台湾政党史与政治史研究概况 [J]. 兰州学刊，2009（7）：21—40.
[4] 沈惠平. 美国与台湾民主化进程 [J]. 厦门大学学报，2010（5）：75—81.
[5] 李松林. 蒋经国晚年 [M]. 合肥：安徽人民出版社，1996：275.
[6] 刘红. 蒋经国全传 [M]. 北京：中国言实出版社，1996：540.
[7] 刘红. 蒋经国全传 [M]. 北京：中国言实出版社，1996：692.
[8] 姜南扬. 台湾政治转型之谜 [M]. 北京：文津出版社，1993：48.

指出，两岸关系是影响台湾地区政治转型的多重因素中最重要的因素之一。"1949 年至 1979 年，在二元政治体制下，两岸关系基本上是内战关系的延续；1979 年至 1989 年，两岸关系形成二元并行格局，即两岸政治关系维持对抗，但民间关系不断发展。"① 这是台湾地区政治进入多元化时期，岛内社会受国民党控制的程度减轻的结果，也反过来促进台湾地区政治转型的发展。② 陈建樾认为，台湾地区以政治资源和利益分配为核心诉求的"省籍矛盾"推动了政治抗议活动。③ 刘国深认为，政治革新前国民党形成了对台湾地区本省人过于封闭的权力结构，"台湾人分享政治权力的要求与族群矛盾交织在一起，既推动当代台湾地区民主化运动，也造成民主化运动和族群意识的日益偏狭化"④。

2. 社会视角的分析

一是将政治转型与社会转型结合起来探讨。房宁等人在"东亚五国一区政治发展调研报告"中将政治转型与社会转型结合起来探讨台湾地区政治转型的条件与路径，认为社会分化与精英对立提供了社会转型的动因，即国民党军公教集团与以中小企业为主体的本省新兴精英集团的对立和冲突，是台湾地区民主化运动兴起的基本原因；基层选举与自由民主论述是台湾地区政治转型的制度条件和思想文化条件；社会运动、法律诉讼、地方选举是推动台湾民主化转型的三大路径，其中地方选举是最重要和最关键的路径。⑤ 萧功秦在《国家、社会与转型》的短文中指出，威权转型最成功的结构应该是"强国家/强社会"的结构，台湾地区的转型属于"次强政府/次强社会"，优势是具备普遍实行的村民自治、成熟的中小企业家协会以及发达的农会等非政府组织，且这些非政府组织得到长期的发育。⑥ 刘新圣在《积极引导社会力量成长——台湾民主转型的一点启示》中表明，转型本质上是国家向社会让

---

① 冯琳. 当代台湾政党史与政治史研究概况 [J]. 兰州学刊，2015（7）：21—40.
② 姜南扬. 台湾政治转型与两岸关系 [M]. 武汉：武汉出版社，1999，前言 p1—5.
③ 陈建樾. 台湾"原住民"历史与政策研究 [M]. 北京：社会科学文献出版社，2009：53.
④ 刘国深. 当代台湾政治分析 [M]. 北京：九州出版社，2002：58—59. 或参见冯琳. 当代台湾政党史与政治史研究概况 [J]. 兰州学刊，2015（7）：21—40.
⑤ 房宁等. 台湾政治转型的条件与路径——东亚五国一区政治发展调研报告之四 [J]. *Beijing Culture Review*(11)，2009:51—53.
⑥ 萧功秦. 国家、社会与转型 [J]. 中国企业家 (16)，2008：111—112.

渡权力的过程，中国台湾地区的转型可以归结为从"强政府弱社会"到"强社会弱政府"的过程。①

二是对转型前台湾社会结构变迁的研究。王建民在《试论战后台湾社会阶级结构的演变》中指出，土地改革带来农村阶级结构的分化，自耕农代替佃农成为农村社会的主体，地主阶级地位削弱，部分走向没落，部分转入工商业，成为大资产阶级或中小企业主；工业化迅速发展又一次改变台湾地区的社会结构与阶级关系，使得城市工人阶级发展壮大，农村人口大量流失，专业农户减少，而兼业农户增加。20世纪70年代后，中产阶级开始兴起，并作为一支独立的政治力量，冲击了台湾地区旧有的政治体制。王建民特别指出，台湾地区阶级结构的变化，伴随着本土力量的上升，与省籍矛盾交织纠结。②才家瑞在《国民党在台湾土改评析》一文中指出："战后台湾地区的变迁最重要的事件之一就是光复初期的土地改革。"国民党以武力为后盾，在美国支持和"中国农村复兴联合委员会"的推动下，解决了迫在眉睫的粮食供应问题，争取到了无地、少地贫苦农民的支持，建立了台湾地区从农业社会向工业社会发展的基础。③程朝云对战后台湾地区最重要的农民组织农会进行了系统的研究。程朝云指出，国民党通过美援支撑的农复会推动农会改革，将农会打造成集农民职业团体、农村合作组织与公权力部门附属机构等特质于一体的特殊农民组织。④汪小平则强调了技术官员在经济推动中的重要作用，认为利伯维尔场经济学说的传播，为国民党当局经济政策改革提供了方向。⑤

三是对转型前台湾地区经济结构变迁的研究。虽然大陆对台湾地区社会变迁方面的研究还处于起步阶段，⑥但对台湾地区经济发展与经济结构变迁的研究相对集中。茅家琦认为，台湾地区同时出现快速经济增长与物价稳定局面的原因在于国民党当局的经济政策，以及经济决策人物尹仲容、李国鼎等

---

① 刘新圣.积极引导社会力量成长——台湾民主转型的一点启示[J].世纪桥，2012(19)：56—57.
② 王建民.试论战后台湾社会阶级结构的演变[J].台湾研究，1995(4)：53—60.
③ 才家瑞.国民党在台湾土改评析[J].台湾研究，2002(4)：67—73.
④ 程朝云.战后台湾农会的制度改革（1950—1954）[A].中国社会科学院近代史研究所青年学术论坛2006年卷[C].北京：社会科学文献出版社，2006：563—586.
⑤ 汪小平.台湾经济政策改革源起探讨（1950—1960）[A].张海鹏、李细珠.台湾历史研究第三辑[C].北京：社会科学文献出版社，2016：191.
⑥ 参见张海鹏等.当代中国台湾史研究[M].北京：中国社会科学出版社，2015.

扮演了非常重要的角色。[①]李非认为,世界经济结构调整及由此形成的新型国际分工模式是促成台湾地区实现工业化的决定性因素,而美援与日本殖民统治时期留下的经济基础也有助于战后初期台湾地区经济恢复。[②]李非也指出,台湾地区选择了一条适合自身条件又是循序渐进的发展道路,使得现代工业部门在20世纪60年代逐渐成为经济结构的主体,70年代又在轻工业基础上发展出重工业,80年代则着力发展技术型工业,促成台湾地区经济发生结构性变革。[③]李非还强调,台湾地区的经济发展模式也有弊端,留下了对美、日严重依赖的后遗症。[④]吴能远认为,台湾地区经济模式可以归结为"维持公营企业垄断特权的前提下,大力发展民营中小企业",民营企业逐渐成为经济发展主力。但这一模式在20世纪80年代遭遇瓶颈,因为公营企业效率低下,而民营企业规模不足,使得台湾地区经济难以继续升级。[⑤]

四是对转型进程中认同问题的研究。林震认为国民党当局在20世纪70年代遭遇合法性危机后,有意无意地对"中华民国"施加了"缩身术",台湾地区社会的认同问题由此出现,并随着民主化进程展开而不断加剧。[⑥]佟文娟在其博士论文中分析了媒体与台湾地区政治民主化的关系,认为传播与政治是两位一体的,政论杂志对反对政治力量而言,发挥了汇聚共识、凝聚力量、组建反对党的作用,重构了政治认同与政治话语。佟文娟将社会运动也视为政治传播媒介,在群众动员方面发挥了深度的人际传播功能和广泛的大众传播功能。[⑦]

(四)研究文献评析

综上所述,西方学者将台湾地区视为第三波民主化进程中的一个案例,在早期研究中习惯于外在视角或者抓取台湾地区特色,特别重视美国的影响以及蒋经国威权体制的主动改革,在后期研究中则重视运用现代化理论与结

[①] 茅家琦.台湾经济政策轨迹:兼评尹仲容、李国鼎的经济政策思想[M].北京:台海出版社,1998:1—24.
[②] 李非.战后台湾经济发展原因刍议[J].台湾研究集刊,1988(1):13—19.
[③] 李非.台湾经济发展模式特征与困境[J].台湾研究集刊,1991(4):37—41.
[④] 李非.战后台湾发展经济史[M].厦门:鹭江出版社,1992:301—306.
[⑤] 吴能远.也谈"台湾经济模式"[J].台湾研究集刊,1989(1):1—5.
[⑥] 林震.论台湾民主化进程中的认同问题[J].台湾研究集刊,2001(2):67—77.
[⑦] 佟文娟.过程与分析:媒体与台湾政治民主化(1949—2007)[D].厦门:厦门大学,2008.

构功能主义去分析台湾社会变化所提供的有利于转型的条件，只不过分析社会条件时除少数有台湾地区生活经验者外，大多泛泛而谈，对台湾社会的实际情况缺乏实际的感受和足够的素材。

台湾地区的学者则普遍把台湾地区如何开启宪制性规定变迁转型视为一个长期的政治过程，重视运用策略互动理论，重视亲身经历获得的体验，即强调选举制度等"民主窗口"的作用。台湾地区学者从社会条件角度看待台湾地区宪制性规定变迁转型较西方学者更加细致，但学术立场大相径庭，[①] 对于社会条件是否成熟、是否有利转型的看法也高度分歧。出现这种情况，很大程度上取决于不同学者所使用的研究方法、获取的研究资料以及看问题的角度、衡量的标准不同所导致。

大陆学者擅长运用马克思主义阶级分析方法、矛盾论去分析问题，也善于在吸收西方及岛内学者观点的基础上，运用各类研究方法进行多元化的研究。就社会视角而言，大陆学者还特别重视台湾地区开启宪制性规定变迁转型前的经济社会结构及认同问题演变，善于运用理论进行概括，诸如运用"国家与社会关系理论"将政治转型与社会转型结合起来研究，提炼观点非常深刻到位。不过，大陆学者在对岛内社会组织、社会变迁的素材掌握方面稍显不足。

总体上看，目前两岸及国外的学者对台湾地区宪制性规定变迁转型条件的研究成果相当丰硕，[②] 从很多面向对台湾地区宪制性规定变迁转型的条件给予了清楚的解释，呈现出以下特点：

从学科视角上看，无论西方还是两岸的学者，所做相关研究多在转型政

[①] 需要指出的是，台湾地区的学者有不同的统"独"立场，加上台湾地区法政学者与台湾政界有着密切的"旋转门"关系，导致其政治立场与学术旨趣相互强化，在选择不同理论解释同一个法政问题时有明显的差异。比如：林佳龙、游盈隆等学者立场倾向民进党，在阐释转型原因时更强调反对力量的作用；而周阳山、萧全政等学者立场倾向新党或国民党，在阐释转型原因时更重视当局或外力的作用。

[②] 就本书的研究主题而言，通过旧书网站及岛内代购所获取的文献有限，但也偶有不错的资料。就馆藏图书的阅览所获而言，宪法学、转型政治学、社会学、经济学、史志类材料较为丰富，参考意义较大的是史志类以及散见的宗教类、行会类著作，题目最接近的社会学的资料常常反而因为议题过小、论述过碎而不具备参考价值。就数据库而言，涉及读秀学术搜索、JOSTOR 等十多个数据库的使用，通过关键词搜索获取大量相关文献资料。关键词的搜索除了选取直接与全文主旨相关的词汇，如"转型""社会组织（非政府组织或非营利组织）"，还根据具体章节的论题选择相关词汇，如"人间佛教""民间信仰"等，通过数据库下载的相关文献资料近 800 篇。

治学的领域里展开,对于台湾地区宪制性规定变迁转型条件普遍是放在台湾地区政治转型的大背景下进行的,有利于集中讨论政治转型开启的原因,展现整个政治转型过程中的重大事件,提炼转型最为关键的重要因素。由此可见,转型政治学领域已经开展的研究为本书提供了广泛的参考资料。不过,现有研究从社会视角切入,进行深入探讨的文章稍显不足。[①] 研究台湾地区开启宪制性规定变迁转型的条件,应立足于宪制性权利在日常社会生活中的发展演变,[②] 这也给本书从法社会学视角切入进行创新性研究提供了空间。

从内容焦点上看,学者们聚焦在事关转型的关键因素上,涉及"美援、蒋经国、失去联合国席位、中坜事件、美丽岛事件、经济成熟、地方选举、省籍矛盾、反对党的崛起、威权体制的合法性问题、宪治承诺、大陆因素、美国压力、决策过程"以及"经济结构、社会运动、中产阶级、政府与社会关系、认同问题"等,对于宪制性权利在社会中的发展关注较少,对社会组织的角色及作用关注度不高。即使涉猎也仅集中在倡议性组织,且主要是论述"解严"之后的倡议性组织及其在转型开启后、进一步推动转型过程中的角色作用,对"解严"前的社会组织关注度较低,与"解严"关系的关联性描述更是少之又少。[③] 鉴此,学者们已有的研究为本书梳理出台湾地区宪制性规定变迁转型开启前发生的主要因素、重大事件、重要人物以及互动关系、社会及经济概貌等基本情况,一方面为本书准确描述台湾地区宪制性规定变迁转型的过程提供参考,另一方面也为本书以社会组织为重点对台湾地区开启宪制性规定变迁转型的条件进行研究提供创新的空间。

从理论方法上看,诸多学者分别运用转型政治学领域的"现代化理

---

① 参见前文关于文献搜索情况的描述,也可以发现社会视角切入的研究相对缺乏。
② 林来梵认为,宪法权利是固有性与法定性的统一,是在人类历史社会过程中不断形成和发展的权利。林来梵.从宪法规范到规范宪法:规范宪法学的一种前言[M].北京:法律出版社,2001:79—80.
③ 总体上,大陆对台研究对台湾社会史,尤其是社会组织的研究都呈现不足。陈忠纯.大陆台湾史研究的历史与现状分析——以《台湾研究集刊》历史类论文(1983—2007)为中心[A].李祖基.台湾研究新跨越:历史研究[C].北京:九州出版社,2010:309—315.

论""结构功能主义"①"策略互动理论",②大多做出了具体而深入的研究;有学者运用"国家与社会关系的相关理论",③或基于政府中心取向,或基于社会中心取向,尝试跨学科研究台湾地区宪制性规定变迁转型问题,概括出深刻的观点,但也碍于政治学、法学、社会学、经济学、哲学等学科之间的壁垒,④在具体问题的描述方面稍显不足。上述方法各有利弊,都对本书的研究带来有益的启示。不过,上述理论方法对台湾地区宪制性规定变迁转型的解释并不充分,"策略互动理论"偏重于人物事件等政治变量,而忽视了社会结构变量;⑤"现代化理论""结构功能主义"虽然赋予了社会变量独立的地位,但各有不足。其中,"现代化理论"更偏重于解释经济变量,⑥对社会变量的解释不足。如果超越台湾地区的视野范围,关注到同样是后发地区、宪制性规定变迁转型前经济发展水平不亚于台湾地区的拉美许多地方,却"落入不自由民主的陷阱"⑦,可以发现拉美地区宪制性规定变迁转型不成功,恰恰是社会变迁程度不足,反过来说明阐释台湾地区宪制性规定变迁转型背后的社

---

① 结构功能主义强调社会与政治结构对民主制度的影响,认为经济发展促进中产阶级的发展壮大,中产阶级有强烈的政治参与意识,会创造现代价值观等意识形态并影响和动员社会大众,推动威权政治持续向民主政治转型,因此得出"没有中产阶级,就没有民主"的结论。[美]巴林顿·摩尔. 民主和专制的社会起源[M]. 拓夫等译. 北京:华夏出版社,1987:339.

② 策略互动理论在否定结构性因素与民主间因果关系的基础上,将研究视角从结构转向行动者,认为政治精英在政治转型中的作用应该受到重视,并预设转型过程中各个博弈主体是通过理性计算而决策行为的,认为民主化转型是政治精英基于理性考虑与成本计算的结果。[美]塞缪尔·P. 亨廷顿. 第三波:20世纪后期的民主化浪潮[M]. 刘军宁译. 上海:上海三联书店,1998:121+203.

③ 国家与社会关系的理论在不同历史时期,产生了众多闪光的理论,包括以霍布斯、黑格尔为代表的国家取向理论和以洛克、亚当·斯密和托克维尔为代表的社会取向理论,以及近来兴起的国家与社会的重叠互构理论。参见高秉雄,唐扬. 主流理论视野中的国家与社会关系[J]. 社会科学动态,2017(4):5—9.

④ 庞金友. 现代西方国家与社会关系理论[M]. 北京:中国政法大学出版社,2006:绪论1—2.

⑤ 策略互动理论不再将"长期的结构性因素"作为关注重点,而是围绕"政治转型的不确定性"展开,解决"如何将不确定性制度化,让有能力威胁过渡的既得利益者不出来制止过渡的问题"。[美]吉列尔莫·奥唐奈、[意]菲利普·施密特. 威权统治的转型:关于不确定民主的试探性结论[M]. 北京:新星出版社,2012:51—52.

⑥ 现代化理论的代表人物李普赛特以财富、工业化、都市化、教育水准等四个指标来衡量经济发展,以实证资料得出"民主政治只存在于较富裕的社会中,经济发展是民主政治先决条件"的观点。[美]西摩·马丁·李普塞特. 政治人:政治的社会基础[M]. 上海:上海人民出版社,1997:24—54.

⑦ [美]彼得·H. 史密斯(Peter H. Smith). 论拉美的民主[M]. 谭道明译. 南京:译林出版社,2013:315—347.

会变量的必要性。"结构功能主义"虽然将社会变量独立出来,但使用的是社会冲突论的观点,[①]无法解释台湾地区社会变迁如何进入到体制内部,表明对于宪制性规定变迁转型的动力因素探讨的必要性。即便是社会取向的"国家与社会关系相关理论",若只停留在体制与社会变迁因果关系的论述,只能够在社会与制度之间建立一时的联系,无法解释支撑制度的因素何以长期存续,表明还需要在理论上阐释宪制性规定变迁转型的维持机制。鉴此,本书接下来将专列一章重新建立解释台湾地区宪制性规定变迁转型的理论框架。

三、结构安排与思路

(一)研究方法

当今法学研究方法大致可以分为三大流派,分别是自然法学派,分析法学派,以及社会法学派。[②]自然法学派以自然法作为评判实在法的基本尺度;分析法学派突出强调法学的科学性,以实证分析作为其研究的圭臬;社会法学派则以社会分析作为其研究目标,突出强调法律与社会实在关系的考察。三大法学流派从不同的侧面揭示了法学研究的路径,有利于人们从不同的角度来观察法律问题、探究法律的意义。[③] 本书选择了法社会学的学科视角,"关心的不是法律专业、法律的改造,而是要探讨法律的起源,延伸对于社会

---

① 该理论的代表性人物有摩尔,主要文献有《民主和专制的社会起源》。摩尔在该书中提出的问题是,为何在现代化的道路上,英国等国能够和平过渡,法国等国则爆发大革命,德国、日本走向专制独裁,中国、俄罗斯经历社会主义革命。为此,摩尔运用马克思主义的阶级分析方法,从现代化之前的各国社会结构和阶级关系出发,围绕各国地主阶级商业化动力这个核心概念来进行分析。以欧洲为例,摩尔分析了欧洲各国的经济形态,指出英国主要依靠工业尤其是纺织业出口获取利润,地主阶级在羊毛运动的刺激下,需要一个自由的劳动力市场来发展羊毛生产,推动农业的畜牧业化,有意无意地融入了纺织工业的产业链,与资产阶级相互融合,共同对抗王权和贵族,从而较少需要政治干涉、较少发展压制工具、较易达成妥协。同时期,东欧的德国、俄罗斯等国家主要依靠农产品获取利润,地主阶级需要把农民绑在土地上才能获取足够利润,地主阶级的商业化需要更多的政治干预、较多的压制工具才能确保获取更多的利润,也因此更难以达成妥协。通过大量的史料的分析,摩尔得出英国地主阶级商业化动力最强,美国、法国次之,而俄罗斯、中国的地主阶级商业化动力最弱,由此导致不同政治道路的结论。参见 [美] 巴林顿·摩尔. 民主和专制的社会起源 [M]. 北京:华夏出版社, 1987: 前言 1—6.
② 胡玉鸿. 西方三大法学流派方法论检讨 [J]. 比较法研究, 2005 (2): 20.
③ 胡玉鸿. 西方三大法学流派方法论检讨 [J]. 比较法研究, 2005 (2): 20.

秩序的脉络与法律之间的关系与知识的理解"①。在研究方法上，是"把法系统放在社会结构中来理解，以建构出一套理论性的解释"，"不依赖于特定法律程序、条文的经验研究，而是从一个较广的理论性旨趣出发"，"去理解特定社会经济环境导致某些法律的出现，以及这些法律产生的过程"②。具体而言，本书采取的研究方法包括：

一是历史分析法。历史分析法可以帮助我们正确了解法律制度产生和发展的相关历史条件。③ 因为仅以法规为研究对象，并不能完全反应法规当时的生活状况，所以需要从当时的社会制度和经济制度，乃至社会生活中去挖掘法的起源和本质。④ 具体到本书，仅以台湾地区宪制性的规定为研究对象，并不能找到台湾地区开启宪制性规定变迁转型的真正条件，只有回到当时具体的时空背景中，从社会、经济生活中去搜集反映当时宪制性规定实际运作状况的社会现象，以及促成宪制性规定变迁转型的社会事实。

二是组织分析法。法社会学的组织分析法就是分析研究各类法律组织的地位、结构、功能和社会效果，法律组织与民众行为的相互关系，法律组织与其他社会组织的相互关系等。⑤ 具体到本书，就是分析研究台湾地区开启宪制性规定变迁转型之前各类社会组织的功能和社会效果，以及与当时台湾地区民众、市场主体乃至公权力机构之间的相互关系。

三是比较分析法。比较分析法在多种学科中被运用，⑥ 法社会学的比较分析与传统法学通常所做的对法律条文、法律规范及其结构、法律制度等纯法律因素的比较不同，它比较分析的重点是不同社会条件或文化背景下法律据

---

① [美]坎培尔，威尔斯.社会中的法律研究[A].威廉·M.伊凡，法律社会学[C]，郑哲民译.台北：巨流图书公司，1996，27—29.

② Austin, Chinhengo. *Essential Jurisprudence* [M]. London: Cavendish Publishing Limited. 1995：p122.

③ 韩德培认为，历史研究法是把法律思想和法律制度放在一定历史条件下进行考察，通过研究当时的社会政治、经济、文化等因素对法律制度和法律思想的影响，揭示不同制度和理论产生的社会背景和它们的历史作用。郭玉军.一个法学家的世纪追梦——韩德培思想研究[M].武汉：武汉大学出版社，2015：231.

④ 何勤华.西方法学名著精萃[M].北京：中国政法大学出版社，2002：149—158.

⑤ 刘焯认为，组织分析法对解释和完善法律组织的内部结构和功能，进一步协调法律组织和其他社会组织的关系乃至法律组织之间的相互关系有积极意义。刘焯.法与社会论——以法社会学的视角[M].武汉：武汉出版社，2003：26.

⑥ 它通常是指对涉及一个以上的对象之间的对比分析，其目的是要找出它们之间的相同点和不同点以及造成这种相同和不同的原因。苏家坡.社会调查理论与方法[M].长沙：湖南师范大学出版社，1989：348—349.

以存在的社会环境，法律发挥作用与功能的社会机制，法律现象背后不同的政治价值与文化价值等。[①] 就本书而言，重点是比较台湾地区工业化以前和商业化以后，宪制性规定所保障的人民基本权利在现实生活中落实的情况，考察社会组织不同运作机制背后的价值与观念变迁。

（二）研究框架

法律的生命在于经验而不在逻辑。[②] 宪制性规定所保障的民主、自由等价值能否实现，在多大程度上实现，本质上取决于社会变迁的程度。[③] 本书将在托克维尔等人的经典理论之上提出自己的解释框架，以宪制性规定变迁的社会条件为关键问题，以台湾社会产生哪些具体支持宪制性规定变迁的因素为支撑性问题，探究台湾地区宪制性规定变迁得以产生的社会基础。具体来说，本书的研究内容主要从以下五个方面展开：

绪论 主要阐述研究意义、核心概念、研究范围、研究方法、研究内容及创新。

第一章 通过回顾托克维尔、涂尔干、诺斯、帕特南等理论大家关于民主社会条件的经典理论，提出自己的基本思路，建立本书的解释框架，指出社会变量、动力因素、维持机制是台湾地区宪制性规定变迁转型需要探讨的基本条件。

第二章 主要关注台湾地区经济发展所带来的社会结构的变化，研究台湾社会的组织化问题，从工商团体的组织化切入，论述新兴工商团体社会地位"从边缘到中心"，组织资源"从非正式到正式"，社会功能"从机械团结到有

---

① 刘焯.法与社会论——以法社会学的视角[M].武汉：武汉出版社，2003：27.或参见康环芳.法社会学研究方法在民法学教学中的应用[J].法制与经济，2014（18）：122—123.
② [美]小奥利弗·温德尔·霍姆斯.普通法[M].冉昊，姚中秋译.北京：中国政法大学出版社，2006：1.
③ 波兰尼在论述《巨变——当代政治经济的起源》一书中指出，现代化不只是经济与政治之间的关系，而是经济发展、社会变迁与政治转型三者之间的关系；或者更进一步讲，现代政治经济秩序的建立，本质上是社会变迁的结果，如果不顾社会承受能力，如果社会转型不成功，经济发展或者政治变革往往会带来灾难性的后果。波兰尼回顾了近代以来世界政治经济发展与社会转型的历史进程，揭示了自律性市场神话的真相，指出人类史上从未有过真正自由的自律市场。经济变迁影响的是社会整体，法西斯主义与社会主义一样，都是在市场无法运转时脱颖而出。一个号称自律性市场的经济，可能演化成黑手党资本主义及黑手党政治体制。参见[英]卡尔·波兰尼.巨变——当代政治经济的起源[M].黄树民译.北京：社会科学文献出版社，2017，斯蒂格利茨序言 p14.

机团结"的过程中,对民情的塑造,以及促进社会的再组织化的过程。

第三章 主要关注台湾地区的公共领域如何形成的问题,通过回顾环保组织、消费者权益保护组织等公共团体的发展过程,展示社会力量独立于政治、经济的过程。同时,展现公共团体所代表的社会力量如何形成公共话语、促进理性参与,进而促使体制的扩大、机制的形成,最终促进社会力量与政治力量、经济力量形成新的平衡,避免冲突与不可控制,提高整个社会的凝聚力与统合能力。

第四章 主要关注台湾地区宪制性规定变迁转型的巩固问题,揭示宗教组织及公共团体的发展,如何抑制社会的不良倾向,避免平等化庸俗化的陷阱,如何"唤起民主的信仰","洁化民主的风尚",稳定社会的民情,形成丰富的社会资本与稳定的社会均衡,促使社会往好的方向持续发展,促进台湾社会公共精神的持续提升。

结语 回归到宪制性规定变迁转型所需的社会条件,归纳总结研究结论,对未来研究做出展望。

(三)创新与难点

关于台湾地区政治转型的相关研究可谓汗牛充栋,各专业领域都有涉猎,政治学、法学、历史学等专业都进行过深入的学术研究,经济学、文学、艺术学等专业也有不少的学术成果,其中涉猎最深、学术成果最丰硕的当属政治学的分支学科——转型政治学。与政治学关注政治转型的过程、原因不同,宪法学对台湾地区政治转型的研究,关注的焦点是如何实现以宪制性权利为中心的治理模式,以及宪制性权利如何真正落实的问题,相关研究通常是在法教义学、法史学以及比较法学的领域展开的,[①]往往重视台湾地区宪制性规定文本的变化、重视对宪制性规定的价值评判,强调法学的本位立场。立足于法学本身研究台湾地区宪制性规定变迁转型虽然没有错,但徒法不足以自行,在解释力上远不如转型政治学的研究更具说服力。因此,对于如何回答台湾地区宪制性规定变迁转型条件的问题,本书的学术旨趣之一就是在维持宪法学科特点的基础上,既立足于宪法学权利中心的立场,又跳出法律规范

---

① 在读秀学术搜索中以"台湾"加"宪法"加"威权转型"为关键词进行搜索,可以发现以法律视角进行研究的相关图书、期刊及学位论文等大多是强调宪法文本研究的。如曾建丰的《战后台湾"宪法"变迁的历史回顾:1945—2000》,刘小兵的《戒严与戒严法》等等。

本身，通过借鉴其他学科的研究成果，对台湾地区的宪制性规定变迁转型条件进行更有效的解释。这种以社会为研究对象，考察宪制性规定变迁开启与社会关系的命题本身就非常宏大，既为本书进行创新性研究创造极大空间，也带来极大的挑战。

可见，本书写作难点在于需要跨学科的知识运用去阐释一个宏大的基础性命题。首先，需要有深厚的理论基础作为指导，需要潜心学习、对比、总结相关法理学、社会学、政治学乃至政治经济学、转型政治学涉及的理论问题，这对于作者的知识背景而言，需要长期的积累过程。其次，本书又需要收集大量散佚的过期资料，需要从图书馆尘封的角落、数据库的文献互助等方式寻找、选取"证据"。往往阅遍多家馆藏涉台图书，所得不过数文，所用不过数句，即便是岛内二手书店也难以买得到那个年代原本发行量不大的书刊。最后，本书的具体写作也不好操作，既要有宏大叙事，又处处要以小见大，且要坚持站在社会视角，坚持从社会组织的角度去描述、阐释原本就是一体两面甚至一体多面的问题，对于作者的写作习惯而言也是一大挑战。

另一方面，本书写作难点也与本书的创新相伴相生，解决难点往往就可以体现创新。鉴此，本书主要在法社会学的领域展开研究，充分借鉴法社会学的研究方法，采取以下几种方法克服研究难题，同时体现创新：

首先，本书从理论上阐明宪制性规定变迁转型所需要的条件，既包括托克维尔所说的社会条件，又不限于托克维尔的条件，还包括涂尔干、诺斯、帕特南等人理论所涉及的关于社会变量、动力因素、维持机制等条件。虽然在梳理托克维尔等大师们的理论时，未必能兼顾准确性与全面性，且所采用的理论主要是本书所需，甚至并未对涂尔干等人的主要理论全部呈现，但梳理理论本身就是对宏大问题的回应，在社会组织与宪制性规定变迁关系这个抽象命题与台湾地区宪制性规定变迁转型条件这个具体问题之间建立联系，从而彰显本书研究的理论价值所在，也表明本书研究路径的可行性。

其次，本书选取社会组织的视角进行研究。难点在于社会组织千头万绪，即便选取典型的、关联性强的社会组织进行考察分析，也难以全面呈现社会变迁的宏大背景。鉴此，本书在资料搜集上下了很大的功夫，[①]并根据社会变迁不同层次对宪治转型发挥促进作用的递进关系，先从工商团体入手，展示社会如何在经济发展以后实现组织化；接着选取环保、消费者权益保护组织进行分析，表明台湾社会变迁如何影响体制机制变迁，逐渐形成社会公共领域；接下来选取宗教、公益类组织进行研究，展现曾经庸俗的台湾地区民众如何愿意投身到公共事业中去，新的社会资本与社会均衡如何形成，最终促进民风民情改变，社会公共精神的提升。社会组织作为社会的载体，对典型社会组织发展过程的研究，就是对台湾社会整合过程的研究，暗含着宪制性权利如何在宪制性规范一成不变的情况下，实质上发生了巨大变化，表明社会整合既在很大程度上实现了宪制性权利，也对宪制性权利的进一步落实提出更高期待。

最后，本书采取了一些技术性处理。将研究的时间范围框定在台湾地区进入工业化阶段后到"解严"前的时期，即1973年到1987年这个时间段，以聚焦问题。同时，本书将宪制性规定变迁转型涉及的选举、体制等具体的制度性问题隐去，通过切换到社会的视角，展示制度发展与社会整合的相生相伴关系。

---

① 本书获取文献的途径来源包括借阅研究机构涉台馆藏图书、委托他人岛内代购、旧书网站购买，以及搜索各大数据库。大陆学者文献主要依靠传统的中国知网以及读秀学术搜索；台湾学者文献则主要依靠台湾人文及社会科学引文索引资料库确定文章题目，再具体详细查询相关著作，并辅之以月旦知识库、台湾学术期刊在线等数据库；外文资料则主要靠JSTOR、百度学术等查询。关键词的搜索除了选取直接与全书主旨相关的词汇，如"转型""社会组织（非政府组织或非营利组织）"，还根据具体章节的论题选择相关词汇，如"人间佛教""民间信仰"等。通过资料收集，获得了相当部分台湾社会变迁中的社会组织相关资料。通过资料筛选，最终选取了一些非常典型的社会组织作为描述对象，如"中国青商会"、"中国比较法学会"、消费者文教基金会、中华儿童福利基金会等社会组织，以及慈济、佛光山等宗教团体。

第一章　宪制性规定变迁的理论基础

宪制性规定变迁转型需要面临几个向度的问题，既包括价值观的选择，也包括制度的安排，更意味着社会生活方式的确立。因为民主社会的本质是自主治理的社会，需要基础性的社会条件，否则很容易陷入转型失败的陷阱。托克维尔指出了民主制度的脆弱性，并提出了民主需要的社会条件，发现"民情"是民主得以建立、巩固的钥匙。不过，托克维尔看到的是19世纪美国社会实现民主所需的民情，却无法告诉后发地区的人们如何养成这样的民情。可见，实现宪制性规定变迁转型，要求相应的社会结构作支撑。涂尔干指出了社会是一个独立于政治、经济的变量，是孕育民情的基础，只有社会结构发生改变，社会实现再组织化，社会实现整合，社会力量才能彰显。不过，涂尔干的论述停留在社会的功能性整合层面，仍无法回答社会变迁如何诱导制度变迁。实现宪制性转型，实现社会变迁到制度变迁，还需要解决动力问题。诺斯指出了非正式约束等社会变迁对正式制度转型的重要作用，在托克维尔、涂尔干的基础上建立了制度开放与社会变迁的因果关系。不过，诺斯的开放社会理论仍不能确保宪制性规定变迁转型的持续稳定，实现宪制性规定变迁转型还需要解决条件巩固问题。帕特南指出了社会资本与社会均衡是确保有限进入社会向权利开放社会转型的关键，重建社会资本与社会均衡可以提升社会公共精神，从而巩固宪制性规定变迁转型的成果。

可见，宪制性规定变迁转型是一个复杂的社会过程，有了条件没有结构，有了结构没有动力，有了动力没有维持机制均是不行的，意味着本书所论述的社会条件已不局限于托克维尔所讲的社会条件，而是包含了涂尔干、诺斯以及帕特南等人所讲的社会变量、动力因素、维持机制等"社会条件"。

第一节 托克维尔关于民情的理论

托克维尔指出了民主的脆弱性,并提出民主的社会条件的问题。[①]"托氏对美国民主的研究,以及对美国和法国的民主不同条件与社会后果的比较,人们认识到民主制度不但是伴随着社会平等的一种必然的产物,民主制度还会带来社会秩序的优化、价值观的提升、社会自主治理,并可以成为促进公民权利和自由的机制。由此廓清了对民主理解的历史迷雾。"[②]民主需要社会条件,制度也需要社会条件,作为民主政治制度集中体现的宪制性权利更是需要社会条件。民主所需要的社会条件与宪制性权利所需要的社会条件高度重合。因此,托克维尔的理论是本书首要参考的对象。

托克维尔指出,民主社会将随着社会平等化的发展而逐渐到来,但社会的民主化也会带来一系列问题,消除了传统社会保护个人权利的种种屏障,让社会变得离散化,让个人很容易变得软弱无力,而失去自由的基础。[③]法国大革命虽然高喊的是"自由、平等、博爱",但其实只不过是将这些抽象出来的观念,具体化为社会行动的过程,因为缺乏社会纽带的调和,演变成戕害自由、平等的历史悲剧。由此,针对法国大革命爆发的原因,托克维尔总结指出,民主转型会面临许多问题:一是经济发展可能导致革命而不是转型;二是转型过程中对平等价值的强烈偏好,可能导致多数人的暴政,让自由丧失,人人处于原子化的状态,社会变得更加专制;三是社会阶层可能断裂,社会精英与下层民众形成对立,埋下革命诱因。托克维尔认为,解决不了这些问题就匆忙实行的民主化是非常脆弱的,可能导致个人被权力操纵,带来多数人的暴政,为专制的复辟创造条件。

托克维尔怀揣着对法国大革命的深刻反思,远赴美国考察了民主的社会条件,发现自然环境、法制和民情是美国民主制度得以维护的条件。美国相

[①] 刘培峰. 托克维尔论民主的社会条件[J]. 比较法研究, 2012, (2): 114—122.
[②] 刘培峰. 托克维尔论民主的社会条件[J]. 比较法研究, 2012, (2): 114—122.
[③] 以当代哲学家查尔斯·泰勒的著作《现代性之隐忧》为例,泰勒在此书中提出了对于现代社会的三大隐忧:第一个是"生命的英雄之维"的失落,即个人"将自己完全封闭在内心的孤独中"的危险,他将这一担忧称之为"意义之丧失";第二个担忧涉及工具理性日益猖獗,导致"目的之晦暗",即原本应当由其他标准来确定的事情,现在都按照成本收益分析来决定了;第三个担忧是现代政治的"柔性专制主义"导致社会横向联合的消失,结果孤立而无力的个人,独自面对强大的官僚国家,这意味着"自由之丧失"。王焱. 社会思想的视角[M]. 杭州:浙江大学出版社, 2012: 144.

对优渥而独立安全的自然条件可以远离外敌入侵的隐患，使自身发展免受外界干扰。美国一些重要的法律，也深刻影响着物质财富的分配及人与人之间的关系，如继承法对财产平等的影响，摧毁了特权阶层存在的物质基础；如体制内分权制衡法律运作现实的存在，可以为后来的转型提供可借鉴的宝贵资源；如地方法律把"公民的永久无法满足的野心限制在一个狭小的范围内，使同样的一些可能破坏国家的民主激情转化为对地方造福的激情"[①]。其中，法制比自然环境更有益，而民情比法制贡献更大。南美洲具有比北美有更好的资源，却缺乏美国那样的法制、民情而陷入内战与混乱。与美国接壤的墨西哥拥有与美国类似的法律，也因缺乏美国的民情而陷入困境。[②]"最佳的地理位置和最好的法制，没有民情的支持也不能维护一个政体；但民情却能减缓最不利的地理环境和最坏的法制的影响。民情的这种重要性，是研究和经验不断提醒我们注意的一项普遍真理。"[③]也就是说，美国的民情是维护美国民主最重要的因素，也是区别于法国最重要的因素。

维护美国民主的民情主要因素包括：一是乡镇自治，培育了自由的观念，体现了非代议制的直接民主，是美国民主的根基。乡镇自治既是一种政治制度，更是一种实践公共参与的社会传统。美国的乡镇自治承袭了英国地方自治的传统，[④]提供了民主参与的机会，形成了自下而上的政治生活，为公民参与更大范围的民主提供了历练。通过经常性的参与，让人们合理理解自己的利益，培育遵从规则和达成妥协的习惯，从而学会安享自由和让自由为自己服务，形成最基本的自由精神。二是结社制度，提供了保护个人自由的屏障。结社把分散的个人组织起来，让分化的利益整合汇聚，利益表达得以专业化组织化，产生了个人无法获得的知识和力量，克服了个人利益表达的无力化，

---

① [法]托克维尔.论美国的民主[M].董果良译.北京：商务印书馆，2013：396.
② [法]托克维尔.旧制度与大革命[M].冯棠译.北京：商务印书馆，2016：388—393.
③ [法]托克维尔.论美国的民主[M].董果良译.北京：商务印书馆，2013：393.
④ 不同于法国等多数欧洲国家自上而下的政治生活，"新英格兰的居民依恋他们的乡镇，因为乡镇是强大的和独立的；他们关心自己的乡镇，因为他们参加乡镇的管理；他们热爱自己的乡镇，因为他们不能不珍惜自己的命运。他们把自己的抱负和未来都投到乡镇上了，并使乡镇发生的每一件事情与自己联系起来。他们在力所能及的有限范围内，试着去管理社会，使自己习惯于自由赖以实现的组织形式，而没有这种组织形式，自由只有靠革命来实现。他们体会到这种组织形式的好处，产生了遵守秩序的志趣，理解了权力和谐的优点，并对他们的义务的性质和权利范围终于形成明确的和切合实际的概念"。[法]托克维尔.论美国的民主[M].董果良译.北京：商务印书馆，2013：84.

避免了公共决策目标的模糊性。结社产生竞争性的参与，赋予民主社会活力，有利于实现社会的宽容。最重要的是，结社承担了类似贵族制度下保护个人权利的屏障功能。[①]"把从各种自治团体或贵族收回的管理权不完全交给主权者，而部分地分给由普通公民临时组成的次级团体。这样，个人的自由将会更加有保证，而他们的平等也不会削弱。"[②]"人们就可以获得若干贵族性质的重大政治好处，而又不会有贵族制度的不公正性和危险。政治的、工业的和商业的社团，甚至科学和文艺的社团，都像是一个不能随意限制或暗中加以迫害的既有知识又有力量的公民，他们在维护自己的权益而反对政府的无理要求的时候，也保护了公民的全体自由。"[③]三是出版自由，提升了公共精神。出版自由是人们获取信息并建立正确判断，维护独立、自尊的关键；也是沟通信息，获得帮助，发起共同行动，对权力进行监督的前提。"在我们这个时代，公民只有一个手段可以保护自己不受迫害，这就是向全国呼吁，如果国人充耳不闻，则向全人类呼吁。他们用来进行呼吁的唯一手段就是报刊。因此，出版自由在民主国家比在其他国家无限珍贵，只有它可以救治平等可能产生的大部分弊端。平等使人孤立和失去力量，但报刊是每个人都可阅览并能被最软弱和最孤立的人利用的强大武器。"[④]四是宗教信仰，洁化了民主。"专制制度可以不要宗教信仰而进行统治，而自由的国家却不能如此。宗教，在他们所赞扬的共和制度下，比在他们所攻击的君主制度下更为需要，而在民主共和制度下，比在其他任何制度下尤为需要。"[⑤]清教教义天生具有民主共和的理论；宗教限制人们想入非非、恣意妄为；政教分离使权力分散，维系社会权力平衡。[⑥]"宗教认为公民自由是人的权利的高尚行使"，"自由认为宗教是自己的战友和胜利的伙伴，是自己婴儿时期的摇篮和后来的各项权利的神赐依据。自由视宗教为民情的保卫者，而民情则是法律的保障和使自由

[①] "贵族时代保障个人独立的最大原因，是君主不独揽治理公民的任务，他把这项任务部分地交给贵族成员，不仅君主不独揽一切，而且代理他的大部分官员也不总是受他的控制，因为他们的权力并非来自君主，而是来自他们的家庭出身。"[法]托克维尔．论美国的民主[M]．董果良译．北京：商务印书馆，2013：952.

[②] [法]托克维尔．论美国的民主[M]．董果良译．北京：商务印书馆，2013：953.

[③] [法]托克维尔．论美国的民主[M]．董果良译．北京：商务印书馆，2013：953—954.

[④] [法]托克维尔．论美国的民主[M]．董果良译．北京：商务印书馆，2013：954.

[⑤] [法]托克维尔．论美国的民主[M]．董果良译．北京：商务印书馆，2013：374.

[⑥] 刘培峰．托克维尔论民主的社会条件[J]．比较法研究，2012，(2)：114—122.

持久的保证"①。

可见,托克维尔关于民情作用的描述可以进一步概括为:一是自由观念之培育;二是自由屏障之保护;三是公共精神之养成;四是民主风尚之洁净。其中,出版自由在今天的观念应该是表达自由,其主要作用是传播民主知识,培育自由观念,兼及公共精神的养成,起到监督民主、保护自由的屏障作用;地方自治的主要作用是养成公共生活的习惯,兼及对自由的保护;宗教则主要维系了家庭关系与公共道德,提供民主社会急需的精神食粮。对民主作用最为广泛、深刻的是结社自由,在结社活动中产生的公共生活体验是培育自由观念与养成公共精神的沃土,各类社团本身更是地方自治等自由保护机制的基础,也是宗教得以发挥作用的中介。

"社会组织"之于民情的塑造作用是多重意义上的。一是屏障保护作用。社会组织的存在相较于既有的政治权力而言,既有分权的效果,也有制衡的作用,对组织内部的成员则有保护的功能。二是教化功能。"自愿组合体既是约束政府的力量来源,同时又是组织人民参与政治的主要渠道。"②因为在代议制下,人民只是政治正当性的终极来源,不直接行使主权,具体的权力通过信托的方式被授予出去,主要由不同机构执掌,并且通过分权制衡的方式规范权力的使用,保障主权的公共性。这意味着在日常政治时期,公民的政治参与十分有限。③而社会组织则提供了人民实践直接民主的公共空间,只有通过持续且深入的政治参与,人们才能了解政治事务的运作逻辑,使人们在参与公共生活的过程中获得政治教育。三是纽带作用。通过参与社会组织,人们才会发现"自己不能像最初以为的那样可以离开他人而独立,而为了得到他人的帮助,自己就得经常准备帮助他人",从而习得正确理解的利益原则,从而起到团结整合社会的作用。因此,本书主体内容在描述台湾社会民情的具体样貌时,将从社会组织的角度展开,从而展现民情的塑造过程。

不过,显而易见的是,台湾地区的民情无论是在1973年,还是到1987

---

① [法]托克维尔. 论美国的民主[M]. 董果良译. 北京:商务印书馆,2013:55.
② [美]利普塞特(Lipset, Seymour Martin). 政治人:政治的社会基础[M]. 刘钢敏,聂蓉译. 北京:商务印书馆,1993:13.
③ 日常政治时期,人们很少有机会直接、深入地参与公共政治事务。其结果是,消极公民成了现代公民的主流形象,而商业的现代发展进一步强化了他们的消极性,使得公民越来越非政治化、社会越来越散沙化。罗轶轩. 论托克维尔的政治自由观及其局限[J]. 华中科技大学学报(社会科学版),2018,(32:5):90—98.

年，其民情状况都远未达到托克维尔笔下美国民情的程度，而只是体现出种种变迁的轨迹与趋势。因此，本书除了借用托克维尔的理论对民情进行对照描述外，还需要面对托克维尔并未深入探讨的问题，即：在一个先天并不具备美国民情的社会，如何产生有利于民主的民情？是否随着经济发展，必然带来新的民情？还是说经济发展所带来的社会变迁，产生新的社会结构，进而产生有利于民主的民情？因此，接下来还需要讨论到社会结构的问题，需要借鉴其他理论。

第二节　涂尔干的有机团结理论

相较于托克维尔对政治转型失败的反思，主要针对"民主与理性的联姻"，另一位法国思想家埃米尔·涂尔干对廓清转型理论认识，首要的贡献是将社会作为一个与经济、政治等量齐观的独立变量，是针对经济发展对社会转型带来的挑战的反思。

涂尔干的基本立场是：一切存在与现象的根源，皆为社会。[①] 涂尔干之前，在启蒙思想家的推动下，经济变量已经被视为转型理论中独立于政治的变量。[②] 理论界包括孟德斯鸠、詹姆斯·斯图亚特等对以经济制约政治，以经济推动转型寄予厚望。不过，此时"社会"还是依附于经济变量的，社会作为一个独立的变量并未得到足够的重视。作为社会学的奠基人之一的涂尔干把社会看作一个类似于有生命的整体，指出"社会随着经济发展，逐渐多元化，导致社会结构发生改变"，社会开始作为一个独立于经济的、独立于政治的变量出现。涂尔干的这一理论在后来的民主实践中被反复证明。奥唐奈通过考察那些原来实行民主政体的拉美国家在工业化以后反倒转向威权体制的例子说明，经济现代化对于政治发展的未来可能是不确定的，可能由威权体

[①] [法]埃米尔·涂尔干.社会分工论[M].渠东译.北京：生活·读书·新知三联书店，2013：译者序言.

[②] 卡尔·马克思指出："随着经济基础的变更，全部庞大的社会建筑也会或慢或快地发生变革。"卡尔·马克思以其最经典的"经济基础决定上层建筑"的论断，不仅将经济作为独立于政治的变量，而且将经济作为比政治更具决定性的变量.[德]马克思，恩格斯.马克思恩格斯选集[M].中共中央马克思恩格斯列宁斯大林著作编译局编译.北京：人民出版社，1995：32—33.

制转为民主体制，也可能由威权体制转为另一个威权体制。[1] 亨廷顿考察第三波民主化国家与地区也得出结论，经济发展也会带来更高的政治参与诉求，从而带来政治不确定，可能导致不民主的情况。"经济发展与政治发展不是同一事物的严丝合缝的组成部分"[2]，并不必然导致政治发展，反而可能带来政治衰败。[3] 仅仅关注经济与政治变量而导致转型失败，恰恰凸显了社会变量的独立价值。

当涂尔干把社会当成一个独立变量进行研究时，涂尔干所主要致力解决的一个问题是，民情是可能随着社会变迁而变坏的，社会变迁以后如何实现重新整合，以确保社会的有序和民情的稳定。涂尔干沿着托克维尔思考的方向发现，随着市场经济和劳动分工的发展，个人独立意识也在增强，而在初级的、仅能维持生存的经济中，人们并不那么依赖合作，然而他们对他人的依赖感却更强。[4] 为了测度社会变迁的后果，涂尔干提出社会团结的概念。[5] 涂尔干把团结分成机械团结和有机团结两种类型。机械团结是传统社会常见的团结形态，是因共同的意识形态和外在强制而产生的团结。在劳动分工相对不太发达的传统社会中，"社会成员大多从事相似的职业，拥有共同的信仰和生活经验，具有高度相似的生活方式"，由于社会成员高度同质化，生存状态相对隔绝，联系较为机械，这种社会成员之间的团结被称为机械团结或相似性所致的团结。[6] 有机团结则是现代社会分工不断发展之后出现的团结形态，是因劳动分工和相互依赖而产生的团结。这种团结是建立在社会分工扩大和个人异质化发展的基础之上。因为分工导致个人在职业、观念、生活经验以及生活方式上出现高度异质化趋势，反而需要加强个人相互间的联系，产生相互依赖才能共同生存发展，所以这种成员之间的团结称之为有机

---

[1] 吉列尔莫·奥唐奈总结政治衰退的路径，即"包容式政治—心理或经济报酬—宽容成本超过压制成本—官僚威权主义"。[美] 吉列尔莫·奥唐奈 .[M]. 现代化和官僚威权主义：南美政治研究. 北京：北京大学出版社，2008：70—71.

[2] 李福长 .20 世纪历史学科通论 [M]. 济南：齐鲁书社，2012：263.

[3] 刘亚军 . 政治学基础理论研究 [M]. 兰州：甘肃人民出版社，2015：124.

[4] [英] 西登托普 . 托克维尔思想评传 [M]. 北京：商务印书馆，2013：105.

[5] [英] 马丁·洛克林（Martin Luoghlin）. 公法与政治理论 [M]. 郑戈译 . 北京：商务印书馆，2002：150—151.

[6] [法] 埃米尔·涂尔干 . 社会分工论 [M]. 渠敬东译 . 北京：生活·读书·新知三联书店，2013：33.

团结或分工形成的团结。①涂尔干将法律类型的变化作为衡量团结方式的外在指针，从基于刑事制裁为主的压制型法律到旨在恢复法律被违反之前的关系状态的恢复型法律，标志着机械团结社会向有机团结社会的转型。涂尔干关于机械团结和有机团结的区分，把托克维尔的洞见构建为一种新的比较：一方面是一个分权的社会，各种等级和行会为人们提供了强烈的、共同的身份归属，但同时人们又是高度独立的；另一方面是一个拥有公民平等，并培育出个人自主意识的社会，由于劳动分工的发展，人们相互之间又存在切实的、高度的依赖关系。②

  涂尔干相信现代社会变迁到一定程度能够带来社会团结，有机团结将会取代机械团结。涂尔干不同意斯宾塞、梅因、滕尼斯等人关于现代化的发展伴随着社会纽带削弱的观点，认为现代社会的发展只是削弱了传统纽带，但也发展了新的纽带。③但在传统纽带削弱与新的纽带强化过程中，民情是否变得更好，取决于有机团结是否顺利实现。也就是说，涂尔干把职业群体所代表次级群体看作社会实现功能性团结的关键所在。对职业群体重要性的张扬，对职业群体代表的次级群体重要性的强调，是在托克维尔中介群体的意义上成立的。④涂尔干认为，从传统社会向现代社会变迁的过程中间，自杀现象等是民情变坏的表现。⑤民情变化是因为失范，失范是基于共同社会价值、依靠

---

  ① [法]埃米尔·涂尔干.社会分工论[M].渠敬东译.北京：生活·读书·新知三联书店，2013：73.
  ② [英]西登托普.托克维尔思想评传[M].北京：商务印书馆，2013：166.
  ③ 斯宾塞认为，现代社会人们参与没有任何道德基础的自由的契约关系，契约以社会秩序为先决条件，而不是创造社会秩序。[英]帕特里克·贝尔特，[葡]菲利佩·卡雷拉达·席尔瓦.二十世纪以来的社会理论[M].瞿铁鹏译.北京：商务印书馆，2014：19.
  ④ 刘拥华.现代城市社会与文化丛书：社会学的政治想象[M].北京：中国社会出版社，2015：142.
  ⑤ 涂尔干把自杀的类型分为利己自杀、利他自杀和混乱的自杀。利己自杀源于过分脱离社会或无法融入社会，对生活缺乏依恋而导致的自杀；利他自杀则因为过分依赖社会；混乱的自杀是由社会混乱而引起，在政治、经济动荡乃至婚姻、家庭出现变故时最易发生。朱元发.涂尔干社会学引论[M].台北：远流出版社，1988：69—75.

国家强制力维系的机械团结无法充分发挥作用的产物。[1]失范对社会而言是不正常的病态现象，对个人来说则是"社会在个体身上的不充分在场"或"社会的缺席"[2]。由此，涂尔干从个人与社会两个角度提出了如何防范民情变坏的两种方法。一方面是强化个人与社会之间的纽带，以重新挽救个人。另一方面，也是更重要的，是重建社会。除了需要重建新的"集体意识"[3]，还要基于功能性的相互依存重新整合社会，以实现有机团结。涂尔干把塑造民情的希望寄托在职业群体及其对应的法团。就挽救个人而言，职业群体及其对应的法团可作为个体所依恋的组织性载体，是连接个人与社会最重要的纽带。就重建社会而言，职业群体及其对应的法团是构建功能性依存社会的关键。

涂尔干发现，"社会结构的变迁必然会导致道德的变化"[4]，多元社会结构自主发展的结果是，原来机械团结下的社会伦理不行了，集体意识不行了，需要新的职业伦理，取代原有的封建伦理，上升为国民伦理。为此，涂尔干除了将职业群体视为强化社会纽带、建立功能性社会的关键，还赋予职业群体重建公共道德的期望。涂尔干指出，职业群体的核心就是公共精神。[5]职业群体不仅承担规制经济活动的责任，而且形成成员之间的道德共同体。[6]因为，职业群体所对应的法团具有的共有制形式，凝聚着集体公共性的仪式、意识和精神，都是构造现代道德不可或缺的基础，激活了历史传统的当下生

---

[1] 涂尔干认为变迁过程中之所以会出现民情变坏的情形，是因为出现"失范"。"失范"是因为社会出现反常的分工。涂尔干把分工的反常形式概括为失范的分工、强制的分工和不适当的分工。失范的分工最典型的例子是原来和谐的雇主与雇工关系演变成愈演愈烈的劳资矛盾。强制的分工则因为强迫产生，虽然有契约的形式保障，但缺乏自发产生的分工所需要的道德力量。不适当的分工则因为缺乏协作，反而破坏了社会各部分相互之间的依赖。参见吴辉.迪尔凯姆社会事实论研究：基于唯物史观及其思想史视野的考察[M].合肥：安徽大学出版社，2017：206—219.

[2] Durkheim, Emile *Suicide: A Study in Sociology*[M]. (translated by John A.Spaulding and George Simpson, and edited with an introduction by George Simpson) New York: The Free Press, 1951.: 389. 或参见[法]涂尔干.自杀论[M].冯韵文译.北京：商务印书馆，1996：404.

[3] "社会成员平均具有的信仰和感情的总和，构成了他们自身明确的生活体系，我们可以称之为集体意识或共同意识。"[法]埃米尔·涂尔干.社会分工论[M].渠敬东译.北京：生活·读书·新知三联书店，2013:42.

[4] [法]埃米尔·涂尔干.社会分工论[M].渠东译.北京：生活·读书·新知三联书店，2013:第一版序言.

[5] 渠敬东.涂尔干的遗产：现代社会及其可能性[J].社会学研究，1999（1）：31—51.

[6] [法]涂尔干.职业伦理与公民道德[M].渠东，付德根译.上海：上海人民出版社，2006.

命。[1]涂尔干指出，中世纪的法团往往是在一个专门的教堂中成立，同样职业的人们聚集在一起，通过业绩来做出信仰的证明。通过这种组织化方式，人们彼此联系、彼此依赖，分享着共同观念、利益情感和职业，同舟共济，休戚与共，共同的事务与共同的生活结合起来，在日常状态中构成了道德规范的整体。[2]涂尔干指出，中世纪法团制度的确立和复苏，事实上将职业伦理和公民道德密切联系在一起，[3]从而呼应了现代社会早期的民情与权利之间的微妙关联。由此，"职业群体的道德性的传染机制，与现代政治之基本权利结构的形成和规定，得到一体两面的发展"[4]。职业群体发挥的道德观念之一是促使信任范围的扩大，从传统的家庭单位扩大到职业范围内。从特殊信任到一般信任，是信任半径扩展，意味着道德共同体包容程度扩大。[5]如此，奠基于职业群体这种次级群体之上的更高级组织，如政治共同体，才有现实可能，才具有新的"集体意识"，才不至于脱离社会的发展而出现病态的情形，也才能真正实现每个人的政治权利。此外，涂尔干还强调了宗教对于新的"集体意识"塑造的重要性。涂尔干指出："宗教可以把不同文化、种族、社会地位、性别和年龄阶层的人聚集到一起，在共同的身份认同和归属要求中形成社会整合。因此宗教实际上对社会起着一种平面化的作用，有助于消除社会的等级分化，并通过宗教活动，扩大了成员的社会交往，帮助个体克服极端的个人主义和利己主义。因此，宗教同公民身份一样，可以在个体的身份认同、社会参与和群体的社会整合方面提供支持。"[6]

可见，涂尔干凸显了社会结构作为独立于经济变量的重要性，指出了职业群体代表的次级组织在塑造社会条件方面的整合作用以及重新塑造"集体意识"的重要性。

---

[1] 渠敬东.职业伦理与公民道德——涂尔干对国家与社会之关系的新构建[J].社会学研究（4）：110—131、244.

[2] [法] 涂尔干职业伦理与公民道德[M].渠敬东译.北京：商务印书馆，2014：中译序 xi 页.

[3] 渠敬东.职业伦理与公民道德——涂尔干对国家与社会之关系的新构建[J].社会学研究，2014（4）：110—131.

[4] [法] 涂尔干.职业伦理与公民道德[M].渠敬东译.北京：商务印书馆，2017.中译序 xii 页.

[5] 参见洪岩璧.道德与信任：道德认知的阶层差异[J].东南大学学报（哲学社会科学版），2016（18：03）：27—32.

[6] 何子文.佛教僧人的社会身份及其近代转变[M].北京：宗教文化出版社，2016：56.或参见何子文.菩萨公民：佛教僧人的社会身份及其近代转变[D].上海：上海大学，2010.

对本书主体内容而言，首先就需要借用涂尔干理论检视台湾地区经济发展所带来的社会变迁，考察工商团体所代表的次级组织如何促进社会的再组织化，进而塑造新的社会民情。不过，虽然涂尔干强调了转型中的社会变量，指出了好的民情将会随着职业群体等次级组织的发展而形成，最终实现机械团结向有机团结转变的目标，但还不足以解释次级组织为何出现停滞不前的情形，也没有充分描述职业群休中产生的新规范如何替代社会原有的制度而升华为正式的制度，不足以解释社会团结形态转变以及正式制度替代过程中出现的曲折现象，不足以说明转型中的动力问题。因此，接下来要继续从理论上寻求回应。

第三节 诺斯的制度变迁理论

涂尔干理论的不足有以下几方面：一是未能说明社会变迁的动力。"涂尔干遵循的是一条功能主义的路径，侧重制度对行动的制约作用。"[①]不过，功能主义的解释模式存在着如下不足：尽管它可以为任何一种社会实践构想出一种功能，但是它很难在这一实践的功能与实践的接受和坚持之间确立起因果关系。[②]科尔曼也认为，功能主义的制度观是有问题的，它没有说明正式和非正式制度之间的关联，也没有提供制度变迁的理论。[③]二是对限制社会冲突缺乏回应。"涂尔干的缺陷在于他没有认识到社会分层的存在以及政治冲突的现实；涂尔干过于关注社会团结的基础，以至于他的社会意象中排除了所有非整合性的特征。"[④]"如果涂尔干能沿着托克维尔所指引的方向，即关注如何能激化或限制冲突，那么他在政治性解决方案的研究方面会更为成功些。"[⑤]三是整合的面向未涉及社会以外的领域。哈贝马斯指出，涂尔干更多的是关

[①] [美]维克托·尼保罗·英格拉姆.嵌入与超越：制度、交换和社会结构[A].薛晓源，陈家刚.全球化与新制度主义[C].北京：社会科学文献出版社，2004：98.

[②] [美]理查德·A.波斯纳（Richard A.Posner）.武欣，凌斌译.法律理论的前沿[M].北京：中国政法大学出版社，2003：322—323.

[③] 庞树奇，范明林.普通社会学理论[M].上海：上海大学出版社：295.或参见张运良.制度：一个社会学概念的演化[J].吉林广播电视大学学报，2011（5）：89—92.

[④] [美]兰德尔·柯林斯，迈克尔·马科夫斯基.发现社会：西方社会学思想述评（第8版）[M].李霞译.北京：商务印书馆，2014：184.

[⑤] [美]兰德尔·柯林斯，迈克尔·马科夫斯基.发现社会：西方社会学思想述评（第8版）[M].李霞译.北京：商务印书馆，2014：184.

注社会整合方面，没有将注意力集中于系统整合方面，没有意识到社会需要有国家和市场等系统组织来予以协调整合。系统在现代社会中发挥着越来越重大的作用，这是涂尔干没有太注意的地方。[1]

诺贝尔经济学奖获得者道格拉斯·诺斯（Douglass C. North，一译"诺思"）提出了制度变迁理论，论述了转型的动力机制，在托克维尔、涂尔干的基础上建立了制度与社会条件的因果关系。

一是强调了非正式约束在塑造民情、限制社会冲突中的作用。诺斯延续了涂尔干对劳动分工和专业化带来民情与权利发展的乐观看法，认为"在作为经济增长源泉的劳动分工和专业化的社会中，会自发孕育民主政治和个人自由"[2]。诺斯认为，制度（institutions）基本上由三个基本部分构成，即正式的规则、非正式的约束（行为规范、惯例和自我限定的行事准则）以及它们的实施特征。[3] "虽然正式的规则可以在一夜之间改变，但非正式的约束却需要逐渐加以改变。"[4] 如果缺乏发展非正式约束的民情酝酿过程，正式的规则即便透过革命性变迁得以建立，但所带来的经济和社会绩效也达不到预期。虽然正式规则决定了非正式约束，非正式约束只是正式规则的补充，[5] 但是，正式规则只是人们决定选择的总约束中的一小部分，[6] 非正式约束才是现代经济的普遍特征。[7] 而且，正式规则的变迁是从非正式约束开始的，"通常由构成制度框架的规则、规范和实施的复杂结构的边际调整所组成"。这意味着，"在人类社会演化发展的历史长河中，除了一些战争、革命、政府这些'非连续'的制度变革外，重大的制度变迁往往是通过无数次具体且微小的非正

---

[1] 刘拥华.现代城市社会与文化丛书：社会学的政治想象[M].北京：中国社会出版社，2015：35.

[2] North, D., "The NewInstitutional Economics and Third World Development", in Harris, J., J. Hunter, and C. Lewis (eds.), *The NewInstitutional Economics and Third World Development*. London: Routledge: 1995c, pp17—26.

[3] North, D., "Toward a Theory of Institutional Change", in Barnett, W.et al (eds.), *Political Economy, Competition and Representation*. Cambridge: Cambridge University Press, 1993: p.62.

[4] [美]诺斯.历时经济绩效——1993年12月9日在斯德哥尔摩接受诺贝尔经济学奖时的演讲[J].胡家勇译.经济译文，1994（6）.

[5] 邹东涛.邹东涛讲诺斯[M].北京：北京大学出版社，2011：123.

[6] [美]诺斯.制度、制度变迁与经济绩效[M].刘守英译.北京：生活·读书·新知三联书店，1994：49.

[7] [美]诺斯.制度、制度变迁与经济绩效[M].刘守英译.北京：生活·读书·新知三联书店，1994：54.

式约束的变化累积而成的"①。"这些微小的非正式约束的变迁累积起来在整体上构成了根本性的制度变迁",②"成为社会长期连续变迁的源泉"③。也就是说,主要是非正式约束在塑造民情,而非正式约束的变化往往是不经意和不起眼的,民情看起来是相对稳定的,恰恰是因为民情是嵌套在非正式约束中的。此外,非正式约束往往来源于当时的民情状况,不会立即对正式规则的变迁做出即时反映,却改变了正式规则与非正式约束摩擦的结果,进而改变了制度变迁的路线,因此,嵌套在非正式约束中的民情会成为变迁路径依赖的根源。④ 在这个意义上,诺斯成功解释了托克维尔所揭示的民情比法制更重要这一现象背后的原因。

二是提出了"有限进入的社会"转型为"开放进入的社会"的门槛条件。诺斯提出,人类历史上只出现过三种社会秩序(状态或国家形态):原始社会或原始国家;限制进入的自然社会或自然国家;开放进入的社会或国家。⑤ 法律和制度"在'有限进入的秩序'中与在'开放进入的秩序'中的运作是不同的"⑥。在"有限进入的社会秩序"中,由于"限制进入和排斥竞争者,使一些组织的形成变得非常困难,以至于使那些能协调民众反对政府的组织极大地受限"⑦。纵观历史,更常发生的是"精英失灵从而最终由革命来解决社会问题。并且革命之后更常发生的是新的精英在解决了他们能解决的社会问题之后再度变得官僚化,于是再度失灵"。精英的官僚化通常会使社会被"锁入"毫无希望的社会演化路径,最终导致社会解体。⑧ 与之相反,如果在一个"开放进入的社会秩序"里头,政治竞争实际上要求众多大的、复杂的和良好

---

① 韦森. 再评诺斯的制度变迁理论 [J]. 经济学(季刊),2009,(8:2):743—768.
② [美] 诺斯. 制度、制度变迁与经济绩效 [M]. 刘守英译. 北京:生活·读书·新知三联书店,1994:119.
③ [美] 诺斯. 制度、制度变迁与经济绩效 [M]. 刘守英译. 北京:生活·读书·新知三联书店,1994:51.
④ [美] 诺斯. 制度、制度变迁与经济绩效 [M]. 刘守英译. 北京:生活·读书·新知三联书店,1994:61—62.
⑤ 汪丁丁. 行为社会科学基本问题 [M]. 上海:上海人民出版社,2017:129.
⑥ North, D., J. Wallis, and B. Weingast, "A Conceptual Framework of Interpreting Recorded Human History" [J]., George Mason University: Mercatus Center Working Paper, 2007 (75):p27.
⑦ North, D., J. Wallis, and B. Weingast, "A Conceptual Framework of Interpreting Recorded Human History" [J]., George Mason University: Mercatus Center Working Paper, 2007 (75):p46.
⑧ 汪丁丁. 行为社会科学基本问题 [M]. 上海:上海人民出版社,2017:130.

组织的利益群体的存在，以至于不论在任何政治制度存在的条件下，他们均能有效地相互竞争。[①]诺斯认为，这就可以解释"为何有些法律和市场制度在一些国家和社会中作用良好而在另一些社会中就不怎么起作用"。诺斯提出，"有限进入的社会"要顺利转型为"开放进入的社会"，需要满足三个门槛条件：对精英的法治、（精英阶层）永久性非人格化组织的存在（包括国家）和（政治）对军队的统一控制。[②]由此，诺斯将涂尔干笔下相对静止的社会立体化、动态化，在更加系统的层面上看待社会演进的方向、路径及持续性。

三是指出组织与制度的复杂相互作用是转型为"开放进入的社会"的关键。诺斯从讨论经济组织与种种制度约束之间的关系来开始探讨人类社会制度变迁的内在机理。[③]诺斯指出："组织及其企业家是制度变迁的主角，他们所从事的有目的的活动及其在其间所起的作用，共同形塑了制度变迁的方向。"[④]另一方面，组织和制度的相互作用促进了制度演化。两者存在共生关系，"如果说制度是社会博弈的规则，那组织就是社会博弈的玩者。"[⑤]诺斯指出："组织的产生反映的是制度框架提供了某些机会，当制度激励某种行为时，组织就会应运而生。"[⑥]"支持非人际关系化的制度使得权利开放秩序能够维护所有公民的权利，而不仅仅是维护精英特权。"[⑦]但是，诺斯发现强势而落后

[①] North, D., J. Wallis, and B. Weingast, "A Conceptual Framework of Interpreting Recorded Human History" [J]. George Mason University: Mercatus Center Working Paper, 2007 (75) p38.

[②] [美]诺斯，约翰·约瑟夫·瓦利斯，巴里·R.温格斯特.杭行，王亮译.暴力与社会秩序：诠释有文字记载的人类历史的一个概念性框架 [M].上海：格致出版社，上海三联书店，上海人民出版社，2013：33.

[③] 韦森.再评诺斯的制度变迁理论 [J].经济学（季刊），2009，8(02):743—768.

[④] 诺斯还分析了经济组织追求其目标最大化的行为在塑造制度变迁方面的三个具体途径，包括：一是派生出了投资于各种知识的需求；二是有组织的经济活动、知识存量与制度框架之间的持续互动；三是作为组织的最大化行为的副产品，非正式约束也会有渐进性的改变。由此，诺斯进一步阐释了涂尔干关于职业群体在推动机械团结向有机团结转变过程中的作用. [美]诺斯.制度、制度变迁与经济绩效 [M].刘守英译.北京：生活·读书·新知三联书店，1994：99.

[⑤] North, D., "The Paradox of the West", in Davis, R. (ed.), *The Origins of Modern Freedom in the West*.[M]. Stanford, Cal.：Stanford University Press, 1995：pp.1—34.

[⑥] [美]诺斯.历时经济绩效——1993年12月9日在斯德哥尔摩接受诺贝尔经济学奖时的演讲 [J].胡家勇译.经济译文，1994（6）.

[⑦] [美]诺斯，约翰·约瑟夫·瓦利斯，巴里·R.温格斯特.杭行，王亮译.暴力与社会秩序：诠释有文字记载的人类历史的一个概念性框架 [M].上海：格致出版社，上海人民出版社，2013：347.

的政治制度可以扼杀掉缺乏屏障保护的经济社会演绎的进程。①诺斯甚至发现，政权本身也有能力成为经济参与的重要乃至关键组成部分，进而影响演绎的方向与进程。②政权可以凭借权力或者参加经济活动形成"有限进入的社会秩序"而非"开放的社会秩序"。③要避免出现"新的联盟或政府改变制度和权利，包括废除这些支持非人际关系化的制度和权利"，就需要有永久性的公共组织做支撑。④由此，诺斯得出结论："只有在经济竞争存在且复杂的经济组织出现的前提条件下，可持续的竞争民主才有可能实现。"⑤在此，诺斯凸显了非人际关系化的公共组织在社会变迁中的作用，把组织视为融通社会与制度的关键因素。

四是指出制度变迁的动力不限于利益，还包括人们的观念和不同精英的

---

① 诺斯举例，现代经济增长之所以最早出现在英国、荷兰，而不是起始条件更好的西班牙、葡萄牙，是因为前者成功地确立产权制度，整个社会受到制度性激励，而后者为了王室享乐，鼓励行会垄断，从而阻碍技术创新。北美因为接受激励模式，北美殖民地得到持续的经济增长，南美则因为王室只需要对殖民地进行掠夺而非开发，进而陷入了衰退。参见 [美] 诺斯.经济史中的结构与变迁 [M].陈郁，罗华平译.上海：上海三联书店，1994：162—178.

② 诺斯在1981年提出"诺斯悖论"，是指一个能促进经济持续快速增长的有效率产权制度依赖于国家对产权进行有效的界定与保护，但受双重目标的驱动，国家在界定与保护产权过程中受交易费用和竞争的双重约束，会对不同的利益集团采取歧视性的政策，从而会容忍低效率产权结构的长期存在和导致经济衰退。国家具有双重目标，一方面通过向不同的势力集团提供不同的产权，获取租金的最大化；另一方面，国家还试图降低交易费用以推动社会产出的最大化，从而获取国家税收的增加。国家的这两个目标经常是冲突的。"诺斯悖论"描述了国家与社会经济相互联系和相互矛盾的关系，即"国家的存在是经济增长的关键，然而国家又是经济衰退的根源"。"诺斯悖论"反映的也是政治与经济的对立：出于统治的需要，一种经济上低效的制度安排在政治上却可能是合理的。政府行为并非只遵照效率原则，公平同样是政府做事的出发点，必要的时候为了公平，有可能牺牲效率。在存在权力竞争和政治交易费用的情况下，可能导致无效率的产权结构及其他相关的制度安排。

③ 按照诺斯的理论，国家的出现和存在是必要的，是促进经济增长的关键力量，然而国家又是邪恶的，是导致人为经济衰退的根源。国家在界定产权的同时，又会对个人的财产权造成侵害，造成所有权的残缺，国家又成了造成无效产权的根源。拿诺斯的话说，没有国家办不成事，有了国家又有很多麻烦。即国家的存在是经济增长的关键，又是人为经济衰退的根源。[美] 诺斯.经济史中的结构与变迁 [M].陈郁，罗华平译.上海：上海三联书店，1994：20.

④ [美] 诺斯，约翰·约瑟夫·瓦利斯，巴里·R.温格斯特.杭行，王亮译.暴力与社会秩序：诠释有文字记载的人类历史的一个概念性框架 [M].上海：格致出版社，上海三联书店，上海人民出版社，2013：347.

⑤ North, D., J. Wallis, and B. Weingast, "A Conceptual Framework of Interpreting Recorded Human History" [J]., George Mason University: Mercatus Center Working Paper, 2007 (75): p39.

权力。① 诺斯认为，开放社会是市场社会，需要的是遵守规则的道德。开放社会的治理结构是一种多中心的扩展的秩序规则，而封闭社会需要一种熟人的道德，这种封闭的道德看起来美好，但不足以支撑大规模社会的治理结构。② 诺斯提出："为了解释变迁与稳定，在某些方面超越对成本—收益的个人主义的计较是需要的。"③ "当个人深信一个制度是非正义的时候，为试图改变这种制度结构，他们有可能忽视这种对个人利益的斤斤计较。当个人深信习俗、规则和法律是正当的时候，他们也会服从它们。"④ 为此，诺斯将目光投向"参与者的意向性"，认为理解变迁过程的关键在于，促动制度变迁的参与者的意向性以及他们对问题的理解，"人们所持的信念决定了他们的选择，而这些选择反过来又构造了人类处境"⑤。变迁在很大程度上是一个为行为人对自身行动结果的感知所塑造的一个刻意过程。⑥ 根据诺斯的论述，群体的文化传统与心智模型，决定了自然社会能否演化为开放社会。"世界上因果关系的信念密切影响人们的决策，文化环境则从根本上影响人们的信念"，而关于开放进入社会所需的"非人际化身份的信念源于组织和制度的结构"，"这些结构是由

---

① 张勇. 古典政治经济学的新复兴——评道格拉斯·诺斯等著《暴力与社会秩序》[J]. 国外理论动态，2013，(10):102—107.

② 因为扩展的秩序，超出了熟人的关系模式。熟人之间的交易，一般都是道德性的交易。信念之所以重要，在于其克服了搭便车的行为，只有市场是嵌入社会中的，人们才会形成克服搭便车的社会共识。毛寿龙. 斯密理论与治道变革[A]. 和谐社区通讯（总第38期）[C]. 北京：和谐社区发展中心，2015：1—3.

③ "意识形态观念则更精彩地说明了市场是嵌入社会当中的，如果不存在一定的社会共识，将导致市场运作的成本高昂，因为它无法规避搭便车的问题。诺斯的疑问是，新古典主义能够解释为什么人们按自我利益行事，但它解释不了对自我利益的计较并不构成动机的那些行为。"因此，诺斯构建了意识形态理论来解决集体行动中的"搭便车"问题。苗月霞. 北京大学政治发展与政府管理研究所编. 中国乡村治理模式变迁的社会资本分析：人民公社与"乡政村治"体制的比较研究[M]. 哈尔滨：黑龙江人民出版社，2008：187. 刘拥华. 现代城市社会与文化丛书：社会学的政治想象[M]. 北京：中国社会出版社，2015：110. 或参见刘拥华. 市场社会还是市场性社会：基于对波兰尼与诺斯争辩的分析[J]. 社会学研究，2011（4）：62—89.

④ [美]诺斯. 制度、制度变迁与经济绩效[M]. 刘守英译. 北京：生活·读书·新知三联书店，1994：12. 或参见刘拥华. 市场社会还是市场性社会：基于对波兰尼与诺斯争辩的分析[J]. 社会学研究，2011（4）：62—89.

⑤ [美]诺斯. 理解经济变迁过程[M]. 钟正生，邢华等译. 北京：中国人民大学出版社，2008：23.

⑥ 韦森. 再评诺斯的制度变迁理论[J]. 经济学（季刊），2009(8：2)：743—768.

社会所支撑的，人们生活在其中"①。由此，诺斯尝试将变迁动力的讨论扩大到社会公共精神的领域，开启探索公共精神的提升对于转型成功的重要意义。

综上，诺斯本人有力地论证了非正式约束等社会变迁对正式制度转型的重要作用，强调要理解非正式约束在法律（包括宪法）、制度等正式规则生成过程中的作用。对本书的重大启示是，当考察非政府组织运作情况时，尤其是其提供的结社技巧、方式等组织资源以及产生的社会影响、联动效应，其实就是在考察台湾社会的正式规则得以形成的过程。诺斯指出，在一定基础条件之上，充分的经济竞争与复杂的经济组织可以实现与制度的相互作用，促进人们信念的改观，实现"开放进入的社会"。不过，诺斯的制度变迁理论虽然指出了向开放社会转型的动力，但诺斯自己也承认，即便有了动力，转型也可能是历史的偶然。② 对于转型如何持续巩固，诺斯提出了问题，即"制度模式具有自我增强性，即使它们没有社会效率"，但诺斯的答案却是有缺陷的。即使涉及人们的观念与不同精英的权力，经济史学出身的诺斯并未在此做进一步的考察，只是提到了需要有永久性的公共组织做支撑。③ 因此，本书接下来还需要对转型维持机制的相关理论进行探讨。

第四节　帕特南的社会资本理论

托克维尔发现了民情决定民主，涂尔干看到了次级组织在社会实现功能

---

① ［美］诺斯，约翰·约瑟夫·瓦利斯，巴里·R.温格斯特.杭行，王亮译.暴力与社会秩序：诠释有文字记载的人类历史的一个概念性框架[M].上海：格致出版社，上海三联书店，上海人民出版社，2013：346.

② 诺斯认为，单纯依靠经济增长不足以演绎出"开放进入的社会秩序"，反而可能因为政治制度的干预而中断，作为经济增长必要条件的明晰界定且能被有效实施的产权结构，只有在政治自由和公民权利能得到确保的情况下，它本身才能得以良序工作。反之，王室或政府公权力对公民财产的任意没收将始终是个威胁。参见［美］诺斯.经济史中的结构与变迁[M].陈郁，罗华平译.上海：上海三联书店，1994：162—178.

③ ［美］诺斯，约翰·约瑟夫·瓦利斯，巴里·R.温格斯特.暴力与社会秩序：诠释有文字记载的人类历史的一个概念性框架[M].杭行，王亮译.上海：格致出版社，上海三联书店，上海人民出版社，2013：347.

性整合方面的作用，诺斯则指出了制度变迁的渐变方式与动力。①罗伯特·帕特南（Robert D. Putnam）被誉为当代的"托克维尔"②，提出了社会资本理论，揭示了传统与信念的内在关系，指出社会资本与社会均衡的相互强化，以及建立社会资本的长期性。在本文的意义上，帕特南进一步回答了诺斯遗留的转型维持机制的问题，事实上回应了如何从有限社会进入开放社会的难题，是对当代民主转型问题的阐释。

帕特南关于意大利不同地区民主制度绩效的对比研究表明，社会资本是民主进步的一种重要的决定性因素。帕特南自己给社会资本的定义是："普通公民的民间参与网络，以及体现在这种约定中的互惠和信任的规范。"③信任、规范和网络等社会资本可以通过促进合作行为而提高效率。④因此，社会资本的数量和质量对社会的健康和公民的福祉关系极大。

一是提出公民参与网络强化互惠规范和社会信任。帕特南指出，在意大利公民精神发达的地区，社会信任长期以来都是伦理道德的核心组成部分，它维持了经济发展的动力，确保了政府的绩效。⑤合作需要信任，信任意味着对独立行动者的行为有预测。在小规模的紧密连接的共同体中，信任可以建立在当事人的相互熟悉基础上。但是，大型和更为复杂的结构，则需要非私人化的或

---

① 虽然以诺斯为代表的新制度经济学家研究了制度的变迁和经济绩效，也就制度对经济发展的促进或阻碍作用进行了深入的分析，讨论了为什么有的制度可以促进经济发展，而有的制度则不能，但是诺斯没有就这些制度起作用的社会基础进行分析。苗月霞.北京大学政治发展与政府管理研究所编.中国乡村治理模式变迁的社会资本分析：人民公社与"乡政村治"体制的比较研究[M].哈尔滨：黑龙江人民出版社，2008：33.

② 社会资本理论的建构进一步拓展了"人类发展"领域的认知深度。正如诺贝尔经济学奖获得者斯蒂格利茨所提炼的人类发展领域研究的三代"范式"：第一代范式注重实物资本在人类发展中的重要作用，第二代范式强调人力资本在人类发展中的深刻价值，第三代范式则突出社会资本在经济昌盛、社会和谐方面的独特功能。转引自卢春龙."罗伯特-帕特南：社会资本理论的主要倡导者"，载[美]罗伯特·D.帕特南.流动中的民主政体：当代社会中社会资本的演变[M].李筠、王路遥、张会芸译.北京：社会科学文献出版社，2014：10.

③ [美]罗伯特·D.帕特南.使民主运转起来——现代意大利的公民传统[M].王列，赖海榕译.北京：中国人民大学出版社，2015，中译本序.或参见卿松.社会资本视域下的城市和谐社区建构[J].商业经济研究，2012（29）：24—25.

④ 周红云.再评社会资本：布迪厄、科尔曼和帕特南的比较[J].经济社会体制比较，2003（04）：46—53.或参见卿松.社会资本视域下的城市和谐社区建构[J].商业经济研究，2012（29）：24—25.

⑤ [美]罗伯特·D.帕特南.使民主运转起来——现代意大利的公民传统[M].王列，赖海榕译.北京：中国人民大学出版社，2015：201.或参见黄晓波，王贻正.社会资本理论视阈下的文化建设[J].经济研究导刊，2012（24）：223—224.

者间接的信任。① 帕特南根据博弈论的研究成果指出，在现代复杂社会里，公民间的信任产生于互惠规范和公民参与网络。密集而持续的社会关系与交换网络增加了博弈的重复性和各种博弈之间的联系性，从而鼓励可信行为，遏制胡作非为，不但培育了强大的互惠规范，而且促进了个人品行的信息流通。②

二是区分垂直网络与水平网络。帕特南认为，社会有两种网络来促进合作，一种是垂直的，一种是水平的。垂直的网络有先天性的缺陷，比如信息的垂直流动不如水平流动可靠，支撑互惠规范的惩罚手段不能向上实施等。③垂直网络最典型的是庇护——附庸关系，由于交换是垂直的，参与者的义务不对称，会导致投机行为和逃避义务，从而损害庇护者之间以及附庸者之间的团结。④ 帕特南指出："公民参与的网络形态与制度绩效具有决定性的正相关性。在那些制度绩效高的地区，存在许多社团组织，如合唱团、足球队、扶轮社，甚至是鸟类观察俱乐部，那里的人民关心公共事务，遵纪守法，相互信任，社会的组织和参与方式是横向的、水平的。相反，在那些制度绩效差的地区，人们极少参与社会生活且互不信任，社会生活是按照垂直的等级制组织起来的，政治参与的动机是个人化的依附或私人的贪欲，不是集体的目标，私人的考虑代替了公共的目的，腐败和违法乱纪是家常便饭。"⑤

三是提出社会资本与社会均衡的相互强化关系。对于意大利南部何以长期以来无法摆脱集体行动的困境，帕特南总结道：历史上至少存在着两种广泛的社会均衡，所有面临集体行动问题的社会，往往都会朝着其中之一发展，而且，均衡一旦实现，往往会自我增强。⑥ 社会资本包括信任、规范、合作网络等往往具有自我增强性和可累积性。良性循环会产生社会均衡，不断形成

---

① 李胜,王小艳.流域跨界污染协同治理：理论逻辑与政策取向[J].福建行政学院学报，2012（3）：84—88.
② [美]罗伯特·D.帕特南.王列，赖海榕译.使民主运转起来——现代意大利的公民传统[M].北京：中国人民大学出版社，2015：204.
③ 帕特南认为，垂直流动之所以不可靠在于下属会因为免受剥削而对信息有所保留。[美]罗伯特·D.帕特南.王列，赖海榕译.使民主运转起来——现代意大利的公民传统[M].北京：中国人民大学出版社，2015：205.
④ [美]罗伯特·D.帕特南.王列，赖海榕译.使民主运转起来——现代意大利的公民传统[M].北京：中国人民大学出版社，2015：205.
⑤ [美]罗伯特·D.帕特南.王列，赖海榕译.使民主运转起来——现代意大利的公民传统[M].北京：中国人民大学出版社，2015:译者序3.或参见钱玉英.制度建设与中国地方政府决策机制优化[D].苏州：苏州大学，2010.
⑥ 高玉林.信任与不信任的社会均衡[J].浙江社会科学，2012（7）：90—98.

高水准的合作、信任、互惠、公民参与和集体福利。相反，恶性循环的环境里，背叛、猜疑、逃避、利用、孤立、混乱和停滞也能相互强化而稳定下来，并且以其他形式不断演化。① 一旦身处任何一种情形中，理性的行动者就会受到激励并按规则行事，反过来会强化社会原来的均衡。②

四是指出建立社会资本的长期性。关于民主的社会条件，帕特南得出的结论是，制度变迁对政治生活有决定性影响，而历史与社会关系对制度的成功构成了强大的制约。③ 改变正规制度能够改变政治实践，正式改革会引发非正式的变迁，并且具有自我维持的功能。④ 但是，制度历史的发展非常缓慢，就正式制度（比如宪法）的建构而言，时间的计量是以10年为单位。在建立非正式制度对正式制度的支撑方面，如互惠规范和公民参与网络上，历史可能发展得更加缓慢。也就是说，建立社会资本并非易事，但它却是使民主得以运作的关键因素。⑤

可见，帕特南关于两种网络的区分实际上是发展了涂尔干机械团结与有机团结的理论，更凸显了社会组织而非仅仅是职业群体在促进社会实现功能性整合方面的作用；而帕特南指出社会资本与社会均衡的相互强化关系则体现了托克维尔关于民情具有自我强化趋向，以及民情决定民主的论断；帕特南强调社会资本的建立需要长期的过程，则是借鉴诺斯的制度变迁理论，⑥ 指出公民参与网络的形成不仅依赖于正式制度的变迁，更需要非正式约束发展的不断积累，不同之处在于，帕特南指出了从"有限进入的社会"向"开放进入的社会"转型的发展方向，既包括诺斯笔下的人们的观念和不同精英的权力，更重要的是增强社会的横向联系，以促进互惠网络的方式克服集体行动困境，最终建立促进公民参与网络的正式制度。

---

① 高玉林.信任与不信任的社会均衡[J].浙江社会科学，2012（7）：90—98.

② [美]罗伯特·D.帕特南.王列，赖海榕译.使民主运转起来——现代意大利的公民传统[M].北京：中国人民大学出版社，2015：译者序4. 或参见高玉林.信任与不信任的社会均衡[J].浙江社会科学，2012（7）：90—98.

③ 俞可平.社会资本与草根民主——罗伯特·帕特南的《使民主运转起来》[J].经济社会体制比较，2003（02）：21—25.

④ 高玉林.信任与不信任的社会均衡[J].浙江社会科学，2012（7）：90—98.

⑤ [美]罗伯特·D.帕特南.王列，赖海榕译.使民主运转起来——现代意大利的公民传统[M].北京：中国人民大学出版社，2015：215—216.

⑥ 社会资本在很大程度上与非正式制度有重合之处。杨菊平.非正式制度与乡村治理研究[M].上海：上海交通大学出版社，2016：6.

小　结

综上，本文是在综合了托克维尔、涂尔干、诺斯、帕特南的理论基础之上，确立自己的解释框架。托克维尔关于民情的理论、涂尔干的有机团结理论、诺斯的制度变迁理论以及帕特南的社会资本理论是一个内在深化的过程，给本书提供了写作思路。托克维尔、涂尔干、诺斯、帕特南的理论对应着本书的章节安排与叙述逻辑，也是一个不断深化的过程。

一是帮助本书厘清了研究对象之间的关系。本书的研究主题是"台湾地区宪制性规定变迁转型的社会条件研究"，撇开台湾地区的具体背景不说，实际上包含了宪制性规定、"转型"、"条件"、"社会组织"等四个研究对象涉及的理论问题及四个研究对象之间的复杂理论关系。托克维尔对民主社会条件的分析，揭示了宪制性权利与"条件"之间的逻辑，落脚在民情，从民情中引申出研究"社会组织"的必要性。涂尔干关于机械团结向有机团结转变的理论分析，阐明了"转型"的方式和方向，对次级组织尤其是职业群体在发挥社会功能性整合方面作用的论述，直接将"转型"的"条件"聚焦在"社会"中的"组织"。诺斯的制度变迁理论，不仅明确"组织"，尤其是复杂经济组织是"转型"（"有限进入的社会"转向"开放进入的社会"）的主角，而且论述了非正式约束在塑造"转型"的"条件（民情）"方面的关键作用，强调"条件"需要在"组织"中不断积累，正式规则才能真正确立并发挥实际作用。帕特南的社会资本理论，直接聚焦于宪制性规定与"社会组织"的关系，指出"社会组织"所培育的"互惠规范与社会信任"就是宪制性规定所需的"条件（民情）"，就是在培育公共领域和公共精神。在帕特南这里，"（宪治）转型"已经演变成"组织"的"转型"，即垂直组织网络向水平组织网络的转变，直至形成新的社会均衡。由此，在本书的研究意义里，宪制性权利是一个目标，是由"条件"决定的，"条件"可以化约为"民情"，而"民情"隐身于"社会组织"，"转型"不再是转型政治学意义上的宏大政治叙事，而是具体的"社会组织"的发展与"转型"。所以，宪制性规定变迁转型的关键不在于作为目标的宪制性权利，而在于作为"转型"载体的"社会组织"，需要充分展现"社会组织"与"民情（条件）"的关系。

二是启发了本书的研究路径。一种政治制度需要有相应的社会条件做支撑，意味着宪制性权利不是单靠人为建构就能实现的，而需要经过历史演绎的过程，[①] 蕴含的价值、方法与路径是经验主义而非建构主义的。[②] 通过对托克维尔、涂尔干、诺斯、帕特南的理论分析可以发现，四位理论大师虽然有不同的理论旨趣，但都坚持制度、法律是演绎的结果，尤其是社会力量组织化发展、均衡化发展的演绎结果，而不是被人为建构的；都站在社会的立场上研究问题，都把组织放在极其重要的位置。其中，托克维尔发现，志愿性社团的广泛存在是美国民主制度的基础。涂尔干强调，职业群体在社会实现有机团结中的作用。诺斯认为，组织尤其是复杂经济组织是制度变迁的主角。帕特南更是以社会组织的发展状况作为衡量社会发展程度的关键指标。可见，社会组织既参与经济社会的演绎过程，影响政治结构、力量的对比，也是自由精神、公共精神等新的民情的培育者、塑造者、保护者。从社会组织的视角切入，展现社会组织的发展过程，可以窥见历史演绎的过程。

三是为本书提供了解释框架。托克维尔、涂尔干、诺斯、帕特南从民主的条件、结构、动力、维持机制等不同向度，层层递进论述宪制性规定变迁转型的社会条件，建立了本书的解释框架，也揭示了本书所描述内容的价值。本书将结合上述理论展开，在接下来的三章，分别对应涂尔干、诺斯、帕特南的理论。托克维尔的理论则穿插其间，引导全书论述的不断深入。第二章将重点呈现工业化以后，台湾地区社会结构的变化，描述新兴工商团体社会地位"从边缘到中心"，组织资源"从非正式到正式"，社会功能"从机械团结到有机团结"的过程中，如何促进社会的再组织化。第三章重点呈现再组织化后的台湾社会，转型如何推进，描述台湾地区多元化的社会力量在理性表达、有序参与过程中，如何促进公共领域的形成，进而影响社会乃至体制、机制的变迁方向。第四章重点呈现避免了冲突与不可控的台湾社会，转型如何巩固，描述台湾社会公共精神的提升，社会资本的丰富与社会均衡的建立过程。可见，托克维尔、涂尔干、诺斯、帕特南的理论是内在统一的，都指向宪制性规定变迁转型的社会条件，且已经超越了托克维尔的条件，只有都囊括才能构成对当代宪制性规定变迁转型进行有效解释的理论框架。

---

① 郑旭文. 经验主义与建构主义——宪政实现的基本范式 [J]. 中国石油大学学报（社会科学版），2009(1)：60—63.
② 罗雪飞. 以经验主义对抗建构主义——论哈耶克的自由观 [J]. 中共天津市委党校学报，2014(3)：51—56.

第二章　台湾地区社会的再组织化

经济发展首先带来了社会的生长，产生新的社会环境，促成新的社会结构。以工商团体为代表的职业群体首先开启了组织化与合法化的历史演变，促进社会的功能性整合，使得社会开启再组织化的进程，新的社会结构开始展现力量，新的社会道德开始孕育产生。

第一节　台湾地区的经济发展及其社会影响

"在社会结构还没有相应地产生变化的时候，经济领域的劳动分工就发展起来了。"[①] 作为现代社会力量的源泉，持续稳健的经济发展为台湾地区打开了社会生长的通道，其工业化既避免出现苏联那种有经济无社会的经济发展模式，也摆脱了拉美那种产生畸形社会结构的经济发展路径，从而促进商业化与城市化的发展。社会密度与容量的增加促使社会分工不断扩大，进一步促进社会的多元化发展，使得新的社会结构逐渐成形，社会的独立性日益增强。

---

① ［法］埃米尔·涂尔干. 社会分工论[M]. 渠敬东译. 北京：生活·读书·新知三联书店，2013：239.

一、通向社会的经济发展模式

台湾地区经济发展的原因包括美援、[①]国际市场的融入、[②]台当局的战略调整、[③]

[①] 台湾地区的地理位置曾经在历史上深刻地影响了台湾地区的经济与政治命运。虽然在相当长的时间内,作为帝国边陲的台湾地区常常受到外来势力的骚扰,在近代更是屡屡遭遇海权、陆权的入侵而深受其害。但在相对稳定的东西方冷战格局下,台湾地区也因为其地理位置而获得经济发展的便利条件。台湾地区处于东西方冷战的前沿,美国将其作为遏制共产主义的前哨阵地,投入大量美援。美国在朝鲜战争、越南战争期间,对台湾地区大量采购军需,给国民党政权提供大量的美元外汇,并刺激了岛内相关产业的发展。从 1958 年到 1965 年,台湾在美国人均援助总额中居世界第五位,几乎是 120 个国家和地区人均援助的 6 倍。20 世纪 60 年代东西方冷战格局相对稳定以后,虽然美援直接输血的模式中止,但是,美国仍然将台湾地区视为对抗"共产主义扩张"的样板,给予台湾地区优惠的贸易地位,积极配合台湾当局的经济发展政策,对台湾地区刚刚起步的纺织等轻工业的产业发展做出极大让步,甚至放任在美国本土拥有极大政治影响力的纺织等行业受到冲击,长期容忍台美双方贸易逆差的存在乃至不断扩大,给予高度依赖外贸发展的台湾地区经济及其产业转型极为有利的外部市场环境。美国的援助除了对国民党当局直接的经济、社会支持外,在引进新的机构设置和赋予国民党当局新的行政程序方面发挥了重要作用。同时,美国的援助作为一种外部干预,提升了国民党内技术官僚的决策地位,帮助克服派系利益、官僚统治、官方惰性和世袭遗产,在国民党威权政权中实施急需的公共行政改革。See Ngo, Tak-Wing, and Yi-Chi Chen. "The Genesis of Responsible Government under Authoritarian Conditions: Taiwan during Martial Law." *China Review*, 2008 (8:2):pp.39—41. 刘明福. 论美国:对话基辛格论中国 [M]. 北京:北京古籍出版社,2017:174—176.

[②] 20 世纪 60 年代后,随着资本主义深化,资本要素在整个西方世界重新进行优化配置,劳动密集型产业向美国本土以外的东亚地区发生大规模转移。同时,美日的产业竞争助推产业向台湾地区转移。首先是美国对崛起的日本进行防范。主要是石油危机爆发以后,美国对日本优势产业征收高关税,促使大量日本企业将生产基地转移到台湾地区。日本企业通过在台湾地区的代工生产再出口到美国,绕开了美国的高关税,也迫使美国部分企业到台湾地区设厂。美日在台湾地区争相设厂,促使了技术和生产在台湾地区的大规模应用,促进了本土供应链的建立和发展。此时台湾地区拥有大量的廉价劳动力,融入资本主义全球体系后,承接到大量产业资本,并取得在轻工业等劳动力密集型领域的相对优势。Barrett, Richard E., Martin King Whyte. "Dependency Theory and Taiwan: Analysis of a Deviant Case." [J]. *American Journal of Sociology*, 1982 (87:5):pp.1064–1089.

[③] 逃台后,国民党当局吸取了大陆经济失败的教训,在政策层面大胆地推出适应新形势的土地改革。由于国民党统治阶层与台湾地区的地主阶级没有直接的利益联系,使得统治集团具有推行政策的决心和能力。在推行过程中,国民党当局将土地改革视为践行孙中山三民主义中"平均地权"和"耕者有其田"的遗教。土地改革完成以后,占台湾社会绝大多数的农村人口实现了最重要的生产资料——土地占有上的相对平等,从而极大地缓和了国民党退台后因人口剧增、资源紧张引发的社会矛盾,为台湾地区经济起飞后相对均富的社会结构奠定坚实基础。汪小平. 两岸学界对台湾土地改革研究的学术综述 [A]. 张海鹏、李细珠. 台湾历史研究第四辑 [C]. 北京:社会科学文献出版社,2016:243.

以及财经官僚的士大夫精神,[①] 但最主要的是市场机制的建立。除了有利于融入现代资本主义市场体系的外部环境外,其内部市场导向最为关键。在经济发展过程中,台当局政策不断由管制经济向市场经济方向调整,[②] 给予民营经济极大的市场空间,[③] 并节制公营经济的扩张。[④] 台湾地区的市场活力在市场机制不断完善后,促使台湾地区经济进入高速良性发展的轨道,确保经济发展与社会健康生长相辅相成。

[①] 推动台湾地区经济改革发挥了举足轻重作用的尹仲容、李国鼎、孙运璇等财经技术官僚,都是在大陆学有专精的技术人才,具有传统"儒官"的高度使命感,常常"为了促进台湾地区经济发展,不顾个人前途的风险,运用其所能支配的一切人力物力,毫无退却之意"。尹仲容经常做出高风险的决定,如决定由他所掌控的"中信局"贷款给质优但财务困难的民营企业。最终却因扬子木材案"图利他人"被起诉,虽获无罪判决,却也因此罢官两年。李国鼎同时受到孙中山民生主义思想与西方政治经济学家萨缪尔森等人的影响,重视资讯电子等高科技产业的布局,强调经济社会稳定与"均富"发展,注重经济发展中社会文化因素的相互作用与不同发展观念的沟通等。而且,尹仲容、李国鼎等技术官僚为了践行自己的主张,不惜与上级或同僚反复争论。李国鼎本人就因为某项政策与蒋经国意见不一致,而激烈争论到拍桌子吵架。孙运璇则是在半导体工业在全球刚刚发端时,就在多数人反对的情况下,抗住政治压力,决定集中大量财力人力发展台湾地区的半导体产业,奠定了后来数十年间台湾地区电子代工业得以独霸全球的根基。可见,儒家文化中也有利于市场经济的因素。这些经济技术官员除了推动经济发展的贡献外,还限制了原本拥有巨大权力且行事专横的军方,以及公营部门无节制的预算及花费,建立现代化的会计审计及预决算制度。杨欢进,1999. 李国鼎及其经济思想 [J]. 台湾研究 (2). 郭希华. 评李国鼎的企业经营思想 [J]. 台湾研究, 1998 (4). 瞿宛文. 台湾经验——民主转型与经济发展 [A]. 朱云汉等. 台湾民主转型的经验与启示 [C]. 北京:社会科学文献出版社,2012:12—14。

[②] 国民党当局在岛内站稳脚跟后,鉴于中国共产党在大陆的统治逐渐牢固,以美国和苏联为首的东西方冷战对立格局已然成型,不得不改变对台湾地区的战略定位,已经不再简单地将台湾地区视为暂时的"跳板",而不得不做长期经营的打算,"战时经济"遂得以转化为"平时经济",开始推行市场改革。如推行出口导向政策,并先后推出三项重要经济改革方案:推动外汇改革,推出"19点财经改革方案",以及出台"奖励投资条例"。牛芳. 台湾经济的初步发展与外汇贸易改革的作用 [J]. 经济纵横,1992 (10):50—51。

[③] 官僚经济控制了一大批不受竞争影响的公有垄断企业。这些企业主要包括糖、盐、化肥、钢铁、造船、机械、建筑、石化、电力、银行、保险、烟草、酒类、电信、航运、采矿、林业、运输、港口设施和媒体等战略工业和垄断。他们是进口替代政策的主要受益者。出口导向政策的实施,促进公有企业和寡头垄断市场保护并存。垄断部门,主要是上游产业,仍然对新来者关闭,无论是本地还是境外。尽管如此,民营经济获得极大发展空间。1958 年开始,台湾工业产值中民营企业所占比重开始反超公营企业。Ngo, Tak-Wing, and Yi-Chi Chen. "The Genesis of Responsible Government under Authoritarian Conditions: Taiwan during Martial Law." [J]. *China Review*, 2008(8:2):pp.15–48。

[④] 20 世纪 80 年代,为改变公营企业效率低下的问题,台当局以释放公营企业 51% 股权的方式推行公营企业民营化。参见林长华. 战后台湾"公营"经济及其民营化的性质剖析 [J]. 台湾研究集刊,1996 (4)。

（一）迅速而稳健的工业化进程

台湾地区迅速完成的工业化，[①] 开启了农业社会结构向工业社会转型的通道。相对于传统欧美资本主义国家漫长的工业化进程而言，作为后起之秀的台湾地区在较短时间内基本完成工业化，[②] 由农业社会步入工业社会，[③] 而且主要的经济指标表现都非常亮眼，具体而言，包括：经济多年保持高速增长，[④] 经济总量迅速增加，[⑤] 对外贸易由入超转向出超，[⑥] 工业产品在出口中的比重逐渐提升并占据绝对主导地位。[⑦] 台湾地区从微不足道的边陲农业小岛一跃成为新兴的亚洲"四小龙"之首。

台湾地区每个阶段的工业化都是在前一阶段的基础上稳妥进行。台湾地

---

① 工业化是指经济生产过程中机械动力与非人力资源使用的大量增加，最常用以衡量工业化程度的指标是全国生产总值中农业产值所占比重的减少。工业化产生力量主要体现在对生产力的释放和对生产关系的解放。站在社会的视角上看待这种工业化产生的力量，这种力量体现在可以提供市场经济不断发展动力、社会不断扩大自主空间的面向上。因此，衡量工业化产生多大力量的指标就不仅仅代表经济成长的指标如国民生产总值的增加、经济增速以及工业产值的比例是否够高，还要看工业化本身的构成是否合理。金泓汛，郑振清，吴能远.台湾经济概论[M].北京：时事出版社，1986：178—188.

② 工业化在欧洲需要1到2个世纪的时间，在台湾地区从农业向工业的结构转型过程，却浓缩在不到半个世纪之中。金耀基.中国的现代转向[M].香港：牛津大学出版社（中国区），2004：101.

③ 20世纪50年代初期，台当局针对农业为主的经济形态实行"以农业培养工业，以工业发展农业"的政策，并从1953年开始有计划地对台湾工业做系统推广。20世纪60年代初，工业产值逐渐超过农业产值，台湾开始由农业社会步入工业社会。到1972年，非农业收入在农村家庭收入总额中所占的比例已经达到了53%，农民的收入开始主要依靠工业而非农业。Barrett, Richard E., Martin King Whyte. "Dependency Theory and Taiwan: Analysis of a Deviant Case." [A]. *American Journal of Sociology*, 1982（87：5）：pp.1082.

④ 台湾的经济增长率在20世纪50年代平均是7.7%，60年代上升至9%，70年代则增加到10%以上。参见蔡文辉.我国现代化努力的过去、现在与将来[A].蔡文辉.海峡两岸社会之比较[C].台北：东大图书股份有限公司，1988：43.

⑤ 与经济增速维持高位增长相对应，台湾的经济总量（地区生产总值）也迅速地增加，GNP从1950年的800亿（新台币，下同，按1976年固定价格计算），一路猛增到1986年的2.2万亿。

⑥ 在20世纪60年代以前，台湾对外贸易都是大幅出超。其中，1952年，台湾的入超是8100万美元；1960年，仍然是入超8300万美元。随着工业所占比重逐渐上升，台湾农业与工业在出口中所占比重对调，台湾的经济由农业为主转向工业为主，对外贸易由入超转向出超。到了1964年，出现关键性转折，开始大幅出超5300万美元。此后，对外贸易形势持续好转，甚至每年净赚在10亿美元以上。至1986年，贸易顺差已达70亿美元。参见李文朗.台湾人口与社会发展[M].台北：东大图书股份有限公司，1992:160—161.

⑦ 台湾工业产品占出口比重由20世纪60年代的58%，上升到70年代的82%，80年代的93%。参见林嘉诚.社会变迁与社会运动[M].台北：黎明文化事业股份有限公司，1992:205.

区"解严"前的工业化发展，大致可以分为以下四个阶段：首先是 20 世纪 50 年代的"进口代替"时期，[①] 接着是 60 年代的"加工出口"时期，[②] 接下来是 70 年代的"第二次进口代替"时期，[③] 最后是 80 年代初期的"精密工业出口"时期。[④] 通过逐级建立和扩张市场，强化市场内生动力对工业化的反哺作用。这种由轻工业过渡到重工业，[⑤] 由劳动密集型工业过渡到资本密集型工业的发展模式，不同于直接跨越初级工业阶段、偏重于重工业的苏联式工业化模式，从而避免了民生供应不足带来的灾难性后果；也不同于长期停留在初级工业阶段，工业产业迟迟不能升级换代的拉美式工业化模式，避免了拉美地区的那种工业发展面临的停滞化风险。20 世纪 60 年代中期开始，随着台湾地区经济实力的增强，民众储蓄能力不断提高。台湾地区实现了投资资金的自筹化，并有多余资金可供对外投资。同时，外资也不再是依靠单一的美援，多元化来源趋势日益明显；台湾地区内部的资金则以民间私人储蓄为最大资金来源，税收日渐丰厚的国民党当局的官方储蓄比例也逐渐提升。[⑥] 此外，台湾地区的工业化带来经济结构的优化，民营经济尤其是中小企业活力足、比重高，对于社会结构优化也奠定了坚实的经济基础，给台湾地区带来

[①] 20 世纪 50 年代，由于外汇缺乏，技术与自然资源不足，台湾当局以农工产品出口获取外汇收入用于购买必需原料和机器，鼓励民生基本用品生产，促进民生轻工业的发展，纺织、食品等行业兴起，首先满足了社会最基本的需求，稳定恢复了台湾地区的经济状况。毓朗.台港澳经济贸易辞典[M].太原：山西经济出版社，1993：87.

[②] 20 世纪 60 年代，开始建立加工出口区，推动出口导向工业化，以及上游工业的进口替代，发展劳动密集企业，欢迎外资投入，以避免台湾岛内资金不足，并大幅提高劳动就业率，通过加速出口获取充足外汇，并占领国际市场，进口机器与技术，为扩大再生产与融入国际市场创造条件。出口导向的经济成就是非常明显的，带来了 1960 年到 1973 年台湾经济高速发展的黄金时期，也奠定了此后台湾经济持续健康发展的基础。张世宏.台湾出口导向型工业化战略的选择及实施成功原因之探析[J].台湾研究集刊，2004 (3).

[③] 20 世纪 70 年代，当局鼓励厂商提升技术能力，进行产业升级，自己制造所需机器，同时鼓励一些策略性产业，带动研究发展、投资精密企业，维持出口优势，着重发现并强化台湾地区的比较优势，使得外销工业继续高速发展，重化工业得到发展，高科技产业步入起步阶段。于宗先.台湾的对外贸易发展[M]."中研院"经济研究所，1982：382.

[④] 20 世纪 80 年代初期，为因应国际贸易保护主义兴起，台当局提出自由化、国际化、制度化政策。降低关税、开放外国产品进口，分散外销市场，发展资本密集型企业，高科技产业迅速崛起。林嘉诚.社会变迁与社会运动[M].台北：黎明文化事业股份有限公司，1992：206.

[⑤] 轻工业与重工业的比例，1961 年时为 67：33，1971 年时为 58：42，1980 年时为 42：58。参见文崇一.台湾的工业化与社会变迁[M].台北：东大图书股份有限公司，1989：18.

[⑥] 民众储蓄与资本形成总额的比例由 20 世纪 50 年代的不到 60% 上升到超过 100%，外国资金在台湾资本形成总额中的比例由曾经高达 40% 降到净值为负值。参见邓利娟.试析台湾经济发展的资金来源[J].台湾研究集刊，1987 (2).

了普遍的繁荣。①

（二）城市化水平提升，商业化程度提高

如果说市场经济是现代社会的水源，那么城市就是现代社会的土壤，是承载市场经济的空间。城市化就是城市替代农村作为经济与社会生活的重心，地位不断强化的过程。需要指出的是，工业化未必导致城市化，苏联的重工业化在吸纳就业人口、促进都市化方面起到的作用就不明显，在社会的多元化方面也就缺乏建树。台湾地区的工业化也是在发展到一定程度，②进入商业化阶段以后，③才将工业化造就的市场繁荣带给社会的力量输送到社会的方方面面。在台湾地区工业化迅速发展的前期，台湾地区的中小城市数量、规模增长迅速，④大城市稳步发展，⑤且在商业化还不够发达的1980年以前，整体分布相对均衡。⑥台北、高雄、台中分别是北、中、南部的核心城市。⑦1980

---

① 到1985年，台湾经济结构中公营企业占总产值的比重只剩下14%，民营经济产值的比重已经高达86%。参见蒋雅芳.台湾民营企业的剖析[J].亚太经济，1989(6).

② 20世纪70年代是台湾进入商业化社会的关键时期，之前的工业化主要是针对加工出口贸易、对外融入世界市场，台湾岛内的市场虽然起步，但远未达到成熟、繁荣的地步，此一阶段工业化作为一种力量的体现主要是解放生产力，唤醒市场活力。吸引人们就业、带给人们发展机会的领域主要集中在与出口加工相关的纺织等行业。

③ 商业化社会是工业化社会的进阶，商品服务与市场需求都变得更加繁荣多元。商业化社会具有自我强化的功能，如同巨大的黑洞，拥有强大的吸引力，将市场能够触及的各类生产要素、资源统统卷入其中，而无法回到过去平静安详而日复一日的农业生活。

④ 5万以上人口城市，1961年为32个，1988年剧增至86个。10万以上人口的城市，1961年只有8个，到1979年则增加1倍多，达17个，1988年更是达到29个。25万以上人口的城市，1961年时只有4个，1988年有13个。陈东升，周素卿.台湾全志卷九·社会志·社会都市发展篇[M].台北："国史馆"台湾文献馆，2006：36—45.

⑤ 50万以上人口的城市，1961年时只有2个，1988年增加到5个。100万以上人口城市，1961年时只有台北市，1988年时高雄市人口也达百万，台北市增加到260万以上。陈东升，周素卿.台湾全志卷九·社会志·社会都市发展篇[M].台北："国史馆"台湾文献馆，2006：36—45.

⑥ 除了台湾东部受限于地理及交通因素人口较少外，北部盆地、南部平原、中部山地均有大城市，排在前四位的是台北、高雄、台中、台南，且主要城市的地位是相当稳固的。陈东升，周素卿.台湾全志卷九·社会志·社会都市发展篇[M].台北："国史馆"台湾文献馆，2006：36—45.

⑦ 三大都市都在从工业生产城市朝向生产服务、高科技产业、观光旅游与文化城市的方向发展。陈东升，周素卿.台湾全志卷九·社会志·社会都市发展篇[M].台北："国史馆"台湾文献馆，2006：105—124.

年以后，随着台湾地区商业化程度提升，①北部的区位优势更加明显，台北的人口磁吸与聚集效应更加明显，②南部城市规模与数量只勉强维持，中部仍然在形成小规模的中小型都市。整体上，台湾地区北部开始甩开与中南部的差距，经济分量、人口数量乃至政治影响力都处于优势地位。③城市的繁荣提供广泛的就业岗位，吸引人口的迁入，农村劳动力大量涌向城市就业。城市化带来了生活中心的改变，工业化发展促进城市化进程加速。台湾地区人口开始呈现集中于都市的发展趋势，都市人口占台湾地区总人口的比例不断提高。④随着商业化带来的空前繁荣，大都市人口的居住密度上升，吸纳人口的能力远远强于中小城市，台北、高雄等大城市成为政治的焦点、经济的发动机、文化创造及流行音乐的来源、新闻传播的中心，成为引领时尚及生活方式的发源地。台湾地区民众日常生活的主要图景开始在城市而非农村展开。⑤

城市中的商业活动蓬勃发展，而消费者物价指数相对平稳，形成消费与

---

① 进入20世纪80年代，服务业实质生产毛额平均年成长率为9.4%，已高于岛内生产毛额的7.9%和工业的7.1%。李庸三.台湾服务业发展论文集[M].台北：联经出版社，1995：序言ix页.

② 台北市都会圈的形成发展其实就是人口密度不断增加的结果。大台北都会区可以分为三个部分，一是中心蛋黄区——台北市，面积最小而人口密度最大，人口增加率居第二；二是附廓地带的蛋白区——如新北市的永和、中和、新店、板桥、三重等地，面积第二，人口密度第二，但人口增长率最高；三是外围蛋壳区，面积最大，人口密度最小，人口增长率不高，甚至部分地区出现人口流出的情况，如基隆河沿岸的几个采矿区因自然资源枯竭而人口流失严重。陈东升，周素卿.台湾全志卷九·社会志·社会都市发展篇[M].台北："国史馆"台湾文献馆，2006：45—47.

③ 靠近台北市的台北县区（今新北都会区）中的板桥、中和、三重、新庄、新店以及桃园都会区的桃园市、中坜市的排名不断跃升，环台北市的台北县板桥市（今新北市板桥区）等8个乡镇市人口迅速增加，仅板桥市就由1957年的不到5万人增加到1988年的52万人，而嘉义、彰化、屏东、凤山等南部传统都市都开始没落。陈东升，周素卿.台湾全志卷九·社会志·社会都市发展篇[M].台北："国史馆"台湾文献馆，2006：36—45.

④ 10万以上都市的人口占全台湾地区人口比重，1957年只有27%，到1979年已增至45%，1988年进一步提高到54.4%。若以5万人口为计算单位，20世纪50年代，居住在这种规模城市的人口约占总人口的47%；80年代，已增至70%以上，1988年达73.5%。若以2万人口为计算单位，1978年时，已有3/4的人口居住在这种人口规模的都市社区。陈东升，周素卿.台湾全志卷九·社会志·社会都市发展篇[M].台北："国史馆"台湾文献馆，2006：36—45.

⑤ 1985年时，台湾地区已有1/3的人口居住在人口密集的台北、高雄及5个省辖市中。同时，台湾地区人口年龄结构进入成年型人口年龄结构的阶段，意味着台湾地区在老龄化社会到来之前、人口红利仍然存在的时候成功进入商业化社会。陈碧笙，陈永山.台湾省人口[M].北京：中国财政经济出版社，1990：292.

商业相互激励的良性循环。[①] 人们也有能力购买更好的产品和服务，对进口商品的需求以及出境旅游日渐增长。由于之前的出口导向政策是内销补贴外销，是保护内部市场的政策，明显压抑内部需求和消费者利益。随着所得增加，消费者要在商品消费上分享发展成果的要求也日趋强烈，在20世纪70年代末期、80年代初期达到高潮。而外资进入的压力也在与日俱增，迫使台当局逐步放开相关管制，进一步促进商业的繁荣。20世纪80年代开始，服务业等低度发展的产业开始躁动不安。至1986年，服务业产值占GDP比重首度超越工业产值比重，标志着台湾地区真正进入商业主导的经济发展阶段。[②]

二、经济发展带来的社会影响

（一）经济发展带来的积极社会影响

一是个人财富不断增长，实现个人价值的途径增多。经济发展使台湾地区民众的个人收入持续增加，[③] 薪资水平也达到高位，[④] 家庭所得来源中，薪资所得占比也持续增加。[⑤] 由于市场变得广阔，人们不再依赖土地获取主要收

[①] 20世纪80年代开始，连锁便利店在岛内兴起，打出全年无休的营业方针，加以各类促销推广活动，使得便利商店逐渐代替零售商行，形成深入居民区的商业网络。陈家豪，庄濠宾.台湾全志卷五·经济志·商业篇[M].台北："国史馆"台湾文献馆，2006：218—219.

[②] 由于台湾地区民众所得提高，带动消费性服务需求提高，以及专业分工刺激分配性及技术支持性服务业的发展，作为商业社会象征的服务业得以蓬勃发展。陈家豪，庄濠宾.台湾全志卷五·经济志·商业篇[M].台北："国史馆"台湾文献馆，2006：263.

[③] 1961年，台湾人均GDP100美金；1971年，人均GDP400美金；1981年，人均GDP所得是2100美金。1993年，台湾人均GDP达9636美元。参见萧新煌.社会力——台湾向前看[M].台北：自立晚报文化出版部，1989.14.

[④] 1993年，台湾人均所得达9636美元，已经相当富裕。参见金耀基.中国的现代转向[M].香港：牛津大学出版社（中国区），2004：102.

[⑤] 1961年时，家庭所得来自受雇报酬的比例是50.26%；1971年，增至62.42%；1980年，进一步增至69.05%。相应地，来自财产及企业所得，从1961年的48.01%一路降到1980年的30.33%。薪资所得所占比重的增加，反映劳动阶级消费能力的壮大。参见萧新煌.要钱更要人——台湾消费者运动的回顾与展望[M].台北：久大文化股份有限公司，1987：298.

入。农村家庭的生存也可依赖市场而非土地。① 另一方面，市场经济带来繁荣，繁荣带给大家更多的就业机会，人们不必事必躬亲从事体力劳动，从而为新的发明创造、新的就业领域的产生提供可能，也创造出各式各样的新兴行业。"行行出状元"变得越来越现实和普遍，人们可以借鉴学习的榜样变多、方法变多，设置人生目标时，不必自我限定，可以根据市场和社会的发展不断调整自身的期待，也能够在维系基本温饱之后，伺机发挥自身的特长，创造出巨大的财富。个人实现人生价值的渠道变宽，作为生产主体，个人能够利用劳动所得扩大自己的生存空间，可以在不同行业、不同领域之间选择自己的人生。整个社会的阶层流动也在增强，② 底层民众尤其是农民，向上抬升社会地位的可能性随着时代的繁荣而变得现实起来。③

二是中产阶级队伍壮大，形成相对均富的社会结构。工业与服务业在数十年里的增长，伴随着传统的农业人口减少。④ 从事工业、服务业等第二、三产业的人员数量逐渐反超从事农业、渔业等第一产业的人口数量，并在比

---

① 相对于中国传统农业社会自给自足的经济，能够提供的非农就业机会极其有限，要求大多数劳动者必须日出而作日落而息才能维持生计，工业社会尤其是工业化初期，劳动密集型工业给农村剩余劳动力提供了大量就业机会。人们不再受土地束缚的同时，工业进步也使得农业技术进步，农业工业化也进一步降低了对劳动力的依赖。农民家庭中，非农业家庭所得占农家所得来源的比例从1953年的35%，逐年上升至1980年的71%。参见朱云鹏.1980至1986年间台湾所得分配变动趋势的分析[A].伊庆春，朱瑞玲.台湾社会现象的分析——家庭、人口、政策与阶层[C].台北："中央研究院"三民主义研究所，1989：441.
② 个人流动性增强的直接原因是职业结构变迁引起的社会底层的农业人口减少以及对应的工业人口增加，背后深层次的原因是工业化带来的城市化推动了社会流动。根据许嘉猷的研究，截至1986年，台湾社会是一个有限度开放的社会，代间社会流动比率在2/3左右，地位世袭情况并不严重，且向上流动率为向下流动率的2.8倍左右。参见许嘉猷.台湾代间社会流动初探——流动表的分析[A].伊庆春，朱瑞玲.台湾社会现象的分析——家庭、人口、政策与阶层[C].台北："中央研究院"三民主义研究所，1989：517—542.
③ 虽然农民与工人之间并无藩篱，但白领与蓝领或农民之间的阶级藩篱仍不易跨越，在社会结构的两端即最高层的行政及主管人员与最底层的农林渔牧狩猎工作者，子承父业的情形都较为明显。也可反证社会流动的动力主要是工业化、城市化进程。参见许嘉猷.台湾代间社会流动初探——流动表的分析[A].伊庆春，朱瑞玲.台湾社会现象的分析——家庭、人口、政策与阶层[C].台北："中研院"三民主义研究所，1989：517—542.
④ 蔡文辉."中华民国"社会福利之检讨与展望[A].蔡文辉.海峡两岸社会之比较[C].台北：东大图书股份有限公司，1988：226.

例上占据绝对优势。① 既显示经济结构的转型，也表明领薪阶层的扩大。② 尤为重要的是，随着城市化带来的繁荣扩大，台湾地区普通收入的劳工阶层与较高收入的中产阶级人数同时都在增加，只有收入相对较低的农渔业者在减少。③ 从20世纪70年代末期到80年代初期，中产阶级愈发成熟。④ 就数量而言，占全体社会的比例为25%—30%。⑤ 他们中的相当部分在台湾地区光复前后出生，是台湾地区近代史上经历过不安、痛苦、贫穷的一代，更能体会稳定、安宁、富裕的滋味，既希望社会问题能够通过行政改革得以解决，愿意参与慈善事业、救济活动，又极其看重社会结构的总体稳定。由于是体制改革下的受益者，他们总体上趋于保守，是温和的改革者，倾向于在体制内寻求自身利益的保护。

台湾地区工业化阶段长期维持均富局面。20世纪80年代以前，台湾地

---

① 从不同产业的就业人口比重来看，台湾地区从20世纪60年代中期开始逐渐从农业社会转型成工商业社会。1965年时，农业就业人口占44.82%，工业就业人口占22.35%，服务业就业人口占32.43%；1971年，农、工、服务业的就业人口比重调整为35.14%、30.29%、34.57%；1980年，农、工、服务业的就业人口比重为19.5%、42.36%、38.14%；1981年，农、工、服务业的就业人口比重进一步转变为18.84%、42.18%、39.98%。张胜彦，洪绍洋.台湾全志卷五·经济志·经济成长篇[M].台北："国史馆"台湾文献馆，2006：65—67.

② 萧新煌.要钱更要人——台湾消费者运动的回顾与展望[M].台北：久大文化股份有限公司，1987：298.

③ 1951年时，专门性、技术性人员占就业人口比重为2.4%，到1985年时已增至6.1%。同时期，行政主管人员由0.4%增至0.8%，监督及佐理人员5.7%增至13.6%，买卖工作人员由10.4%增至13.7%，服务工作人员由6.3%增至8.4%，生产及有关工人、运输设备操作工及体力工由18.8%增至40.1%。只有农林渔牧及狩猎人员由56.0%降至17.3%。张胜彦，洪绍洋.台湾全志卷五·经济志·经济成长篇[M].台北："国史馆"台湾文献馆，2006：65—67.

④ 综合各类标准，中产阶级介于劳工与财阀之间，以从事专业、技术、管理为主，是拥有一定知识的一批新兴阶级。台湾的中产阶级自20世纪70年代初才开始形成，在20世纪80年代逐渐成社会中坚力量。严泉，陆红梅.台湾的中产阶级[M].北京：九州出版社，2009：12—14.

⑤ 20世纪80年代中期，中产阶级人口达600万，占台湾全部人口的31%，更有多个研究显示，有约50%的选民主观上认为自己是中产阶级。参见金耀基.中国的现代转向[M].香港：牛津大学出版社（中国区），2004：105—106.根据许嘉猷的分析，台湾的中产阶级大约占全部人口的28.4%。魏镛的研究则发现有53%的人在主观上认为自己是中产阶级。参见魏镛.向稳定、和谐、革新的道路迈进——从六次民意调查结果看政治发展趋势[R].台北："研考会"，1986-05-05.

区的贫富差距不是在扩大而是在缩小。① 据统计，历经多年工业化后的财富积累，全台湾地区 20% 最富有者与 20% 最贫穷者的家庭所得差距，从 1964 年的 5.33 倍缩小到 1972 年的 4.49 倍，再缩小到 1980 年的 4.17 倍。② 台湾地区经济起飞阶段之所以能够维持少见的大致"均富"的局面，主要有几个方面的原因：一是台湾地区经济起飞前居民拥有的财富基础相对平均；③ 二是台湾地区经济起飞过程中全社会相对平均地分享了经济成长的果实；④ 三是台湾地区家庭营业收入所占据的比重长期维持在较高水平。⑤ 由此，台湾地区社会的贫富差距并未明显拉大，反而在逐渐缩小。这种情形一直持续到台湾地区的工业化开始向商业化发展以后，台湾地区老百姓的收入差距才开始逐渐扩大。⑥ 20 世纪 80 年代中期以后，这种相对"均富"的局面明显受到挑战，贫富差距扩大的现象开始加剧。⑦ 与前一阶段相比较，此时台湾地区贫富差距扩大趋势出现的原因主要包括以下两点：一是 20 世纪 70 年代末期台湾地区以出口为导向的加工经济开始面临劳动力短缺和人力成本上升的挑战，使得大

---

① 根据"主计处"的统计，1952 年，台湾人均所得 186 美元，20% 最高收入层与 20% 最低收入层的收入差距是 20.47 倍；1961 年降低到 11.56 倍；1964 年降低到 5.33 倍；1981 年降到 4.21 倍。这种情形一直到 1981 年后，当人均所得达到 2500 美元后，收入差距才开始逐渐扩大。

② 萧新煌认为，台湾土地改革的成功，造就大量小农阶级，改变佃农与地主的社会结构，成为社会稳定的支持力量，也为 20 世纪 50 年代的均富创造了条件；20 世纪 60 年代的均富则源于大量来自乡村的劳工阶层产生，他们大都任劳任怨，劳资关系较为和谐，且当世界性的石油危机爆发造成失业率上升时，由于有乡村作为后路，并未严重影响到台湾社会的稳定；20 世纪 70 年代的均富则源于大量中小企业家、中产阶级的出现。萧新煌.社会力——台湾向前看 [M]. 台北：自立晚报文化出版部，1989：14.

③ 经过 1949 年到 1953 年的土地改革后，农村的财富分配已相当平均。同时，工业以公营企业占据绝对主导地位，私营企业尚在起步阶段。张胜彦，洪绍洋.台湾全志卷五·经济志·经济成长篇 [M]. 台北："国史馆"台湾文献馆，2006：74—75.

④ 劳动密集型企业大量产生发展，且主要是中小企业，分布均匀，吸收大量收入较低的农家剩余劳动力就业。张胜彦，洪绍洋.台湾全志卷五·经济志·经济成长篇 [M]. 台北："国史馆"台湾文献馆，2006：146.

⑤ 到 20 世纪 70 年代，家庭营业比重缓慢下降，私人企业比重缓慢上升，但家庭营业比重始终维持在较高水平。张胜彦，洪绍洋.台湾全志卷五·经济志·经济成长篇 [M]. 台北："国史馆"台湾文献馆，2006：76—77.

⑥ 1981 年，人均国民所得达到 2500 美元后，台湾地区的基尼系数开始扩大。张胜彦，洪绍洋.台湾全志卷五·经济志·经济成长篇 [M]. 台北："国史馆"台湾文献馆，2006：74—75.

⑦ 1980 年，台湾地区的五等分位倍数为 4.17，1982 年上升至 4.29，1984 年至 4.40，1986 年继续升至 4.60。参见林松龄.有关资源分配的社会问题——贫穷问题 [A]. 杨国枢，叶启政.台湾的社会问题 [C]. 台北：巨流图书公司，1991：309.

量以出口为导向、未及时进行产业转型升级换代的中小企业被迫向境外转移投资；[1] 二是新台币升值造成外来热钱涌入台湾地区投资股市房市套利，[2] 普通民众的薪资虽然也在增长，但面对不断高企的房价以及通货膨胀带来的物价上涨，一般民众的相对收益反而缩水。此时，台湾地区相对平均的社会结构向两极分化演变，工人与资本家数量都在增加，而处于中间层的管理及技术人员数量却停滞不前，小资本家及雇主加剧分化，资本收益远远高于老百姓的工薪所得。台湾社会阶级、阶层的流动性已没有以前畅快，[3] 整体社会力量在增长的同时，各种社会矛盾也在加速累积。[4] 不过，即便是出现了贫富差距拉大迹象，但并未形成不可逆的趋势，而且贫富差距相对其他资本主义地区并不算高，[5] 既带给社会稳定些许压力，总体状况也在正常可控范围内。[6]

三是社会变得更加包容，生活方式多元化发展。"城市生活带来自由发展的机会，而机会结构则必须让人容忍形形色色、稀奇古怪的事务。"[7] 在金钱面前人人平等的市场诱导下，不同的行业都能够实现财务自由与地位平等的人生目标，使得人们不用再千军万马挤独木桥，对待人生的态度和人际关系也变得更加包容。人们不必依赖熟人关系来获取有限的资源，人们对不同职

---

[1] 台湾的对外投资由 1981 年的 0.1077 亿美元上升至 1991 年的 44.564 亿美元。参见王家英. 国际政治经济、国家与台湾阶级发展 [A]. 刘兆佳，尹宝珊，李明堃，黄绍伦. 发展与不平等——大陆与台湾之社会阶层与流动 [C]. 香港：香港中文大学香港亚太研究所，1994：355.

[2] 美国逼迫台币升值，"央行"在"保护中小企业"的口号下，缓步升值台币，反而造成境外热钱涌入套利，经济过热一发不可收，房地产、股市狂飙。王家英. 国际政治经济、"国家"与台湾阶级发展 [A]. 刘兆佳，尹宝珊，李明堃，黄绍伦. 发展与不平等——大陆与台湾之社会阶层与流动 [C]. 香港：香港中文大学香港亚太研究所，1994：352.

[3] 工人及低收入家庭的收入增长远远落后于资本家及高收入家庭，所得差距开始拉大，有产、无产阶级的界限逐渐明显化。蔡明璋，王宏仁. 农民、劳工与中产阶级——流汗打拼为将来 [A]. 王振寰，章英华. 凝聚台湾生命力 [C]. 台北：巨流图书有限公司，2005：16.

[4] 根据台湾"中研院"民族学研究所 1988 年针对"台湾经济利益的分配是否公平"的调查显示，有 46.6% 的人"不赞成"，有 14.6% 的人"非常不赞成"。

[5] 即便到了 1988 年，基尼系数也才刚刚突破 0.3。张胜彦，洪绍洋. 台湾全志卷五·经济志·经济成长篇 [M]. 台北："国史馆"台湾文献馆，2006：74—75.

[6] 建立在城市化基础上的台湾社会阶级结构完全不同于建立在土地上的农业社会阶级结构，虽然小农阶级仍然存续，但已经被吸纳到新的资本主义社会中，占据主流地位的是新兴的中产阶级。同时，台湾的阶级关系相对稳定温和，并未呈现西方资本主义社会发展早期那种阶级矛盾恶化导致社会严重分化的场景。台湾的社会结构没有因为经济快速发展而产生明显的城乡对立或阶级对立，也没有出现过大的贫富差距，总体上维持了相对稳定、均富的格局。

[7] Park. Robert E, *The City: Suggestions for the Investigation of Human Behavior in the Urban Environment* [M].Chicago: University of Chicago Press. 1915：p33.

业的尊重和接受度也在提高，反过来进一步扩大社会整体的容纳空间。"都会区的居民必须学习如何在异质化的环境中过日子，也要学习如何容纳别人，哪怕这些人的价值跟自己不一样，甚至令人讨厌。"这使得都会区的居民更能够"容忍政治歧异分子享有公民权"[①]。

生活方式的多元化源自城市化与商业化。[②] 城市化使得社会结构由家庭为核心转变为个人为核心，个人的观念、行为逐渐多元化、现代化。同时，商业化带来的市场繁荣可以及时满足各类市场主体的多样化需求，精致化的商品与个性化的服务也相应有了更多的市场空间，[③] 反过来促进人们生活方式的多元化，集中体现在观念的多元化与行为模式的现代化。大众传媒是推动社会变迁的主要动力之一，接触大众传媒越多，[④] 个人现代性越高。[⑤] 从台湾地区民众拥有媒介的情况看，[⑥] 频次在迅速增长中，[⑦] 意味着多元化影响在持续扩大。大众传媒的普及及报道日益多元化，以及大量有产阶级有出境体验的机会增多，使得大量普通人由被动接受官方意识形态或单一价值观或传统文化到反思社会问题或接受新鲜事物或提升自身包容度。所得提高与商业繁荣也

---

① Stouffer Samuel A, *Communism Conformity and Civil Liberties*[M]. Garden City. NJ: Doubleday. 1990: p127.

② 生活方式的多元化和现代化是工业化、城市化进程影响下产生的，是人们在生活环境快速变化、利益不断分化背景下，自然而然引发的人们思想、行为方式的改变。衡量社会多元化的指标可以包括：思想多元化、职业多元化、参与多元化、分配多元化、社团多元化、其他自发性多元化（如消费形态和休闲方式的多元化）等，这里仅从生活方式的角度来诠释，关于社团、参与等方面的多元化则留待后文详叙。

③ 经济发展带来民间社会财富的剧增，让普通百姓不再满足于基本温饱生活，而更追求生活品质的提高，从而在整个社会不断酝酿、激发出社会改良诉求。

④ 决定大众传媒影响力的主要是其输出的内容，其形式如报纸、电视、广播等，主要因其便捷性程度决定其接触受众的频次。

⑤ 这种转变意味着一系列行为模式和道德观念的改变，个人的位置更加凸显。其中，年轻人的态度和价值观尤其易受大众传媒的影响，因为他们接受的频率高，更愿意接受新鲜事物和观念。文崇一. 台湾的工业化与社会变迁 [M]. 台北：东大图书股份有限公司，1989：83—134.

⑥ 台湾地区的传播媒介市场非常发达。20 世纪 60 年代，每百户拥有的电视机比例为 30%，70 年代为 93%，80 年代超过 100%。1961 年，登记的报纸、杂志社、通讯社、出版社约有 1300 家，1971 年升至 3100 家，1981 年 4900 家，1987 年达 5700 家。每百户订阅报纸比例，20 世纪 60 年代为 17 份，70 年代为 50 份，80 年代为 70 份。联广股份有限公司编. 台湾市场情报 [M]. 台北：联广股份有限公司，1986：162—185.

⑦ 在 1968 年电视进入台湾老百姓日常生活之前，台湾电影市场异常火爆，当时"在台湾的中国人平均每年看电影 66 次，这是全世界最高的纪录"。"1945 年台湾只有 45 家戏院，1970 年的戏院数量为 788 家，20 年间人口只增加 1 倍，戏院数量增加 20 倍"。参见"文化局"编. 中国电影事业的现状及展望 [M]. 台北："文化局"，1971：p116—117.

在促进人们行为模式现代化。由于所得远远超过衣食住行基本需求的"临界值",可供"自由支配"的钱和时间都多了起来。个人消费不断升级,[①]能源消费比重提高明显[②],讲究生活方便与舒适的现代化设备迅速增加,[③]文化传播及娱乐消费量不断增加。[④]有了钱有了闲,观光旅游成为新的社会需求,支出越来越多元化、现代化,[⑤]反过来进一步促进商业化的繁荣。

（二）经济发展带来的社会挑战

台湾地区经济发展所带来的社会挑战主要体现在社会与个人两个层面,即:利益与价值观的分化所产生的社会碎片化与冲突化、旧有社会秩序整合失灵所带来的个人原子化与工具化。

一是利益不断分化带来新的冲突。一方面,行业、阶级之间的利益高度分化。20 世纪 70 年代开始,台湾地区就业人口的活动类属分布有明显的扩张和更动,从业身份有相当的重组,分工越来越细,行业也一再创造。不同

[①] 依据"主计处"的统计,1961 年到 1981 年的 20 年间,食品饮料及烟草消费比例下降,而家庭设备、医疗保健、交通通信、娱乐文化的消费支出比例不断上升。萧新煌. 要钱更要人——台湾消费者运动的回顾与展望 [M]. 台北:久大文化股份有限公司,1987:299.

[②] 1961 年,平均每人能源消费量是 391.3 公升;1971 年,几乎翻倍,至 754 公升;1981 年,几乎再次翻倍,增至 1519.2 公升。更为直接而敏感的指标是平均每人每月用电量（仅家庭用电）,1961 年,为 4.03 度;1971 年,增至 15.37 度;1981 年,达 35.78 度,20 年间增长 787%,充分反映家电产品设备的增加,以及家庭照明水准的提高。参见萧新煌. 要钱更要人——台湾消费者运动的回顾与展望 [M]. 台北:久大文化股份有限公司,1987:299—230.

[③] 每百户拥有的电视机数量,从 1971 年的 55.9 台增至 1980 年的 101.9 台,其中每百户拥有的彩电数量,则从 1976 年的 23.5 台增至 1981 年的 77.9 台。每百户拥有的冰箱数量,从 1976 年的 74.2 台增至 1981 年的 93.9 台。每百户拥有的空调数量,从 1976 年的 3.6 台,增至 1981 年的 16.4 台;每百户拥有的洗衣机数量从 1976 年的 38.6 台,增至 1981 年的 68.9 台。每百户拥有的钢琴数量从 1976 年的 2 台,增至 1981 年的 5.2 台。每百户拥有的自用汽车从 1971 年的 0.22 台,增至 1980 年的 2.01 台。每百户拥有的摩托车从 1971 年的 5.52 台,增至 1980 年的 22.27 台。参见联广股份有限公司编. 台湾市场情报 [M]. 台北:联广股份有限公司,1986:162—185.

[④] 每人消费纸张从 1971 年的 1427 张增至 1980 年的 5284 张。每人观影剧次数由 1971 年的 10.5 次增至 1980 年的 13 次。每百户报纸份数由 1971 年的 23.35 份增至 1980 年的 58.85 份。每千人电话机具数量由 1971 年的 33.19 台增至 1980 年 189.47 台。参见萧新煌. 要钱更要人——台湾消费者运动的回顾与展望 [M]. 台北:久大文化股份有限公司,1987:230.

[⑤] 饮食开销在个人支出中所占的比例逐渐下降,而娱乐开销、住宅开销则逐渐上升。20 世纪 60 年代,饮食开销占个人开销比例为 50%,70 年代为 45%,80 年代为 37%。在娱乐开销上,20 世纪 60 年代,占个人开销比例为 2%,70 年代为 8%,80 年代为 10%。在住宅开销上,20 世纪 60 年代占个人开销比例为 23%,70 年代为 27%,80 年代为 29%。参见林嘉诚. 社会变迁与社会运动 [M]. 台北:黎明文化事业股份有限公司,1992:200.

行业在权力分配、参与需求、特殊利益追求方面的差异越来越明显，相互关系越来越复杂，利益上既相互共生，又相互对立。由于所关切的利益不同，大资产阶级有较强的威权性格、较弱的体制批判性，①劳工阶级有较强的体制批判性与不稳定性，②而中产阶级具有较缓和的体制批判性与稳定的性格。③虽然在民主化运动、普遍性问题的解决上，劳工阶级与中产阶级会站在统一战线上，但两者的利益冲突也会随资本主义的加深而逐渐明显，如进出口贸易和福利政策的利益矛盾。④此外，小农阶级虽然蜕化，⑤但不再是追求稳定

---

① 台湾大资本家数量与经济地位在不断强化，资本在一亿以上的民营大企业，1953—1957年只有一家，到1963年有29家，1958年有109家，1973年达480家，年均成长率在30%。1985年的500家大企业中，总营业额1.4万亿元新台币，相当于当年台湾域内生产总值的70.6%，员工人数占就业人口的18%。参见文崇一. 台湾的工业化与社会变迁 [M]. 台北：东大图书股份有限公司，1989：23—26.

② 台湾经济起飞阶段，劳工阶级虽然庞大，但集体意识不强，对本身的阶级没有强烈的认同感。一方面，因为主要就业形态是中小企业甚至就是家庭作坊式的，中小企业的经营管理一般而言是相当家庭式和个人化的作风，不易形成劳工阶级意识。另一方面，台湾经济的迅速变迁，使得行业、部门的分化也在加深，造就了以前所没有的差别和界限，包括声望、所得、就业机会、福利等，行业或部门的利益反而超越甚至取代阶级利益差别，变成弥合阶级鸿沟的整合力量，这在产业变动，尤其是旧产业市场份额下降而新产业崛起时特别突出。20世纪70年代中期以后，劳工阶级的构成以第二代劳工为主。由于台当局施行的是"单子继承"制度，让许多劳工放弃争取土地的想法，加上农村能够吸纳的人口有限，城市有较多的发展机会，让劳工二代的身份认同出现从农村到城市的转移，在对待劳工权利的心态上也从不计较转向锱铢必较，从不争转向争。在此情形下，与第一代劳工从乡村到城市不同，许多人已经没有农村作为"后路"，劳工为了生存发展去主动争取权利的意识在增强，集体认同感也在增加。参见萧新煌. 社会力——台湾向前看 [M]. 台北：自立晚报文化出版部，1989：41—42.

③ 中小企业在台湾经济发展中占据相当重要的地位，在1984—1987年间，中小企业在对外贸易中不仅所占的比例远远超过大型企业及公有企业，其在对外贸易中所占比重更是由不到六成上升至接近七成。参见萧新煌，张景旭. 台湾的阶级结构与阶级性格——对中产阶级的进一步观察 [A]. 刘兆佳，尹宝珊，李明堃，黄绍伦. 发展与不平等——大陆与台湾之社会阶层与流动 [C]. 香港：香港中文大学香港亚太研究所，1994：255.

④ 20世纪60年代开始，台湾劳工阶级迅速发展壮大。20世纪80年代，城市劳工阶级占就业人口的比例已达50%以上。同时，中产阶级快速成长，台湾社会大量的劳工阶级与中产阶级并存成为新的特征。萧新煌. 社会力——台湾向前看 [M]. 台北：自立晚报文化出版部，1989：53.

⑤ 台湾的土地改革让原来的地主阶级基本消失，土改后的地主阶级部分转化成新兴资本家，部分沦落转化为普通农、工，大多随着城市化进展离开土地生活。由于农业利益的诱因越来越小，青壮年人口大量被城市吸纳，留下的多是老农，整个小农阶级呈现衰颓的趋势。20世纪80年代初，农业人口占台湾总人口的比例降低到18%。农村社会精英大量流失，在整个社会中的竞争力下降，话语权和影响力降低，整个阶级的地位下降。

与保守的力量,而是多了浮动与不安的性格。[1]

另一方面,行业、阶级内部的利益也在分化。同样是零售业,杂货店与连锁店之间的差异越来越大,经营方式完全不同,对市场的敏感度与政策的需求也完全不同。资本家分化出垄断部分行业、跨地域经营的寡头,与地方派系出身经营特定行当、限于特定地方利益的资本家从形象到理念差异巨大。即便是小农阶级内部,也随着兼业农民的大量出现,改变了农民的传统印象。中产阶级内部,比如同属管理阶层,属于体制内、公营事业或机构的管理阶层,与民营机构或外商单位之间,就有利益与价值取向上明显的差别。[2] 同样的,在服务业的中产阶级与工商界的中产阶级,在利益与想法上也不一致。[3] 学术界的知识分子和其他行业的中产阶级对台湾社会问题、政治走向的认识、判断以及反思都大不相同。[4] 此外,与西方经验不同的是,[5] 台湾地区的"旧

---

[1] 土改后的十余年间,小农阶级一直扮演着台湾社会稳定关键角色,具有保守的性格。随着终身务农所代表的传统农民性格趋于淡化,"非农"的色彩增加。农业人口中,"专业农户"的比例仅剩下9%,其余91%皆为"兼业农户"。

[2] 萧新煌、张景旭将中产阶级分为"旧中产阶级"与"新中产阶级",前者包括雇员在10人以下的雇主、杂货店老板等,后者指受薪的管理人士与专业人士。萧新煌,张景旭.台湾的阶级结构与阶级性格——对中产阶级的进一步观察[A].刘兆佳,尹宝珊,李明堃,黄绍伦.发展与不平等——大陆与台湾之社会阶层与流动[C].香港:香港中文大学香港亚太研究所,1994:251—254.

[3] 新旧中产阶级在不同议题的态度上呈现出明显而巨大的差异。旧中产阶级在体制批判和威权性格上并不明确,在"同意严管子女""同意贫穷源于不够勤奋""不同意贫穷源于机会不均""不同意老板剥削员工""不同意企业可以不追求利润"的态度上与资产阶级一致,但在"支持罢工""支持员工自治""不同意严惩罪犯""不支持决策执行分工"的态度上又与劳工阶级一致。新资产阶级则因行业、身份不同,呈现不同的倾向。大组织的新中产阶级对于体制具有较强的批判性、较缓和的威权性格,而小组织的新中产阶级则相对保守,具有较差的体制批判性和较强的威权态度;管理类的新中产阶级较倾向于威权性格与较弱的体制批判性,而专业类的新中产阶级则有较缓和的威权性格以及较强的体制批判性。萧新煌,张景旭.台湾的阶级结构与阶级性格——对中产阶级的进一步观察[A].刘兆佳,尹宝珊,李明堃,黄绍伦.发展与不平等——大陆与台湾之社会阶层与流动[C].香港:香港中文大学香港亚太研究所,1994:265—267.

[4] 萧新煌.社会力——台湾向前看[M].台北:自立晚报文化出版部,1989:54.

[5] 相对而言,台湾"新中产阶级"的比例虽然比"旧中产阶级"要高,但比同时期的美国、瑞典等发达资本主义要低很多,到1992年才24.9%,而美国在1980年时已经达到42.8%。参见萧新煌,张景旭.台湾的阶级结构与阶级性格——对中产阶级的进一步观察[A].刘兆佳,尹宝珊,李明堃,黄绍伦.发展与不平等——大陆与台湾之社会阶层与流动[C].香港:香港中文大学香港亚太研究所,1994:258.

中产阶级"并未因"新中产阶级"比例的上升而被逐渐减少或被取代。①

二是旧有集体意识淡化导致失序。②城市化除了提升人口密度以外，还改变了家庭和社会结构。③生活场景从熟人社会向陌生人社会转变，传统的思想、教育方式，④夫妻关系的维持，⑤以及人们日常生活中社会关系变得更易变

---

① 雇主的比例在 1978 年为 3.2%，到 1981 年时增长至 4.5%，1990 年时达 4.8%。"旧中产阶级"依然在社会转型中保持着相当的韧性和稳定性。参见萧新煌，张景旭. 台湾的阶级结构与阶级性格——对中产阶级的进一步观察 [A]. 刘兆佳，尹宝珊，李明堃，黄绍伦. 发展与不平等——大陆与台湾之社会阶层与流动 [C]. 香港：香港中文大学香港亚太研究所，1994：254.

② 虽然台湾的工业产值早在 20 世纪 60 年代就超越了农业，但台湾社会的传统道德基础仍旧坚实。在 20 世纪 70 年代以家庭营业为主要经济形态的时代，有厂者"男要接班、女要嫁人"，无厂者"男要升学、女要做工"，男性可以借着工作或苦学向上爬，女性却只有把希望寄托在儿子身上。直到 70 年代，台湾社会由工业化向商业化迈进，台湾旧有的集体意识才开始逐渐淡化。参见黄书纬，蔡庆同. 世代差异、工作伦理与台湾愿景 [A]. 王振寰，章英华. 凝聚台湾生命力 [C]. 台北：巨流图书有限公司，2005：168.

③ 1964—1986 年间，台湾男性的劳动参与率从 84% 下降到 75%，妇女的劳动参与率则从 34% 上升至接近 50%，妇女就业人口达 300 万以上，占就业人口的 40%。参见李文朗. 台湾人口与社会发展 [M]. 台北：东大图书股份有限公司，1992：197.

④ 现代夫妇式的小家庭，白天都忙于上班，小孩子要么在托儿所，要么留给老人或保姆，晚上回家还要处理家务，看电视，没有时间跟孩子交流，更谈不上教育。公司则忙于挣钱，培训员工技能都尚且忙不过来，更无心思培养员工的职业道德。参见丁文. 家庭学 [M]. 济南：山东人民出版社，1997：333.

⑤ 根据伊庆春的研究，从 1973 年开始，台湾的离婚率明显地不断上升；而且都市化程度愈高的地区，不仅离婚率较高，而且离婚率增加的速度较快。在离婚对数和已婚妇女数的比例中，得到每一千对婚姻中的离婚数目，来统计台湾的离婚率发现，1972 年以前，台湾的离婚率没有明显的趋势，维持在 2.03‰—2.48‰ 的区间，自 1973 年以后，离婚率自 2.12‰ 开始逐年上升，1979 年升至 3.71‰，1984 年至 4.87‰，1987 年至 5.52‰。其中，台北市的离婚率最高，自 1969 年的 3.27‰ 开始一路上升，20 世纪 70 年代末期到 80 年代初期的变化尤其显著，由 1977 年的 4.67‰，1978 年的 5.48‰，升至 1979 年的 6.04‰，20 世纪 80 年代则从 1980 年的 6.25‰，1981 年的 6.64‰，1982 年的 7.43‰，此后更缓慢上升到 1987 年的 7.83‰。其中，不论是台湾地区还是台北市，20—24 岁组的已婚妇女都是近年来离婚率最高的组别，其次为 25—29 岁组别和 15—19 岁组别。同样的，台湾地区 35—44 岁中年夫妻的离婚率在 20 世纪 80 年代迅速提升也是一个重要趋势。参见伊庆春. 有关社会制度的社会问题——家庭问题 [A]. 杨国枢，叶启政. 台湾的社会问题 [C]. 台北：巨流图书公司，1991：241—246.

动,[①] 也更加柔性。[②] 建基于小生产结构的农业经济的瓦解,同时也是威权思想弱化的根源。由于农村人口的外流,父权式的家族伦理相对降低,依赖年轻劳动力到城市赚取生存所需的收入,使父权地位降低,不再是全权、全能的家族中心。[③] 相对地,公权力机构"家长"角色也在意识形态上被弱化了,[④] 不再被视为农业结构下的生产、管理、消费的基本单位的总控制者了。[⑤] 原来的家、族、村庄都遭到某种程度的破坏,依附于家、族、村庄的种种规范和价值,也失去了预测行为的能力,甚至根本不管用。[⑥] 维系社会的基本纽带,包括亲友、邻里相互之间的关系在发生巨变,[⑦] 社区等基本的社会单位其社会

---

① 工业化、都市化、商业化使得个人越来越孤立,越来越原子化,而社会愈来愈庞大,愈来愈没有人情味。家庭本来是传递道德观念和社会规范的起点,但家庭解体重组,离婚、婚外情剧增,家庭生活安全感丧失,同时子女抚养难度上升,教育成本增加,晚婚、不婚、不生、不养现象增多。人们广泛地使用避孕措施,并迅速接受了堕胎的观念。Coombs, Lolagene C., Te-Hsiung Sun. "Familial Values in a Developing Society: A Decade of Change in Taiwan." [J] *Social Forces*, vol.59, no.4, 1981, p1252.

② 农业社会以耕作等体力劳动为生产生活重点,家庭规范也就有明显的男尊女卑倾向,如"在家从父,出嫁从夫"等。随着女性就业数量与质量的提高,女性在家庭中的地位在不断提高。"竹村附近设立很多任务厂,特别是电子工厂,女性在工厂工作的时间固定了,男性无论在矿山还是田间,工作时间并不那么固定。男人不得不在下午为家人预备晚餐和看护小孩了,这时他的妻子或儿女还在工厂里工作。"参见文崇一. 台湾的工业化与社会变迁 [M]. 台北:东大图书股份有限公司,1989:40—41.

③ "20世纪50年代到60年代的农民小说大多反映了农村的光明面与积极性的奋斗故事。然而,这种欢欣鼓舞的日子并不长,以坚实的农村经济为支持,台湾的社会迅速地迈向现代化的工商业社会,从此农村又面对难以克服的课题:如农村生产人口大量流入都市工业区,农作物价格的贬低,产销流程中的中间剥削,空气、农药、工业废水带来的严重污染等。"参见叶石涛. 文学回忆录 [M]. 台北:远景出版社,1983:130.

④ 正如农村父亲依赖外出劳动子女寄钱养家,人民也同样视当局为依赖人民税收过活的父亲角色。杨渡. 民间的力量 [M]. 台北:远流出版社,1987:27.

⑤ 杨渡. 民间的力量 [M]. 台北:远流出版社,1987:28.

⑥ "水田很快盖成了工厂,荒凉的山莺路旁全是商店",陌生人进来了,许多陌生的观念和行为也进来了。正如某村长所言,以前在路上碰到的人立刻可以打招呼,叫出他的名字,现在不同了,简直不知道他什么时候搬进来的。参见文崇一. 台湾的工业化与社会变迁 [M]. 台北:东大图书股份有限公司,1989:40—41.

⑦ 亲友的亲密关系在降低或消逝,在住所、工作、社交场合遇到或见到的,多半是一些既不能交往又无法信任的陌生人,在这种冷漠又陌生的环境下,即使不是疏离感日趋严重,也是群众中的孤独人。城市里,白天在高楼大厦里工作,晚上在公寓里生活,同事是高度流动的,邻里也是互相不认识的,高密度的社区聚集不同方言、不同背景的人。叶一舵. 台湾学校辅导发展研究 [M]. 福州:福建教育出版社,2011:51.

整合化功能也面临挑战。[1] 旧的道德秩序越来越无法规范新的社会现象，逐渐丧失功能或被迫适应新的环境。农业社会有天然的血缘、地缘关系限制商业非法行为，[2] 工业化以后，交易就繁多复杂，对于违规违法行为，外行通常无法预先防范。[3] 旧的行业不断分化，新出来的行业也面临失范问题。商业化的过程，人们不仅用值多少钱来衡量物体的实用价值，也用来衡量思想、道德、情操、感情、艺术，甚至自我的价值。一大群自我中心的孤立的个人，为了扩张自己的金钱价值，只问目的不择手段。[4] 包括公权力机构在内，社会还在沿用原来的方式应对新的问题。[5] 整个社会从认识到问题，到解决问题，从行业的野蛮生长到行业的规范，既需要大量的实践来积累规范的知识，也需要人们对经济利益发展与社会成本分担的关系重新衡量定位。

综上，台湾地区经济的迅速发展，带来的变化不只是经济领域本身的结构性改变，更重要的是促使台湾社会发生一系列的动态变迁，促使台湾社会的工业化、城市化与多元化发展，带来社会环境深刻的改变。一方面，是既有社会纽带的断裂与团结的破裂，这是新经济竞争和效率需要的客观结果，也打乱了原来的力量对比、空间状态、社会结构、生活方式、道德标准等社会生态布局，许多人不可避免地陷入了各种社会意义上的混乱生活。另一方面，更为重要的是，新的经济发展产生新的力量源泉、扩张个体的支配空间、重塑以城市为中心的社会结构与生活方式、酝酿新的道德标准，创造了有利于台湾社会民情发生变化的环境，为新的社会秩序的产生创造自然条件。

---

[1] 传统社会由于人口少，独立性高，所以把垃圾、污水排在自己屋外，把痰吐在地上，也没有危害到别人，现在居住密集，不少人仍如此行动，比如在社区放鞭炮、扩音器办丧事，无视他人的存在就如同住在农村的旷野里。当传统的规范和价值无法在陌生的城市适用时，社区的问题就接踵而至。参见李志题.给理想一点时间 [M]. 北京：新星出版社，2012：298.

[2] 农业社会人离开家、离开土地就没法立足，商人赚钱以后也是买土地转为地主，而不是扩大再生产。职业分化不大，职业道德规范也少，往往是些通用的道德。杜维明.文化中国系列中国文化的危机与展望——当代研究与趋向 [M]. 台北：时报文化出版事业有限公司，1981：328.

[3] 如买保险面临密密麻麻的条文，出了事只能听保险员解释，却未必能够理赔；超市出售的各种食品、用具无法鉴别，饲料奶粉打成鲜奶出售，毒玉米酿酒等。邰宝林.台湾社会面面观 [M]. 郑州：河南人民出版社，1989：383.

[4] 张茂桂.新社会秩序与中介团体 [A]. 张晓春，萧新煌，徐正光.一九八五社会批判——社会转型 [C]. 高雄：敦理出版社，1986：61—62.

[5] 当时台当局的做法，如面对犯罪、治安问题往往是一次又一次的集中性的"打黄扫黑"行动，无法产生持续性的效果。许皆清.台湾地区有组织犯罪与对策研究 [M]. 北京：中国检察出版社，2006：238.

第二节 工商团体的组织化

虽然台湾地区经济发展带来许多积极的社会影响，但台湾社会并没有立即呈现相应的组织化程度，在20世纪80年代以前，总体上停留在机械团结的水平。"一切有形的社团组织，都依附于政治权力而生存，工会、农会、妇女、青年等社团，乃至名为学术的团体也很少例外。"[1] 在各种社会力量中，只有与经济发展最为紧密的工商团体，由于赚取利润本身的需要，最先展现出自主性发展的迹象，不自觉地朝功能性团结方向发展。

一、传统产业公会的不足与工商协进会的优势

产业公会体系是工商团体在机械团结社会中合法存在的主要形态。随着经济的发展，产业公会的运作陷入僵化，无法有效发挥社会团结的功能，整合社会的功能逐渐被新兴的"工商协进会"所替代。

（一）法定的公会体系效能不彰

国民党当局治理下的产业公会体系是党政部门为统合主要行业而设置。相关法令强制业者参与公会，并规定同一区域只能有一个同一性质、等级的团体，不承认有其他类似团体可与之竞争，以方便党政部门统一管理，且各种职业团体间有上下级的隶属关系。1939年的"非常时期人民团体组织纲领"，规定"职业团体之会员入会，下级团体加入上级团体均以强制为原则，退会应有限制"，确立"强制入会、业必归会、会必归会"的原则。事实上，早在1938年开始，国民政府就制定各类工业团体法，包括《商业同业公会法》《工业同业公会法》《输出业同业法》；1947年颁布《工业会法》取代《工业同业公会法》，赋予公会广泛的统制性经济任务，落实强制入会等原则，确认各级官署对各级工商团体的管制和监督功能。[2] 国民党当局退台后，延续这种"党组织"渗透到工商团体以便于控制的"统制"策略。[3]

---

[1] 黄世明. 台湾全志卷九·社会志·社会多元化与社会团体篇 [M]. 台北："国史馆"台湾文献馆，2006：337.

[2] 徐振国. 中国近现代的"国家"转型和政商关系变迁 [M]. 台北：韦伯文化国际出版有限公司，2008：174—178.

[3] 傅景亮. 资本治理与政治转型：东亚地区民主化比较研究 [M]. 北京：中央民族大学出版社，2013：188.

以"工业同业公会"为例，分成"中央""省"和"地方"，由各大产业机构分层主管。在所谓"全国性"的组织管理方面，由国民党中央的社会工作部主管；在"省""（直辖）市"层级的工业总会，相应的由"省党部"主管；县市层级的公会，则由县市地方党部负责。此外，国民党还设置各种特种党部，其中的生产事业党部负责掌管大的公营事业党部和部分大的私营企业内的党部。在这些工业组织内部，几乎都设有国民党的党组织，由拥有国民党党籍的理事长担任"书记"或"常务理事"。[①]

在台湾地区经济高速发展以后，随着专业分工的拓展，经济形态的日益复杂多元化，"全国工业总会""全国商业联合会"[②]"输出业同业公会"等法定公会体系虽然继续维持运作，但问题愈发凸现：一是统合效能不彰。公会毕竟具有自身的特点，单纯的政治或行政手段并不能自动发挥作用，能不能通过隶属关系发挥统合功能的关键在该工商团体是否具有某种实质的功能管辖领域。对于强势的公会而言，由于在出口签章签证、包揽招标过程、订定设厂标准和参与制定各类管制规定等方面掌握权力，能够在一定程度上发挥统合作用。而对大多数公会而言，上级公会对下级公会只有联系关系，无法提供经费，没有人事任用指挥权，上下级关系形同虚设，经常发生任务重叠，难以有效分配资源，实现国民党当局所期待的分工合作的统合功能。二是组织运作僵化。由于党务部门实质介入公会重要人事任用，许多公会沦为国民党安排军队、公务员退休人员的去处，使得公会业务开展缺乏专业人才，公会的业务功能大幅萎缩。三是代表性问题凸出。传统的产业公会的成员都是大陆各省市产生，由于多数理监事没有赴台，无法召开代表会议。[③]虽然可以发挥维系"法统"的功能，但随着台湾地区经济的不断发展，台湾地区本土企业家数量与规模的增加，其代表性脱节的问题越来越突出，并成为公会体系所面临的最主要问题。

---

① 王振寰. 台湾新政商关系的形成与政治转型 [A]. 萧新煌, 徐正光. 台湾的"国家"与社会 [C]. 台北：东大图书股份有限公司, 1995：87.
② "全国商业联合会"后来更名为"全国商业总会"。参见徐瑞希. 政商关系解读 [M]. 台北：远流图书公司, 1992：58.
③ "全国工业总会""全国商业总会"迁台后因无法召开"全国代表会议"，不能进行改选。一直到20世纪70年代初"内政部"颁布两会相关的"理监事缺额补选办法"，台湾本地的企业界才得以入会推动会务开展。参见徐瑞希. 政商关系解读 [M]. 台北：远流图书公司, 1992：58.

（二）"工商协进会"的优势

由于传统公会依据的组织规定比较刻板，必须是相关行业的经营者，依照一定的法定程序和要件才能取得公会成员资格。相对而言，协会组织要简易和灵活许多，通常以企业家个人为吸收对象，这类的组织包括依照"人民团体法"设立的"工商协进会""中小企业银行协会"；依据"民法及相关法规，并以财产为基础设立的与工商业有关的团体"，如"财团法人对外贸易发展协会"。其中，在 20 世纪六七十年代发挥主要统合功能的"工商协进会"影响最大。[①] 工商协进会自称是"以结合个人为主体或个人为中心的组织"，强调自身定位为"社会团体"而非"法定职业团体"的工商协进会，成立宗旨是"联系台湾地区内外工商业者及其团体，增进了解，加强合作，并配合形势，促进联系台湾地区内外工商业者及其团体，增进了解，加强合作，并配合形势，促进经济建设，发展工商业"[②]，透过号召企业家以个人身份参会，及时因应环境变迁，化解了新兴的工商界代表不足问题，成为台当局吸纳本土经济精英的依托。同时，由于成员业别横跨工、商、出口领域，也可以发挥整合功能。随着吸纳本土经济精英并配合台当局经济政策的功能日趋吃重，工商协进会内部组织构成发生变化。1961 年开始，本土企业家、台湾水泥公司董事长辜振甫接替束云章当选第六届工商协进会理事长，本省籍及在台湾地区发家的大陆企业界人士在理监事中的比例大幅提升，[③] 且多为业界代表性精英。[④] 工商协进会同时修改章程，强调以拓展对外实质关系为工作重点，主动发挥配合台当局制定和执行经济政策的功能。由于没有"法统"包袱，运作比较灵活，更具专业性与业界代表性。"工商协进会"逐渐取代"全国工业总会""全国商业总会"而更具表达业界整体利益的优势地位。

可见，"工商协进会"成立发展之初，在原来的机械团结社会中只是一个

---

① "工商协进会"于 1952 年 3 月成立，由国民党改造委员会下设的工商小组主要成员、时任"立法委员"束云章提议筹建"一个可以涵盖台籍业界人士及后续赴台大陆工商人士的社会性团体"，并签报蒋介石同意后成立。参见徐瑞希．政商关系解读 [M]．台北：远流图书公司，1992：60.

② 韩清海．中国企业史台湾卷 [M]．北京：企业管理出版社，2003：625.

③ 台籍人士由 20 世纪 50 年代的十分之一不到增加至四分之一。参见徐瑞希．政商关系解读 [M]．台北：远流图书公司，1992：60.

④ 后来成为台湾知名大企业的许多掌门人早期都活跃在"工商协进会"，包括：王永庆、蔡万春、许金德、吴火狮、陈启清、吴尊贤等。参见徐瑞希．政商关系解读 [M]．台北：远流图书公司，1992：60.

外在于体系的异质性因子，但因为能够在很大程度上回应原来机械团结社会中出现的整合失灵问题，而成为维系社会团结的重要组成部分。在"工商协进会"身上所具有的功能性团结的特性，使得"工商协进会"成为维系旧有社会团结的组成部分的同时，开启了向有机团结转变的可能。

二、"工商协进会"的发展

（一）功能角色由政治动员为主转向经济利益表达为主

"工商协进会"成立之初，设在国民党中央改造委员会第二组下面。第二组旨在掌握产业职业等团体，并指导群众运动，下设各种委员会组训民间团体。其中，有关工商团体的部分由"工商运动委员会"负责，设16名委员，主要是大陆各重要地区的工业总会或商会理事。根据第二组的规划，"工商协进会"定位为"国民党外围敌后统战组织"，"在港澳设立分会或类似团体推进各地工商运动，并策划工商界人士利用行业身份前往大陆暗中联络工商界人士，准备策应国军反攻大陆"。然而，随着台湾地区经济发展及"反攻大陆"的无望，"工商协进会"的功能转型统合岛内工商界为主。相当长的时间内，"工商协进会"同时发挥着政治性的动员和统制功能以及经济性的务实性研讨、建议、反馈和策划的参与功能。随着台湾地区经济的发展深入，其经济功能越发凸显，自主性也在不断增强。就拟订财经政策的经济功能看，在国民党中央第五组（原第二组）、当局财经部门、"工商协进会"之间，存在一个隶属于国民党中央第五组的"工商运动研究小组"，小组成员主要是以"工商运动委员会"的委员为主体，召集人为辜振甫。该小组每月集会一次，研讨财经政策议题，并邀请相关财经官员提出报告，再由委员参与讨论意见。1972年以后，"工商运动研究小组"的研讨议题已经不太涉及意识形态主张、政治性动员及统制作为，而是专注于务实性的经济议题。政治性工作改由专职党工负责。[①] 不过，其政治功能并不因为政治地位的提升而丧失。随着工商业地位的上升，"增额立委"与"国大代表"选举中确定有职业团体应选名额，包括"工商协进会"在内的产业公会充当起选举机器的角色，开始真正受到国民党当局重视。

---

① 徐振国. 中国近现代的"国家"转型和政商关系变迁[M]. 台北：韦伯文化国际出版有限公司，2008：174—178.

（二）"工商团体春节联谊会"的变迁

"工商团体春节联谊会"形式上是由国民党中央第五组会同台当局行政系统下辖"内政部"、财政部门与经济部门（1972年以后加入"经合会"）联合邀请工商团体负责人参与。会议主席一般均公推国民党中央第五组主任担任。财经首长一般会讲话宣誓政策或回应企业界意见。联谊会的重头戏是在工商团体的意见表达，大部分工商团体都会直陈自己的利益诉求，也有一些公会以国民党中央第五组为诉求对象，如"呈请均组（第五组）转知经济部门饬中油公司"，"建议促请从政党员为染整加工业速谋补救办法"等，表明第五组在处理议题及议程上具有承接转合的功能。1971年到1977年间，由党政、财经官员邀请工商领袖齐集一堂，陈述意见。1977年以后，改由工商团体主持，邀请台当局相关机构出席，代表工商团体的自主性进一步提升。当时"全国工业总会""全国商业总会"改组完成，由林挺生、陈启清分别出任理事长。联谊会便由林挺生、陈启清、辜振甫联合主持。[①]至此，"工商协进会"成为与"全国工业总会""全国商业总会"并驾齐驱的三大工商团体之一。1981年，时任台当局行政部门负责人孙运璇在"工商团体春节联谊会"致辞表示："政府今后在行政措施上，将减少对工商事业的干预，希冀民间企业尤其工商团体多参与有关经济政策的制订并分担若干经济行政事务。"[②]这是台当局首度倡导民间企业参与当局经济事务，并于年底颁订"民间企业参与政府经济事务推行要点"[③]，反应出台当局已经把工商团体视为整合社会，尤其是发挥经济性功能整合不可或缺的重要角色。

对公权力机构而言，通过吸纳新兴社会力量，开启从"全能政府"向"有限政府"的转变，实现官民合作；对"工商协进会"而言，意味着从外在的社会力量，变成具有合法性的、拥有社会地位的内在力量，取得了进一步发展壮大自己的生存空间与独立保障。随着"增额立委"与"国大代表"选举中确定有职业团体应选名额，"工商协进会"及补选后的"全国工业总会""全国商业总会"开始获得直接代表自身行业利益的发声管道。由"工商团体春

[①] 徐振国. 中国近现代的"国家"转型和政商关系变迁[M]. 台北：韦伯文化国际出版有限公司，2008：174—178.

[②] 经济日报编辑部编. 提高企业经营绩效演讲集[M]. 北京：经济日报出版社，1982：200.

[③] 张世贤. 公共政策析论[M]. 五南图书出版社，1986：79.

节联谊会"的变迁可以发现，工商团体的角色由直接听命服从党政部门，到变成党政部门的咨询对象，通过专业性利益表达协助当局进行社会治理。

三、工商团体的组织化发展

20世纪70年代是中小企业全面发展并分化形成民营企业集团的时期。民营中小企业经过20世纪五六十年代资本积累以后，产业逐渐扩张，在公营企业依然牢牢掌握基础产业、上游产业的情况下，民营中小企业的产业扩张很难在垂直方向发展，大部分是不同产业在横向扩大过程中形成的多种经营的联合企业，使得其民营企业集团内部与外部的资金、财务关系变得日益复杂化，其组织形态也变得多元化。此时，民营企业已经贡献了多数的经济产值，提供了多数的就业岗位。随着民营企业的集团化发展趋势，使得企业表达利益和参与政策的内在动力越来越强，外在力量越来越集中。对于体制而言，如果无法吸纳这些力量，当局的经济政策将难以有效落地，政治统合也无从谈起。原来僵化而无法运作的公会体系显然无法承担这一时代任务。在此背景下，"工商协进会"的统合模式无疑促进了整个工商业团体组织化的进程。

鉴此，台当局于1974年底顺应形势，颁布"工业团体法"取代"工业会法"。[①] 该法虽然延续了强制入会原则，规定"凡在同一组织区域内，有依法取得工厂登记证照之同业工厂满5家以上时，即应组织该业工业同业公会"，"逾期6个月未入会，主管机关得予以停业处分"，"工厂非因废业、迁出公会组织区域或受永久停业处分，不得退会"。但是，该法规定了任期制，要求工业团体的理事长、监事的任期均为3年，且以连任1次为限。该法颁布后不久，又先后颁布了配套的"工业团体法实施细则""工业同业公会章程准则"以及"工业总会理监事缺额补选办法"等，确立了工业团体组织化发展的法律依据。1975年6月，依据"工业团体法"的规定，"全国工业总会"举行第一届第一次理监事暨所属团体会员代表会议，同时举行理监事缺额补选。本省籍出身的林挺生当选改组后首任理事长，连任会长至1981年。担任过"工商协进会"理事长的辜振甫担任"全国工业总会"第二任会长，至1987

---

① 至"解严"前，该法未做任何修改。庄天赐.台湾全志卷五·经济志·工业篇[M].台北："国史馆"台湾文献馆，2006：241.

年底卸任。① 同年，台湾地区主要县市皆在该法颁布后立即完成区域性综合性工业团体的组织化，先后成立高雄市工业会、高雄县工业会、② 台北县（今新北市，下同）工业会、桃园县（今桃园市，下同）工业会、台中市工业会、台南市工业会、嘉义县工业会、彰化县工业会、新竹县工业会、宜兰县工业会、花莲县工业会、屏东县工业会、苗栗县工业会、基隆市工业会、云林县工业会等。③

就部门工业的组织化而言，20世纪70年代以前成立的工业团体大多与农业加工及初级工业相关，如植物油、罐头、谷物加工、造纸、纺织、水泥、木材、玻璃、肥皂等。20世纪70年代则是部门工业大量开始组织化的阶段，尤其是20世纪70年代中期以后，包括食品工业中的冷冻水产、冷冻肉类、冷冻蔬菜水果、乳品、人造奶油、酱油等；化学皮胶工业中的合成皮、塑胶原料、燃料颜料、樟脑、黏性胶带等；机电金属工业中的钢线钢缆、手工具、电线电缆、汽车修理、高压气体等；一般工业中的制伞、眼镜、家具、钟表、乐器、电影、体育等；建材工业中的混凝土、耐火材料、瓦斯器材、消防器材等。④ 无论是新成立工业团体的数量，还是类型的多样性，都远超前一阶段，与台湾地区进入工业化后的社会分工形态高度适应，意味着工业团体出现功能性整合的迹象。

类似的，为更好发挥政治、经济等多重社会整合功能，台当局先后于1972年颁布"商业团体法"取代"商会法"与"商业同业公会法"，于1982年修订"商业团体法"，废止"输出业同业公会法"，开始将工商业组织作为经济组织看待，而非单纯的统合组织。⑤ 需要指出的是，对于普通民众结社相关的"人民团体法"，则延续1942年公布的《非常时期人民团体组织法》，直至"解严"后，到1989年才正式修订。

---

① 庄天赐.台湾全志卷五·经济志·工业篇[M].台北："国史馆"台湾文献馆，2006：246.
② 高雄县市如今已合并成高雄市，由台当局行政部门直接管辖。
③ 台北市工业会相对于其他县市成立较早，于1967年成立。新竹市工业会、嘉义市工业会则成立较晚，在20世纪80年代初期才成立。庄天赐.台湾全志卷五·经济志·工业篇[M].台北："国史馆"台湾文献馆，2006：251—269.
④ 庄天赐.台湾全志卷五·经济志·工业篇[M].台北："国史馆"台湾文献馆，2006：251—269.
⑤ 陈家豪，庄濠宾.台湾全志卷五·经济志·商业篇[M].台北："国史馆"台湾文献馆，2006：156.

20世纪80年代前后,工商业团体的任务主要通常包括:产业环境研究、生产因素调查与开发、会员权益的维护与纠纷处理、公益事业的举办、同业会员的服务、行政事务的参与、会籍的建立等。[①]就其宗旨来看,大多数工商团体都列有"推广本业业务,增进共同利益,协调同业关系,促进经济发展"等内容。[②]

可见,"工商协进会"的发展及传统产业公会的组织化运作,使得工商团体最早实现自身的组织化,并且因为对新的社会力量的代表与整合而确立了自身相对独立的社会功能。在社会主体仍然是依靠机械团结维系为主的时代,以公会体系为代表的工商团体的组织化虽然兼具压制性与功能性色彩,但已经是机械团结社会中最大的异质性因素。而以"工商协进会"为代表的工商团体则具有更多的功能性色彩。随着各种工商行业的发展,作为职业群体的工商团体事实上在扮演着社会功能性整合的角色,也就开启了改变原来机械团结向有机团结的转变进程。

四、非正式工商社团的存在

虽然工商团体的组织化发展促进了职业群体的利益表达,但无论是公会体系的控制模式,还是"工商协进会"的官民合作模式,其设立目的毕竟都是以发挥统合性功能为主,功能性整合为辅,在利益的代表上有很大的局限性。而只要有争取利益、表达利益的需要,就有非正式社团存在的空间。在台湾地区经济社会发展的不同时期,非正式社团展现出不同的特点,但都发挥着实质性的利益代表功能。

(一)非正式社会团体的出现

国民党败退台湾以后,经济发展的目标在国民党当局的主导规划下进行,国民党当局得以政策工具来节制企业。20世纪60年代,台当局推动"19点财经改革方案",采取"出口扩张"政策,具体表现在"奖励投资条例",涉及五年免税、加速折旧等减税免税的规定,具体由行政系统下辖的经济主管部门、财政主管部门决定哪些产业、哪些设备可以享受减免税规定。刚刚兴起的工商

---

① 黄世明.台湾全志卷九·社会志·社会多元化与社会团体篇[M].台北:"国史馆"台湾文献馆,2006:175—176.

② 黄世明.台湾全志卷九·社会志·社会多元化与社会团体篇[M].台北:"国史馆"台湾文献馆,2006:136—139.

业遂透过产业公会展开游说和利益要求,自此工商团体利益表达的功能获得充分发展的空间。①

此时,由于法定的公会体系诸如"工总""商总"等,均存在"法统"包袱,无法代表新兴的台湾地区商人阶层利益,许多企业界人士在参加正式的公会组织之外,私下也组成各种私谊组织寻求利益表达的机会和渠道。20世纪 60 年代,台湾地区已经出现依靠省籍、地域、血缘、姻亲等传统人际关系结合而成的商业帮会,如上海帮、山东帮、台南帮、三重帮、嘉义帮等。②

(二)非正式社团的发展

"工商协进会"的产生发展与"全国工业总会""全国商业总会"的补选,使得工商团体的利益表达有了正式而相对畅通的渠道。但是,代表本土企业利益的"工商协进会"又遭遇政治力过分介入,由少数领导阶层控制,公会体系虽然是企业家表达利益、参与政策的制度性管道,但不是有效的管道。同时,公会与当局之间、公会相互之间有合作基础,有利益一致的地方,也有权力争夺、甚至有利益冲突的问题。行政部门之间,哪怕是经济部门之间,也有不同的政策偏好和利益考虑,而非一个单一的主体。随着企业利益的日益分殊化,行政管理功能的细化和专业化,有限的渠道已经无法满足复杂的利益表达需求。尤其是,威权体制下,台湾地区的企业经营需要政治资源"润滑",才能获得长期发展,使得只有大型企业集团及地方派系为后盾的地方财团才有实力争取自己的利益。而广大的中小企业在缺乏个别的政治行动资源下,无法透过公会体系有效表达业界利益。因此,整体而言,企业家表达利益的管道有限,争取利益的效率也有限。③

在此情况下,20世纪七八十年代,非正式结社的风气更盛。有的依照共同爱好,如打高尔夫球、打桥牌等;有的承续上一辈的联系,如台南帮第二代;有的依照年龄或学校,如青创会、校友会、同乡会等;还有的甚至只是拿过相同的奖学金、上过相同的培训班等。这些私谊性的组织通常具有很强

---

① 徐瑞希.政商关系解读[M].台北:远流出版公司,1992:69—70.
② 商业帮会通过地域、姻亲等方式形成互助关系。如台南帮最早就是依靠出身台南的原台北市市长吴三连争取纺织业配额而获取原始资本,并通过联姻、互助方式逐渐扩大生产,最终形成拥有台南纺织、环球水泥、统一企业以及万通银行为核心的企业集团。参见朱显龙.台湾商海中的"台南帮"[M].北京:九洲图书出版社,1999:29—51.
③ 徐瑞希.政商关系解读[M].台北:远流出版公司,1992:70—71.

的排他性，不对外公开活动，但较具有参与性与实际的影响力。①

可见，"工商协进会"所代表的官民合作模式，并不能完全解决工商体系内部日益多元分化的利益代表问题。直到"解严"以后，非正式团体的利益表达功能才进一步转移到更加专业化发展的公会体系中去。②

综上，无论是公会体系的控制模式，还是"工商协进会"的官民合作模式，所代表的利益与所发挥的整合功能都有很大局限性，才有非正式工商团体的大量存在，工商社会的碎片化与原子化问题广泛存在，需要新的工商团体来实现功能性整合。

第三节 新兴工商团体的合法化

台湾地区的经济发展促进了工商领域的多元化、专业化发展，促进了劳动分工的细化。对追求统一性的威权体制而言，"分工就是分散"，经济生活的专业化越强，分散的作用越大，以统合性方式进行整合的机械团结已难以为继。"只有与职业活动关系密切的群体对其作出有效规定的情况下，职业活动才会认识到自己的功能，了解自己所具有的需要和每一次的变化状况。"③由于经济生活的独特性超出威权体制的权威范围，不得不在统合体系中纳入"工商协进会"等具有功能性整合作用的异质性组织。不过，台湾地区非正式工商团体的大量存在表明，被官方吸纳的经济组织所发挥的社会整合效果仍有很大局限。由于经济生活每时每刻都在朝着更细致的分工方向发展，基于功能性整合而产生的新兴工商团体开始摆脱机械团结的束缚，并取得自身地位的合法化。以"中国青商会"为代表的新兴工商团体的合法化历程，就是其整合功能被社会承认，被体制接受的过程。

---

① 徐瑞希. 政商关系解读[M]. 台北：远流出版公司，1992：123.
② "解严"后，大量垄断行业开放，依靠良好政商关系已不能确保维持足够的利益，经营环境的逆转使得公会在企业界的强烈要求下不得不提升公会人员的专业素养，强化会务运作的功能。再加上企业界与公会领导阶层的权力意识高涨，排斥执政党介入安排公会领导结构的更迭，尤其是反对论资排辈的做法，使公会体系在回复本身自主性的同时，也强化了作为法定业界利益代表的制度性管道的存在。参见徐瑞希. 政商关系解读[M]. 台北：远流出版公司，1992：102—103.
③ [法]埃米尔·涂尔干. 社会分工论[M]. 渠东译. 北京：生活·读书·新知三联书店，2013：17. 或参见雷晓明. 市民社会、社区发展与社会发展[J]. 社会科学研究，2005（2）：102—108.

一、出身统治阶层的小部分精英在体制边缘的集结

当社会自主空间有限,社会是平铺直叙缺乏力量的时候,社会精英主要出自统治阶级。社会精英出于不同的目的在体制外集结,有的是为了更好地交换利益和巩固权力,有的是为了更好地彰显个性,有的是希望在相对僵化的体制外获取更大活动空间,但无论是何目的,这种体制外的集结大多出于自愿,因此在不同程度上采取了非科层制的方式,或者进一步而言采取了民主讨论的方式,在组织形式与行为方式上迥异于体制内的运作逻辑。在各式各样的集结中,会促使新的民情形成的情形,往往具有以下几种特点:一是其发生领域往往是在体制控制不了的社会边缘地带,这种边缘地带会随着社会的发展而逐渐中心化;二是其理念或者价值观往往鲜明,且具有较高的理想性,这种理念未必是反对体制的,有时候是非主流的观点,有时候与主流有一定契合,但无论如何,自愿接受这种理念指导的精英,其交往活动是真实的而非虚伪的,是问题导向而非功利导向,因此其凝聚力与战斗力是具备的,影响力是可持续的;三是这种理念一定是相对开明的,组织是相对开放的,后续发展才能与社会发展相结合;四是成员地位趋于平等,即便组织基于管理需要设置分量不同的职位,但相对于其他类似组织,成员更能感受到平等尊重;五是有自由讨论的风气,成员不会感到压抑,能够充分表达意见。

以"中国青商会"的成立为例,充分体现了统治精英如何在体制外实现集结的过程。世界青商会是全球三大国际性公益组织,[①] 台湾地区一开始并没有参与。参与之初,也经历了非正式结社向社团登记的过程。1951年春,菲

[①] 1915年,一位名叫亨利·葛森宓(Henry·Gienssenbier)的美国青年基于"训练自己、服务人群"的信念,联合青年为地方服务,做一个优良的公民,成立"青年励进会"。由于积极推展社会服务活动,得到社会的回响与支持,吸引更多青年加入,于1916年改名为"青年公民协会"(Junior Citizens,简称 J.C.)。1919年,由于得到商会支持,改名为"青年商会"(Junior Chamber of Commerce)。1920年,在美国成立全国性的"青年商会",主要目的包括:促进青年团体合作及此类团体的效率和发展;提供青年人研究本地、本州、本国团体的机会;用各种积极的方法,提高会员的办事能力;对影响民间商业利益的问题,用讨论的方式获得一致的意见和行动。历经两次世界大战,青年的角色更加重要,青商会也深感培养各国具备民主素养的领袖对于人类和平的重要性。1944年,国际青年商会顺势成立。此后,明确"青商会是寻求人类亲善与和平的团体",信条包括:"人类的亲爱精神没有疆域的限制、经济上的公平应由自由的人通过自由企业的途径获得、健全的组织建立在法治的精神上、人格是世界上最大的宝藏、服务人群是人生最崇高的工作",并特别重视透过讨论来获取一致意见和行动。"中国青商会".中国青商史 [M]. 台北:国际青年商会"中华民国"总会,1995:28—31. 或参见台湾青年商会简介 .[EB/OL].https://www.xzbu.com/1/view—172300.htm, 2019-11-07.

律宾籍的国际青商会前总会长维兰纽瓦（Robert Villanuewa）通过时任菲律宾驻台公使艾德瓦介绍，认识任职于外事部门的王国铨，于是向王推介了青商会的活动与宗旨，表示希望将青商运动推介到台湾地区。王国铨出面邀请了昔日在中国航空公司及上海圣约翰大学的朋友，约十多位青年，举行座谈会，由维兰纽瓦报告青商会精神与宗旨，鼓励大家筹备成立"中国青商会"，并建议先派一两位观察员赴香港地区、日本出席第一、二届亚洲区年会。参加座谈的青年对此计划颇感兴趣，于是成立筹备小组，由冯玉衡任组长，王国铨任秘书长，负责筹备事宜。[①] 此次聚会后，这些人就经常在"中国之友社"集会，讨论如何推行青商运动及社会福利工作等计划。经过王国铨参与两次亚洲区年会，熟悉青商会运作后，会员们决定登记成立正式社团。王国铨等为筹备委员，张廉骧（首任"总会长"）为召集人。[②] 不过，20世纪50年代初期的台湾社会笼罩在白色恐怖之中，时任"内政部"下辖"社会司司长"刘修如对"中国国际青年商会"或"国际青年商会'中华民国'总会"的名称一直有所保留，依照当时社团法规"一个类型的领域内只能有一个全岛性组织"的规定，认为已经存在"商会"组织，不能再以"青年商会"命名，而"青年团体"在当时也有"青年救国团"，导致登记一度卡关。当时会员都是统治阶层精英，时任台湾省首任公卖局副局长的张廉骧会员出面协调，最终才获准以"中国国际贸易友谊协会"名义成立。此外，出于拓展民间"外交"的需要，该会的成立也获得了"外事"部门的支持。1953年初，"中国国际贸易友谊协会"正式成立，由张廉骧担任首任会长。[③] 虽然该会是在当局监视下成立，但从会员组成上看，却有迥异于当时体制内组织的特殊性。37名发起人中，35人为无党籍，仅2人为国民党员。职业上，从事国际贸易的有4人，其他为新闻工作者、"外交"人员、官方机构人员及会计师等专业人员，都是各行业的精英人物。其中，有9人曾任职于中国航空公司，又有10人毕业于上海圣约翰大学，且大半籍贯为上海市和江苏籍。可见，该会成立伊始，是同质性很高的精英组织。这些会员多出身良好世家，英语流利，在

---

① 张廉骧、谢震、周基正、张名湘、王诗珣、黄亮、丁维栋、张任飞、戚敬尧、沈遽声、张仲仁、叶清平、丁元生、潘力生、胡维敏、王国铨、朱肇筠、吕松盛、李明豫等十九人为筹备委员。"中国青商会". 中国青商史[M]. 台北：国际青年商会"中华民国"总会，1995：32.

② "中国青商会"官网.[EB/OL].http://www.Taiwanjc.org.tw/LomStory.asp?JcNo=000, 2019-01-07.

③ "中国青商会". 中国青商史[M]. 台北：国际青年商会"中华民国"总会，1995：34.

思想及做派上都是自信、时髦、进步、开放的一类人，让早期的青商会俨然是贵族性社团。①

需要指出的是，早期的"中国青商会"是作为传统社会机械团结的一部分而存在的。因为任何有力量的新兴社会组织都无法回避与威权统治当局的关系在威权统治下发展壮大。在威权社会，即便是统治阶级的精英在体制边缘集结，也必然涉及集结的合法性问题。青商会被体制的接纳也有一个逐渐取得信任的过程，从当局的角度而言，一开始是利用青商会的外部联结能量，发挥"国民外交"的辅助作用。恰恰是因为这种扶助作用的效果明显，让台当局得以接受这种集结。当时，在台当局逐渐陷入"外交孤立"的时候，青商会代表不仅受到访台的时任美国副总统尼克松点名要求见面，而且"中国青商会"先后举办系列"青商会亚洲大会"乃至"世界大会"，让台当局刮目相看。1962年，时值青商会即将成立十周年之际，台当局正式同意青商会由"中国国际贸易友谊协会"更名为"国际青年商会'中华民国'总会"，就是台当局对虽然游离于体制外，但并没有直接威胁政权，却能够弥补政权短板的青商会地位的承认。

二、新兴力量在体制边缘的大量集结

出身统治阶层的小部分精英在体制边缘所推动建立的社会组织，其具有被体制所认可的合法性，而给新兴社会精英参与组织活动提供了安全保障，更因其理想性及相对的独立性，对新兴社会精英产生巨大吸引力，使得组织得以迅速扩张。

以"中国青商会"为例，由于它是以一群温和的中产阶级年轻人为主，虽然搞民主训练，却不至于造反，不构成对台当局立即而明显的威胁，却成为台当局对外标榜的"民主橱窗"。它作为威权时代唯一未被台当局"驯服"的民间组织，吸引大量优秀青年的加入。1955年，基隆分会作为第一个分会成立。在青商会发展的头一个十年（1953—1962）中，在台湾地区的重要城市台北、台中、台南、高雄、嘉义、基隆等地都先后成立了分会。会员人数增加到约400人。随着台湾地区经济的起飞，大量本土企业家尤其是外贸起家的商人入会，使得会员在1970年已达到约1000人，分会在主要县市纷

---

① "中国青商会". 中国青商史 [M]. 台北：国际青年商会"中华民国"总会，1995：23—24.

纷成立，达到 22 个。截至 1979 年，青商会分会达 79 个，会员人数膨胀至 6000 人，加入青商会已经成为进步青年引以为荣且形成风潮的事情。[1]

除了青商会本身的宗旨外，青商会的相对独立性与相对开放性成为吸引青年精英加入的最大诱因。就相对独立性而言，青商会在威权时代所获取的自主发展空间是非常大的。一方面，青商会与台当局维持良好的合作关系，既有青商会成员与台当局官员之间良好的私人关系，也有在会务开展上积极配合台当局政策；另一方面，这种合作并非国民党对其政治指导或经济援助，在青商会经费困难的时候也仍然是依赖青商会会员的捐助维持，国民党对青商会的渗透也非常不成功，因为创会主要会员始终秉持信条，坚持独立自主的发展方针，不阿谀权贵、不求一官半职，拒绝加入国民党。国民党党小组不仅在青商会内部缺乏影响力，也从未像在其他社会组织中那样在青商会内部公开活动过。就相对开放性而言，一方面，青商会以"青年""精英"作为入会最基本的门槛；另一方面，青商会从创会之初就确立了在地化的发展思路，首任会长张廉骧在青商会成立之后就邀请台湾省本地的世家大族子弟板桥林家的林于长、刚刚以无党籍身份参选台北市市长失利的高玉树等人入会。后来，更是决议在各地成立分会，在新兴力量迅速发展的同时大力吸收会员。可见，体制边缘产生的新兴社会组织之所以对新兴力量有巨大吸引力，相对独立性是最重要的，才能确保组织能够基本按照自身的规律获取发展空间。同时，组织独特的理想性、专业性则产生天然的吸引力。相对的开放性则确保组织在有效运作的框架内持续成长。

此一阶段，新兴力量的大量集结并未引发台当局的反感，相反，由于青商会事实上承担了许多新的社会功能，台当局对青商会的认可度也随着青商会在岛内社会的声望累积而提升。台当局开始在某些方面依赖青商会的社会资源，协助推行社会政策，尤其是青商会的社会公益工作得到当局认可，涉及军队慰问、协助当局赈灾、模范警察表扬等活动时，青商会与当局的合作都非常紧密。青商会的颁奖活动也都能邀请到台当局"院长级"以上的高层参与。[2]1973 年，时值青商会成立 20 周年之际，台当局派出两艘军舰护送参

---

[1] 1979 年，白手起家且个性拘谨的台湾首富王永庆为劝诫员工保持勤勉的工作作风，还专门写了一封"致国际青商会会员的信"，可见青商会在当时被视为引领社会风气的青年组织。参见侯书森.百年老书信：外事·商事卷[M].北京：改革出版社，1998：171.

[2] "中国青商会"官网.[EB/OL].http://www.taiwanjc.org.tw/TOYP/历届名录.asp，2019-01-07.

加20周年庆祝典礼的所有青商会会友到基隆外海进行海上活动,可见台当局在此时已经视"中国青商会"为座上宾。

可见,新兴精英随着社会的发展不断聚集,随着这些青年精英群体的扩大,自然而然地将体制边缘的活动空间扩大,从而使这种集结本身有了重要的意义,即,将原本是少数人的贵族式活动扩展成更广泛精英群体的集体意识和行为方式。

三、新兴力量集结产生的组织效果

青商会将原本遥远而陌生的青年精英联系起来,这些青年精英的频繁交往,打破了原来统合架构下的交往方式,也改变了社团本身的组成、行为与社会地位,从而使社团组织的运作开始孕育新的道德属性,产生新的社会形式。[①]

一是导致社团组成由量变到质变。以"中国青商会"为例,青商会成立之初,仅为三四十人的小型团体,且均在台北市,绝大多数会员是大陆赴台的人士。但创会会员并未自我设限,而是想推展青商运动,从一开始就确立了打入台湾地区本土社会的开放性发展方向。20世纪五六十年代,由于当时台湾地区仍然是农业社会,青商会主要仍是世家弟子的结合,会长基本上仍是创会会员。青商会此后的发展与台湾社会的变迁紧密联系,随着新兴力量的逐渐加入,在1964年产生了第一位台湾省籍的"总会长",但总体上会务主导仍是外省籍精英。整个20世纪70年代,是青商会茁壮成长、步入巅峰的时代,基本上吸纳了当时社会上各领域的青年精英,包括大量新兴的中小企业家。在这个阶段青商会是各县市优秀青年可望可即的,会长主要由本土出身且身世较好的青年出任。对20世纪70年代的青商会而言,财力已经非常雄厚,但在组织发展的具体做法上仍然是审慎的,会长的作风也相对审慎。20世纪80年代,青商会继续快速扩张,开始走平民化路线。截至1990年,会员总数8400人,青年的平民化程度加深,精英色彩失色许多,会长主要由平民出身的本土人士出任,作风上也大胆开放许多。此后,一直延续平民化

[①] 刘拥华. 现代城市社会与文化丛书:社会学的政治想象 [M]. 北京:中国社会出版社,2015:127.

路线，组织发展上维持大致稳定。①

二是促进社团内部的民主实践。在青商会的发展过程中，青商会的内部训练、管理制度的民主化都在加深和完善，逐渐形成民主传统。青商会的发起之初，就以"促进青年与民间团体之合作，用积极的方法提高会员办事能力，以讨论方式寻求有关影响商业问题的共识"为宗旨，强调社团"是以自由精神为基础"，非政治、非宗教性社团。②这种社团内部民主机制的实践不只体现在组织形式或架构等管理层面，而且展现在社团活动的内容与氛围上。"青商会不仅是训练全世界的年轻人成为今后各行业的领导者，它同时也是在训练一个具有民主素养的领袖。"③因为对他人人格的尊重，对不同意见的容忍和采取多数决且同时尊重少数的制度设计是青商会内涵精神所在。④"中国青商会"也被称为"民主的厨房"，在内部会议中，推动会议规范，力行领导训练；在理事会、行政会议中演练民主规范，鼓励不同意见的发表，实行不做票的选举；在选举结束后，给予落选者尊重和掌声。⑤成立之初，就有"我是谁"三分钟演说计划，训练会员演讲能力；在各分会推广"狂思会议"，大力训练新会员。而随着大量青年在青商会内部得到民主训练，他们也反过来进一步促进了青商会的民主化实践。1960年，青商会远远早于各大产业公会，确立"总会会长"不得连任的制度。每任会长、理事、监事任期一年，有利于会务制度化，使得更多人获得锻炼的机会。1968年，首创"竞选承诺书"的规定，凡是竞选会务执行人员的候选人均须填写"竞选承诺书"，且规定其出席率不得低于80%，并把当年出席率刊登在会刊上，以让会员了解会务执行人员对会务的热心情形，增强其责任心。1969年，准许女性青年入会。

---

① 至2019年，青商会在台湾省各县市及重要乡镇均有分会组织的共计有151个分会，7000位现职会员(18—40岁)以及20多万名超龄会员。"中国青商会"官网.[EB/OL].http://www.taiwanjc.org.tw/LomStory.asp?JcNo=000, 2019-01-07.

② "中国青商会"，1995.中国青商史[M].台北：国际青年商会"中华民国"总会：22.或参见台湾青年商会简介.[EB/OL].https://www.xzbu.com/1/view-172300.htm, 2019-11-07.

③ 符利群.陆章铨传[M].北京：华文出版社，2008：91—92.

④ 青商会内部认为，"两次世界大战之所以发生，原因固然很多，但主要原因之一就是当时的各国领袖没有民主素养，一意孤行，自以为口含天宪，掌握真理，未来'乌托邦'的世界和平社会是无法靠那样的领袖完成的，只有另起炉灶，以合法、和平和草根式的青商运动来发扬青商精神，重新训练未来世界领袖，才是根本之道"。"中国青商会".中国青商史[M].台北：国际青年商会"中华民国"总会，1995：178.

⑤ "中国青商会"会议规范.[EB/OL].http://www.taiwanjc.org.tw/DocuList.asp?Dno=G, 2019-01-17.

1972年，青商会会长选举制度改为直接选举。1982，选举出首位女性会长。其间，随着会务拓展，逐步规范健全了相关制度。[①] 通过大量会友的实践，推行了奥瑞岗辩论模式的制度化训练、建立了一套标准化的制度、教材，有专门的讲师、奖励和竞赛办法，首先使用透明票柜及计算机计票，专门成立选务委员会组织，实践募款餐会，不仅提升了青商会的民主化训练水平，也深刻地影响了岛内选举制度的发展。

三是推动组织由边缘化走向中心化。对社团而言，新兴力量的集结与社会动员实践，导致社团由边缘化走向中心化。这种走向中心化的过程，主要是对新的社会议题的回应和关注，对新兴社会力量的吸纳和运用。走向中心化的体现一方面表现在体制的接纳、认可和依赖，强化了新兴工商团体与其功能相匹配的合法地位。[②] 另一方面表现在自身影响力，主要是社会影响力的提升。从青商会的角度而言，青商会一开始是利用世界青商会的平台，以"出口转内销"的方式打响知名度。而随着岛内新兴力量的不断增长，青商会吸取整合这股力量，并以迎合时代需求的系列社会服务活动将其岛内影响力不断扩大。在青商会多年来包罗社会各个面向的系列活动中，青商会的品牌意识深入人心。青商会可以邀请到最优秀的学者讲述最前沿的经济、科技议题及台湾地区发展与台湾地区人民最关心的问题，也能够引领风气推行新的观念和行为方式，还能够给予不同行业、阶层的人士，尤其是青年人予以评价、提携乃至救助。青商会的部分日常活动已经成为媒体例行关注的焦点，甚至直接影响着台湾地区百姓的日常生活。从这个意义上讲，青商会由边缘走向中心的过程，在于青商会自身有效吸取、整合社会资源，同时能够及时回应社会需求，回馈社会。

综上，青商会从贵族性的精英组织演变到平民化的工商团体，不仅仅是在重整社会，更在事实上赋予了更多在经济发展中取得成就的人以新的社会身份与社会功能，意味着在青商会这种工商团体内部，已经先于社会整体实现"从有限进入的社会"向"开放进入的社会"的民情转变。作为一种次级

---

① 如，出台新分会成立申请手续、确立会友转籍制度、出台争取年会主办权的手续、制定会务人员访问各分会的报表及组务督导报告书、规范地区联谊会的合法化问题、出台参议员申请办法、规定6月底前各分会不得推荐参选总会职务的候选人，避免了会务经验因为理监事一年一任的规定而无法累积，长期性工作难以推行的问题，推动会务的法治化实践。

② 20世纪80年代开始，青商会与当局进行合作的领域更加广泛，还获台当局颁发"最优秀民间社团奖"。

组织，其代表性与整合能力已经远远超越传统的工商组织。青商会内部的民主化训练让青商会的会员获得了相互认同与沟通的纽带，激发出了团结互助的热情，从而获得一种阻止个人利益膨胀的道德力量。这事实上是在塑造新的集体意识，这种通过内部对话沟通形成决定的民主观念成为组织内部的主流价值，不仅提升会员对组织的认同与凝聚力，更培育了会员关心公共利益的民众意识与参与能力。很显然，青商会内部已经形成一种新的民情。在道德意义上讲，青商会的合法化不仅仅是青商会作为一个组织的合法化过程，也是新的社会阶层取得社会身份与社会功能的合法化过程，更是新的民情观念演变成公共道德的合法化过程。

第四节　社会的再组织化

随着以"中国青商会"为代表的新兴工商团体取得合法化地位，带来相应的社会效果，即：新的社会力量的合法化，新的民情观念的合法化。由此，"中国青商会"所代表的次级组织不仅得以在工商领域克服原子化与碎片化问题，还可以给全社会提供进一步整合的组织资源与经济支持，将自身的民情扩张、转化为更广泛的社会民情，带给社会新的道德观念，提升公众的理性程度和文明程度。"中国青商会"作为一种复杂经济组织的代表，在将新的价值观念逐渐塑造成为占据优势地位的公共道德的同时，不断促进社会的有机团结，提升公共参与的有序化和理性化水平，不但凭借对民情的塑造能力成为制度变迁的主角，而且形塑着制度变迁的方向。

一、塑造新的集体意识与生活方式

涂尔干指出，道德与教育是现代社会建设的两大主题。日常生活现象的实践状况决定社会功能性团结能否实现。[①]"中国青商会"透过自身动员，参与和促进公共服务活动的开展，提供当局无法或不愿提供的服务，在看似平常的日常生活中，以服务社会的方式，将组织自身的观念和行为方式透过服务社会的方式推广到普罗大众的日常生活中。

一是开社会风气之先。在旧有的机械团结社会，社会氛围是相对沉闷的。

[①] 渠敬东.涂尔干的遗产：现代社会及其可能性[J].社会学研究，1999（1）：31—51.

青商会作为与国际接轨的精英组织，积极为沉闷社会注入新鲜元素。比如：举办"中国小姐选美比赛"。1960年，大华晚报举办"中国小姐选拔比赛"，一度面临无人报名的窘境。[1]1961年，不得不邀请青商会、狮子会、扶轮社等发动各分会推荐人选参加。1962年，青商会由大华晚报手中接办"中国小姐选拔比赛"，选拔会的会务、前台、票务、官方联络、宣传、后台均由青商人负责，并敦请工商实业家、摄影家、画家、声乐家、艺术家等出任评审委员。[2]青商会绝对尊重评审，绝对不干预审查决定。凭借青商会一流的组织能力，选拔过程活泼公正，让岛内社会舆论高度关注选美这一新生事物，多位选拔出来的"中国小姐"在"环球小姐"的选拔中获奖。[3]通过成功引入选美比赛，青商会在威权统治仍然严厉、社会风气长期保守、人们精神依旧紧张的时代里，提倡并让人们逐渐接受阳光开放、轻松正面看待审美的观念。再比如，同时期开展的水上救生训练班也有类似效果。青商会刚开始举办水上救生训练班的时候，民众对水上救生还比较陌生，社会反响还不太积极。在青商会大力宣扬下，1961年由台北分会举办的第二期水上救生训练班则已经得到社会好评，并在第16届世界青商大会中获得优秀青年活动奖。由此，普通民众得以接触、认识原来陌生的观念与生活方式，从而去除因不了解而产生的抵制、恐惧等负面情绪，并逐渐产生认可、接受甚至喜欢等正面态度，从而有助于塑造普通民众开放的社会心态。

二是倡导节能环保。青商会是岛内较早重视环保问题的工商团体，早在1972年，配合青商会世界总会"反污染运动"，由台北分会举行反污染座谈会，并参照座谈内容拟具实施办法，还举办"儿童制止环境污染绘画比赛"。此后，配合青商会世界总会"人类环境改善运动"的主题，连续多年举办涉及环保议题活动，但主要是以座谈等方式进行观念灌输。[4]直到20世纪80年

---

[1] 安东.1949—2009年台湾历史上的四月[J].台声，2010（4）：86.

[2] 协办单位后来还有台北扶轮社、中国狮子会等类似于"中国青商会"的组织参加。参见姜殿铭.当代台湾大事典[M].太原：山西教育出版社，1995：94.

[3] 当时选拔出来的"中国小姐"方瑀在"环球小姐"中获得"最佳人缘奖"与"服装奖"，后来成为国民党主席连战夫人。另一位选拔出来的刘秀嫚还获得"环球小姐"第四名的荣誉。刘卫兵.随访连战的日子[M].北京：九州出版社，2007：160.

[4] 比如，1974年在国宾饭店举办"改善人类环境座谈会"，邀请数位相关专业博士发表专题演讲。同时，青商会东区大会、北区大会也都邀请相关专家就此主题发表演说，在青商会内部推广普及环保观念。"中国青商会".中国青商史[M].台北：国际青年商会"中华民国"总会，1995：78—79.

代中期以后，在环境问题越来越成为一个普遍而凸出的社会问题之后，"中国青商会"开始在内部设立专门的生态环境委员会，并以实际行动介入环保运动。[①]1986 年，青商会生态环境委员会以举办座谈会的方式讨论官渡自然公园的建立，邀请生态专家、环保学者在淡水官渡宫座谈，吸引民众踊跃参与。专家的剖析帮助与会者了解了生态维护的重要性及在官渡设立自然公园的必要性。同年，已经成立"台北动物季热情连线委员会"的台北分会为配合木栅动物园的开园而举办"台北动物季"活动。[②] 青商会作为一个工商团体，对节约能源的提倡也非常卖力，先后推行"节约能源"运动系列活动，[③] "自行车接力活动"等，[④] 吸引大量民众参与。可见，青商会通过自身的影响，将环保、节能等观念引入社会，并在与社会大众的互动过程中，强化这些价值观。随着这些新观念的广泛实践，自然而然地成为社会大众所接受的现代生活方式之一。

三是推广现代"公民意识"。青商会通过举办"好国民运动论文比赛"、交通安全宣传周等，灌输各类现代意识。1970 年，为配合大阪万国博览会期间过境旅客的需要，"中国青商会"台北分会和台北市政府合办"商店礼貌及不二价运动"[⑤]，发起"不二价运动"游行，邀请影星歌星及专业鼓乐队助阵，阵容浩大。为加强店员及商店礼貌，举办 5 天的讲习会，又选拔 30 位"台北市礼貌店员"接受表扬。两项活动受到广泛瞩目，也得到市民的配合，从而促进了台北市市民素质的提升。1972 年，在青商会内部确实推行"守时

[①] 比如，1985 年，青商会举办认识生态环境专题演讲会，会中播放生态环境影片并邀请环保机构负责人为活动背书。同年，青商会生态环境委员会举办记者会，发布"如何维护生态环境"系列报道，并承办"爱护动物写生、漫画、摄影比赛"，吸引比赛者达数万人。"中国青商会". 中国青商史 [M]. 台北：国际青年商会"中华民国"总会，1995：104.

[②] 活动主要内容是在动物园搬迁游行时，在路旁形成手牵手排列的人墙，并以唱歌、欢呼等活动来表达爱动物的心声。该活动由台北市各分会共同举办，活动很快在台北市民中形成高潮，引起广泛参与。参见刘堡. 台湾风物 [M]. 兰州：甘肃人民出版社，1991：32—33.

[③] 1980 年，推行"节约能源"运动，首先于高雄举办各分会能源维护执行人员讲习会，接着各分会分别举办征文比赛、征求标语、专题演讲及展览活动，成效良好，引起社会大众的注意和传播界的共鸣。"中国青商会". 中国青商史 [M]. 台北：国际青年商会"中华民国"总会，1995：90.

[④] 1982 年，为响应"节约能源""健身治国"等政策，并配合世界总会能源维护的主题，由"中国青商会"能源维护委员会主办"自行车接力活动"。"中国青商会". 中国青商史 [M]. 台北：国际青年商会"中华民国"总会，1995：94—95.

[⑤] 时任台北市市长高玉树是青商会创会会员，使得官宣的权威性与组织的灵活性很好地结合。参见李健，苏真. 台港澳大辞典 [M]. 北京：中国广播电视出版社，1992：416.

运动"。1984 年，扩展为"守时、守法、守分"与"爱国、爱家、爱人"为主题的"三守、三爱"运动，并制定奖励办法。此外，青商会对台湾地区走向现代化高度关注，非常重视回应新的社会问题，经常举办"台湾现代化问题探讨"[①]"人生讲座"等，把握时代脉搏，回应社会焦虑，参与者十分踊跃，获得各界好评。[②] 随着现代意识的灌输，青商会促进了协作与信赖范围的拓展，与不断发展的社会分工体系相适应，使转型社会中的相互依赖更加体系化，从而夯实社会有机团结的基础。

四是支持社区营造。青商会一直对社区发展非常关心和支持，经常依托社区开展活动，并以服务社区为活动宗旨。早在 1973 年青商会成立二十周年之际，就集中推出过各种发扬青商精神的社区服务活动，并由此形成服务社区的惯例，[③] 还经常邀请台当局及科研机构报告、讲解社区发展情况。[④] 1978 年，为配合世界总会"改善人类环境"的主题和台当局社区发展"安康计划"，提出建立"青商花城"计划，希望借着设置观光游憩中心，来使贫瘠的乡村发展成繁荣的社区。1983 年，青商会社区发展委员会特别推出"青少年人生讲座"，针对社区不良少年吸烟吸毒的情形，在全省各地巡回举办，聘请对青少年心理有深入研究的专家主讲。随着时代的发展，20 世纪 80 年代后半期，"社区"的理念是青商会内部除了"训练"之外最重要的着眼点，社区活动更加丰富多彩，涉及小区问题辩论、公共设施和服务改进研讨、话剧及演讲等

[①] 1975 年，举办"当前台湾现代化问题的探讨"系列研讨会，针对十大建设后对台湾社会发展做全面的讨论和建议。特别邀请岛内顶级专家易君博、孙震、沈君山、文崇一、杨国枢等分别就"政治、法律的意识形态上的问题""经济成长的问题""科技进步相关问题""都市化等带来的问题"、"现代生活及其适应等问题"，研讨会成果还集结成书分赠各分会。"中国青商会".中国青商史 [M].台北：国际青年商会"中华民国"总会，1995：80.

[②] 1976 年，在全省巡回举办 24 场"人生讲座"，邀请郑心雄博士、薇薇夫人、初正平教授、庄仲仁教授、苏建文教授等讲婚姻问题；邀请黄坚厚博士、郑连德教授、柯永河博士讲情感、青少年心理等问题，由各地分会协办。"中国青商会".中国青商史 [M].台北：国际青年商会"中华民国"总会，1995：82.

[③] 1973 年举办"青商周活动"，在 7 月 15 日至 22 日这一周内由各地分会集中推出服务社区的各种活动，引起大众传媒的集中报道，塑造了青商形象，传播了青商精神，并由此形成各种服务社区的惯例。"中国青商会".中国青商史 [M].台北：国际青年商会"中华民国"总会，1995：76—77.

[④] 比如，1974 年，邀请台北市社会局劳工科科长演讲"台北市社区发展概况"。1980 年，举办"社区发展讲习会"，由东海大学社会学研究所所长江玉龙主讲"社区发展概论"和"调查与分析"。参见"中国青商会".中国青商史 [M].台北：国际青年商会"中华民国"总会，1995：90.

文艺活动、市政义工服务、筹建公园和小区活动中心、跳蚤市场、小区表扬、家庭座谈等活动。[①]每年都有小区因青商会主办的解决小区问题的活动而受益，而从这种身边的活动中，青商会员培养了对社会问题的敏感性并得到小区动态需求及解决问题的知识，青商会也从小区活动中培养出小区领袖。青商会对社区的支持，促进了现代社会最基础单元功能的发挥，使得现代化的生活方式得以有所依托。

二、支持社会水平网络的建设

"中国青商会"作为一个运作型组织，首先是在团体内部充分发挥了互益的功能，然后逐渐具备社会支持性组织的特点，推动社会互惠网络的长期建设与均衡发展。

一是充分发挥组织内部的互益功能。作为一个经济类的联谊性组织，青商会内设经济事务委员会，经常邀请产学人士进行专题讨论，相关议题涉及"改善投资环境"[②]"经济状况评估"[③]"国际贸易"[④]"交通建设"[⑤]"企业经营管

[①] 1977年，讨论人口方面的问题，分区举办家庭计划座谈会。参见俞苡钧. 教育、心理与社会服务 [M]. 台北：中国文化大学出版部，1980：63.

[②] 1960年2月，与《征信新闻报》（后来的《中国时报》）联合举办"如何改善投资环境"座谈会，邀请中外财经专家27余人参加讨论，引起台当局与岛内社会的重视。参见左成慈. 余纪忠办报思想与实践研究：1988—2001[M]. 南京：南京大学出版社，2003：8.

[③] 1960年7月，举办经济研究论文赛，后来多次续办。1973年，邀请国际商银经理周君铨演讲"台湾经济发展状况"。1976年，各分会也都举办经济研究的活动，致力于促进当地的经济繁荣。"中国青商会". 中国青商史 [M]. 台北：国际青年商会"中华民国"总会，1995：56、76、83.

[④] 1974年，连续两周定时定点在台北市举行国贸课程讲习会，涉及国际贸易现况及趋势、外汇管理、公司理财、商业信用、进出口业务、保险及营运绩效、市场调查、税务会计等，共30堂课程，由于切合台湾经济起飞、外贸生意持续红火的大势，参与者十分踊跃。1976年，继续举办"如何提高国际贸易实务知识"座谈会。"中国青商会". 中国青商史 [M]. 台北：国际青年商会"中华民国"总会，1995：78、82.

[⑤] 20世纪70年代初，多次针对台湾东部花莲、台东建设落后的问题，提议台当局建设环岛铁路。"中国青商会". 中国青商史 [M]. 台北：国际青年商会"中华民国"总会，1995：76.

理"①"经济法律实务"②等。青商会也高度重视宣传手段与内容的现代化,通过宣扬青商理念,不断增强内部凝聚力,回应成员诉求,使得青商会会员之间,分会与总会之间,始终维持高频率的联系,维持成员的参与互动热情。③

二是支持新兴社会组织。青商会积极支持台湾社会刚刚勃发出来的新兴力量,大力支持新兴民间组织及活动,尤其是与其理念相近的组织及活动。比如,如今蜚声海内外的云门舞集,在刚刚小有名气、崭露头角之后,就获得青商会的大力资助而迅速发展。由于云门舞集负责人林怀民曾当选青商会评选出的十大杰出青年,和青商会有渊源,同时云门舞集"中国人编舞跳给中国人看"的理念,也符合青商会关心地方的精神。青商会积极与云门舞集接洽,支援云门舞集巡回演出。青商会鹿港分会在鹿港举行"民俗才艺活动",受到岛内民众高度重视,引发社会找寻固有文化之根的狂热,深获各界赞誉,对于后来"鹿港小镇"品牌的确立起到催化的效果。④此外,青商会对"中国比较法学会"、消费者文教基金会等代表台湾社会萌动方向的组织也都有资金和人力支持,在其成立初期都起到强大后援的支持效果。如:1980年,台北市青商会发起消费者保护运动,与后来消费者文教基金会成立密切相关。由此,以会员制为基础的青商会,已经凭借自身强大的实力和影响力成为培育其他新兴社会组织的"枢纽型"或"支持型"的社会组织。

三是推动互惠网络建设。青商会积极与其他类似的支持性组织合作,如:与狮子会等7家单位联合主办"中华儿童石门园游会",邀请70多位国际儿

---

① 1979年,分区举办"企业经营管理"研讨会。其中,北区聘请台塑董事长王永庆主讲"谈经济危机与经营管理",南区聘请声宝、新力公司董事长陈茂榜主讲"谈世界经济演变与经营管理"。参见中国社会科学院台湾研究所.台湾工商名人录[M].北京:时事出版社,1988:129.

② 1979年,为回应许多会友在经营中遇到法律纠纷增多的问题,分区举办"工商业法律常识研讨会",北区聘请知名律师、台北分会会友李伸一谈"经济犯罪与绿卡",南区聘请知名律师、台北分会会友林世华主讲"经济犯罪",让与会人士受益良多。参见季啸风,李文博.台湾经济研究11——台港及海外中文报刊资料专辑 1987[M].北京:书目文献出版社,1987:27.

③ 青商会1970年开始策划推出"青商之声",由台北分会提供资料,委托正声广播公司制作播出,传播效果明显。1978年开始,青商会的大部分活动都举行记者发布会,得到各种传播媒体的报道。同年,会刊恢复为月刊,并每月择一主题探讨。会刊的内容也越来越丰富,除了会务充实外,也增进许多扩充知识、陶冶性情的文章,并得到知名作家管管、曹又方、洛夫等人的文稿,增加电影、美术、音乐等艺术评介。1983年以后,大量编辑出版青商会文献及刊物,梳理、形成青商会的文化体系。1987年,制作"快乐的青商人"专辑,在"中视"夜间播出,以轻松愉快的方式宣扬青商理念。参见乔云霞.中国广播电视史[M].北京:中国广播电视出版社,2007:334—335.

④ "中国青商会".中国青商史[M].台北:国际青年商会"中华民国"总会,1995:89.

童村孤儿参加；与同济会选派优秀农民代表一名，参加菲律宾总会举办的国际杰出农民选拔。1980年，青商会还在"内政部"下辖"社会司"的辅导下，与扶轮社、狮子会等一起，与官方色彩浓厚的"救国团"共同举办全岛性的"野外活动安全"巡回展示活动。在青商会支持下建立的消费者文教基金会等组织发展成熟后，青商会也会与其共同举办活动，形成相互支持的格局。比如，针对20世纪80年代中期出现的油价波动，青商会与消费者文教基金会合办"油价问题面面观"座谈会。可见，作为职业群体的次级组织，很早就具有支持型组织性质的青商会与其他类型次级组织，以及后起的支持型组织，逐渐形成共治参与的发展趋势。

四是推动社会均衡发展。青商会积极投身公益事业，希望通过各种公益活动，让全社会产生公益意识，用公益的思维去生活，以避免冷漠、孤立、无助、逃避等恶性循环环境的产生。自1959年开始，设立各种奖学金成为青商会的经常性公益活动，[①] 常设性的奖学金包括"清寒学生奖学金""富来利友谊奖学金"[②]"徐立兴奖学金"[③]"高智亮先生纪念文化奖学金"[④] 等。针对自然灾害，青商会积极办理赈灾抚恤等活动，[⑤] 除了捐钱捐物，还建房安置灾民，[⑥]

[①] 自1959年开始，发起清寒学生奖学金，赞助岛内8个中学32名学生就学，每人颁发200元奖学金。同年，与日本青商会交换两名留学生并给予4年奖学金。"中国青商会". 中国青商史 [M]. 台北：国际青年商会"中华民国"总会，1995：55.

[②] 1960年，台北青商美国籍富来利会友回美国，行前捐赠一笔基金，设立"富来利友谊奖学金"，捐助伤残、少数民族等子弟，每年奖助3名学生。"中国青商会". 中国青商史 [M]. 台北：国际青年商会"中华民国"总会，1995：57.

[③] 1965年，美国援华公署将其结余员工福利金20余万拨交"中国青商会"作为奖学金。1969年，为因会务牺牲的会友徐立兴的子女设立教育基金，并设立徐立兴奖学金。1973年，"参议员立兴奖学金"开始接受申请，设置5个名额，奖助就读于公立职业专科学校的学生，每名奖学金1000元。"中国青商会". 中国青商史 [M]. 台北：国际青年商会"中华民国"总会，1995：64、69.

[④] 1975年，成立财团法人"高智亮先生纪念文化奖学金"，奖助从事社会服务、金融保险、医疗及艺术等方面研究发展者。参见杨英风，杨英风全集 [M]. 台北：艺术家出版社，1973：摘要.

[⑤] 如1961年参与节食救灾运动，援助三年困难期间受灾的大陆同胞。1964年，援助嘉南大地震的灾民。"中国青商会". 中国青商史 [M]. 台北：国际青年商会"中华民国"总会，1995：58.

[⑥] 1973年针对因台风受灾的玉里地区筹建"青商新村"以安置无家可归的灾民。参见花松村. 台湾乡土续志第1册 [M]. 香港：中一出版社，1999：729、900.

发起献血运动。①此外，还举行贫民义诊及平民义诊、发起蛋白质营养运动、举办各种球赛、音乐会及球类活动，捐建公共饮水台、捐建标准钟、捐助残废孤幼、捐赠书籍给台北监狱、捐赠药品救济箱、设立平民义务诊所、设立义务法律事务所、举办爱心慈善义演晚会等，甚至直接帮助有公益理想的底层青年圆梦，②极大地发挥了青商会的资金优势，推动了底层社会的合作、信任、互惠、和集体福利等良性循环环境的塑造。青商会的积极作为，增强了民众的互助意识，弥补了政府福利及社会服务不到位的功能缺失，客观上减轻了庇护行为的生存空间，减少了社会发生恶性循环的状况。

五是重视社会资本的长期塑造。青商会重视以树立标杆的方式引导社会不同领域的非正式变迁及其变迁方向，开创"十杰青年"的选拔活动。20世纪60年代初的台湾地区各行业均由大陆来台的资深人士掌控，年轻人整体上默默无闻，想要出头往往缺乏机会和平台。在此背景下，"中国青商会"经过周延的策划，冒着巨大的风险，在1963年克服种种阻力及困难，成功举办"十大杰出青年"选拔活动，并将其作为青商会每年例行举办的品牌活动。评审的标准除了年龄限制在20岁以上40岁以下之外，主要看德才两方面，要求所从事的工作对社会具有影响性、改革性或创造性之成就者可以为选拔对象；同时"看重候选人的品德，希望杰出青年不仅是工作和事业上的成功者，同时也是家庭和社会上的模范"。③历届评审委员都由具备社会声望的重要人士担任，如王云五、辜振甫、王惕吾、闫振兴、叶公超、王永庆、孙科、丁维栋、柴松林、李国鼎、陈履安、马英九等享誉一时的社会名流。评审过程中，委员们不接受人情关说，不畏惧压力，在不偏不倚、不卑不亢的原则下评鉴，确保活动的公信力。选拔出来的杰出青年，也确实是社会各界精英，如许倬云、余光中、连战、杨国枢、施振荣、林怀民、伍泽元、郁慕明、李四川、吴敦义等。而当选拔出来的十大杰出青年功成名就时，不少又成为后

---

① 1974年，发起成立"捐血运动协会"，并捐赠捐血车给台北捐血中心。参见李松林. 中国国民党史大辞典[M]. 合肥：安徽人民出版社，1998：96.
② 1977年，为郑丰喜图书馆筹募基金。郑丰喜身残志坚，著有《汪洋中的一条船》一书，曾于1974年当选"十大杰出青年"，去世后，其遗孀吴继钊女士秉持其遗愿，决心建立一间图书馆，由青商会发动各分会劝募，协助其完成心愿。参见郑丰喜. 汪洋中的一条船[M]. 北京：华夏出版社，2000：57.
③ 1968年，成立了专门的"十大杰出青年选拔基金会"。"中国青商会"官网. [EB/OL]. http://www.taiwanjc.org.tw/TOYP/，2019-01-07. 或参见人民网. [EB/OL]. http://tw.people.com.cn/GB/83207/153525/160113/9582030.html，2019-01-07.

来的评审委员，如钱复、沈君山、王甲乙、许水德、林洋港、赵守博等，形成社会与社团的良性循环。此外，青商会还举办了涉及其他行业、领域的优秀人才选拔活动，[①] 使得各领域都能有代表当选杰出青年。[②] 同时，青商会还重视青少年教育对社会发展的基础性作用，大力推行"青少年训练"[③]，提倡少年儿童的全面发展，[④] 重点针对青少年开展"力行领导"培养系列活动等。[⑤] 青商会所建立的对社会精英的评判和培育模式，厚实了台湾社会的人力资本，在很大程度上塑造了台湾社会变迁的方向。

三、推动有序化和理性化参与

"解严"前，"中国青商会"这类社团虽然没有直接碰触政治，但组织内部活泼的氛围、开明的作风、讨论的传统则为新兴力量提供了实践民主的宝

---

① 如：1970 年，台中分会举办"模范警察选拔活动"，获得社会好评。省政府特地出面商请青商会，鼓励各地分会在当地举办相应的选拔活动。"中国青商会". 中国青商史 [M]. 台北：国际青年商会"中华民国"总会，1995：70.

② 还有杰出青年企业家选拔、表扬"无名英雄"清洁队员等，举凡来自教育、司法、文史、电工、航海、音乐、地质、农渔、电机工程，与政治或产业等各界之杰出人才，经过严谨的审查后，分别能在科技及技术研究发展、基层劳教、企业、创业及经济发展、医学研究、社会服务、体育技艺、文化及艺术、公共行政、农渔环保、儿童、性别及人权关怀等各种领域类别中脱颖而出，当选为社会杰出青年。选拔活动至 2017 年共选出各界的杰出青年 500 多位。"中国青商"会官网 .[EB/OL]. http://www.taiwanjc.org.tw/TOYP/ 十杰缘起 .asp，2019-01-07.

③ 1972 年，"中国青商会"积极配合社会各界宣导"家庭计划"。1973 年，在台南举办全岛性的少年、青少年及会友桌球锦标赛，吸引 400 多人参加。1974 年，在高雄举办全岛性的青少年棒球比赛；在台中举办全岛性的青少年桌球比赛；在西螺举办全岛性的软式网球比赛。1977 年，活动在既有基础上，已扩展至硬式网球比赛、保龄球比赛、高尔夫球比赛，并举办"中国青商登山活动"。各分会经常举办提倡青少年正当娱乐的种种活动，如基隆分会的狩猎队，台北分会的飞机模型赛、小型足球锦标赛、科学电影欣赏会，台南分会的桥牌赛、棒球赛、青商歌咏班等。"中国青商会". 中国青商史 [M]. 台北：国际青年商会"中华民国"总会，1995：84.

④ 青商会推出"儿童口腔卫生保健活动"，由各分会举办如健牙儿童选拔、作文比赛、话剧比赛及口腔卫生展示教育等；举办"儿童意外伤害之防护"展示会，展示相关图表及播放录影带；举办幼童及残障儿童运动大会。"中国青商会". 中国青商史 [M]. 台北：国际青年商会"中华民国"总会，1995：97.

⑤ 1971 年，中国青商会邀请各界专家于国宾饭店举行座谈会，并邀请仁爱中学 50 名学生，由大专学生为辅导员，举办"力行领导"课程，获得各界的赞誉。1973 年，选派两名高中生赴美国奥兰多太空中心参加美国青商会举办的世界青年力行领导讲习会。此后，选拔青年学生赴美进行力行领导训练的活动持续举行多年。1985 年，举办"青少年如何接受社会的挑战"座谈会。各分会也逐渐开始大力推行"力行领导"的训练，有的分会连续多年举办，训练对象逐渐扩大到大专院校。"中国青商会". 中国青商史 [M]. 台北：国际青年商会"中华民国"总会，1995：102.

贵资源。"民众通过参与社团的活动，了解民主的基本理念，熟悉民主的基本制度和技术性规则，养成尊重民主的习惯，从而增强了社员的民主能力，起着非正式的民主示范的作用。"①

一是输送大量参与选举政治的人才。青商会极其重视青商人能力的培养，尤其是议事能力的培养。青商会将民主和效率作为内部会议的两大原则，将民主训练作为青商会开展活动的核心理念。1965年开始正式实施的内部会议规则对会员的参会权利义务做了详细规定，尤其是程序性规范非常完备，涉及发言、动议、讨论、修正案、表决、付委、复议、申诉、选举等方方面面，如同立法部门讨论法案般非常详尽。②比如，针对民众训练事宜，总会编印了"会议礼仪规范"，在各分会推广"如何训练新会员"计划。③由于青商会的干部都是靠选举产生，在青商会锻炼后，自然而然地练就了选举必要的技巧，同时培养了民主自由应有的素养。因此，青商会出身的民意代表，在议事殿堂上的表现获得普遍好评，远超一般民意代表。此时，青商会对台湾地区政治发展的贡献主要体现在青商会甄选和输送的大量从政人才，且多是叱咤风云的人物。如，青商会通过"十大杰出青年"活动选拔出来的优秀人才，尤其是青年政治精英，后来大都是政界响当当的人物。④同时，青商会会友出身的政治风云人物也不少。⑤

二是提升普通民众的民主素养。自我标榜民主精神的青商会为"促进地方自治、实现民主政治，执行历届年会公民训练组决议案"，在1964年台湾省第五届县市长选举时，举办"踊跃投票运动"，详订参考办法，请各分会开

---

① 刘培峰.结社自由及其限制[M].北京：社会科学文献出版社，2007：175.

② 参见"中国青商会"会议规范.[EB/OL].http://www.taiwanjc.org.tw/DocuList.asp?Dno=G, 2019-01-17.

③ 1960年，高雄、台南两分会推出"守时运动"，基隆分会采取"行业报告"办法，训练会员演讲写作的能力。"中国青商会".中国青商史[M].台北：国际青年商会"中华民国"总会，1995：56—57.

④ 包括后来成为台湾地区副职领导人、国民党主席的连战、吴敦义，曾任台湾省政府主席、一度被视为蒋经国接班人选的林洋港，官拜"考试院院长"的许水德、"监察院院长"的钱复，成为新党主席的郁慕明，成为新北市副市长的李四川等。

⑤ 如，曾经在1978年获得青商会世界大会颁发的"最优秀分会长"奖的时任青商会台北分会会长苏贞昌，后来苏贞昌做到台湾地区行政部门负责人、民进党主席；后来做到台湾地区领导人的陈水扁，做到台湾地区行政部门负责人、民进党主席的谢长廷，叱咤风云的党外领袖康宁祥，以及前"考试院院长"姚嘉文等绿营大咖也是青商会资深会友。"中国青商会"官网.[EB/OL].http://www.taiwanjc.org.tw/TOYP/历届名录.asp, 2019-01-07.

展活动促成民众在投票日踊跃前往投票。基隆、嘉义、高雄三个分会特别举办比赛，并颁奖给绩优里长，结果甚佳。这是青商会在公职人员选举时，首次开展提高投票率行动，宣传积极投票、正派投票。[①] 奥瑞岗式辩论原本是青商会内部讨论常用的辩论规则，有助于尊重他人言论等民主习惯的养成。青商会后来将这种辩论模式向外推广，如，1984 年在台湾大学举办的第一届青商杯大专院校奥瑞岗式辩论比赛，在青少年中大力推行这种充分体现青商精神的民主辩论方式。青商会还针对 20 世纪 80 年代岛内出现的贿选风气，于 1985 年发起全岛清洁选举签名活动，举行记者招待会，会中倡议民众响应"不买票、不请客、不作异常言论"等"三不运动"，由各分会在全台各地举行。当年县市长选举结果，执政党取得比较好的成绩，从而增强了蒋经国对进一步放开台湾社会管制的信心。

　　三是实现了从培育社会土壤到直接参与政治的转变。"解严"前，青商会对台湾地区政治的参与总体上是间接的，即便有例外，也是以协助的角色出现。不过，青商会对台湾地区政治参与的影响却是非常关键的，除了输送人才外，也在很大程度上培育了民主参与的社会土壤。如，在蒋经国接班前夕，青商会与国民党中央党部合作，促成了《大学》杂志的创办。被评为青商会"十大杰出青年"的杨国枢成为《大学》杂志的主编，协调不同立场不同背景的杂志社成员，创造了"戒严"时期言论尺度大开的青年论政之风。再如，1973 年任"中国青商会总会长"、1978 年成为青商会出身的首个"立法委员"的林联辉，其青商经历奠定了其从政基础。林联辉早年加入青商会是由同为律师的朋友介绍，加入之初的目的纯粹为多认识朋友。入会后，在青商会的训练体系下，林联辉历任台南分会主委、秘书长、副会长、会长乃至"总会副会长"。此时，林联辉以为自己的青商生涯该告一段落了，却又担任各区会联谊会主席及第二十届"总会"法制顾问，有机会到各分会去演讲，解说青商章程，使青商会友能够直接地认识他，奠定了其次年竞选"总会会长"的基础。1973 年，林联辉以第一高票打破台北分会连任三届"总会长"的传

---

① 本次选举也是《自由中国》杂志社筹组中国民主党遭遇国民党打压后首次县市长选举。选举结果，一度沉寂的在野力量取得部分席次，曾参与组党的高玉树与叶廷珪分别取得台北市和台南市执政权。中国民主社会党、中国青年党分别取得基隆市、台东县的执政权。其中，高玉树是青商会资深会员，青商会的踊跃投票运动客观上起到一定程度的助选效果。"中国青商会"．中国青商史 [M]．台北：国际青年商会"中华民国"总会，1995：63．

统。林出身台南,需要在周五晚上搭乘夜车北上,周六日负责青商会各种开会,周日晚上再搭车返回台南开庭。在如此紧凑的生活中,林学会了有效的时间管理,并且大量接触服务不同人群。林在会长任内,在经费短缺的背景下"无中生有,以活动养活动",推广了"青商周"活动,将青商会服务社区的功能充分发挥出来。林卸任后,以法律专长在台南成立贫民法律服务中心,召集20多位年轻律师一同为台南的贫民提供免费法律服务。林的经历及举动被时任"高等法院"台南分院院长的洪寿南看中,于1978年推荐林加入国民党,经党部提名后顺利当选青商会首位"立法委员"。林联辉的个人奋斗史也影响到后来者,曾在1987年任"青商会总会会长"、后来做到民进党台南市副市长的蔡文斌就是其中一员。蔡出身台南贫寒之家,以优异成绩通过律师考试,成为最年轻的律师。执业同时,加入林联辉的贫民法律服务中心,在林联辉的鼓励下加入青商会,并一路成长为"青商会总会长"。蔡文斌称:"台湾地区青商运动蓬勃发展的地方,也就是民主运动特别发达的地方。"[①]1987年6月初,适逢"解严"前夕,在时任会长蔡文斌的主导下,青商会成立"青商国会议员联谊会",由具有青商会会员身份的现任或曾任"立法院""监察院"及"国民大会"三大民意机构代表组成,会员31人,由林联辉出任首任"青商国会议员联谊会"会长。这标志着青商会正式以集体力量直接参与台湾地区议会政治。

可见,青商会首先是通过内部训练,培育了新兴力量的民主素养,并通过举办活动影响普通民众以及青商会员的政治参与,提供了社会民主示范,进一步提升了社会有序参与和理性参与的能力。在不断夯实主动参与的社会土壤之后,青商会也实现了组织化的民主参与。

综上,以"中国青商会"为代表的工商团体充分发挥了自身功能性团结的作用。而当时类似青商会的组织还有狮子会、扶轮社等许多家。[②]大量工商业组织的发展,客观上增强了人们的横向联系,让人们传统保守的观念、行为模式不断更新,可谓润物细无声。这些次级组织在发挥自身功能性作用的

---

① 蔡文斌于1998年到中国政法大学攻读法学博士学位,2001年毕业。2005年出任"3·19枪击案真相调查特别委员会委员",因此被民进党开除党籍,目前为无党籍。"中国青商会".中国青商史[M].台北:国际青年商会"中华民国"总会,1995:163.

② 依据"主计总处"的统计,从1956年到1986年,台湾地区的商业组织数量由13万家增长到60多万家,增加约4.6倍。"主计总处"."中华民国"统计年鉴[J]台北:官方出版物,1988:492.

同时，不断引领社会接受新的集体意识、生活方式，形成具有相互支持功能的社会横向网络，不断夯实公共参与的社会土壤，帮助台湾社会逐渐实现再组织化。

小　结

台湾地区市场经济的持续高速发展，改变了台湾社会的结构，带来了工业化、城市化与多元化。工业化产生市场、扩张市场，促进城市化，城市化产生聚集效果，为工业化提供阵地，并放大市场促进商业化，商业化细分市场、繁荣市场与城市，与城市化一起催生多元化。多元化从市场化与城市化中吸取养分，并重塑城市、市场与商业秩序。

"春江水暖鸭先知"，台湾地区的工商团体直接从工业化、城市化、多元化的市场进程中受益，在这样的关系影响下崛起，最快实现自身的组织化。从工业开始发展的20世纪60年代开始，作为机械团结的一分子，最早实现自身的组织化，并展现出异质性因素，呈现出自主性发展的迹象；至20世纪70年代中期进入工业化社会以后，工业团体自主性发展趋势全面加速，开始朝功能性团结方向发展；进入20世纪80年代，随着商业化程度加深，工商团体不断更新自身的组织模式，丰富发展了代议制等民主实践的内容和形式，并成为有机团结进一步发展的资源提供者与支持者，持续推动全社会的再组织化。可见，台湾地区工商团体的组织化发展，与台湾地区工业化进程密切相关。

工商团体作为新的力量最先获得自身的合法化，最早实践成员参与公共生活的有序化和理性化。回顾台湾地区工商团体的崛起过程可以发现，新兴力量的组织化、合法化与参与有序化、理性化经历了很长的过程，对社会民情的影响恰恰是在这个过程中完成。

台湾社会民情的发展则对应着新兴工商团体的发展进程，经历了"统治精英的民主化训练，平民精英的民主化训练，平民的民主化动员"三个阶段。具体而言，新兴工商团体对民情的塑造，促进社会的再组织化的过程，包含了三条发展的线索：一是"边缘到中心"，即新兴工商团体在社会发展中的地位逐渐由体制边缘过渡到社会中心；二是"非正式到正式"，即新兴工商团体组织内部的运作方式、规则及组织资源，逐渐由原来处于法律边缘的非正式社会承认，演变到主流社会接受乃至学习模仿的正式社会制度；三是"机械团结向有机团结"，即新兴工商团体由原来机械团结的一分子，逐渐发挥出功能性整合的社会效果，从而推动社会整合方式由机械团结向有机团结的大转变。

综上，新兴工商团体因工业化而生，由体制边缘而起，最早作为机械团结社会中无足轻重的异质性因子而存在。由于新兴工商团体兼具合法性与开放性特征，能够随着经济社会的发展不断吸取能量，而发挥出功能性团结的作用。随着独立性与重要性不断增强，新兴工商团体取得组织地位与新的社会功能的合法性，也赋予新兴社会阶层身份的合法性，更促使新的民情观念的合法化。由此，新兴工商团体得以不断塑造社会新的集体意识、行为方式，逐渐成为社会互惠网络建设的支撑性力量，[①] 推动公共参与的有序化与理性化发展，克服社会的碎片化与个人的原子化问题，促进社会实现再组织化。

---

① 网络关系不仅是一种静态关系，更包括互惠合作、资源共享、发挥专长、互利互惠等动态性特征。余逊达，赵永茂. 参与式地方治理研究 [M]. 杭州：浙江大学出版社，2009：18.

第三章 台湾地区公共领域的形成

经济发展使得社会出现多元共生的发展格局，使得社会有了力量，这种多元的力量由经济发展而生，也因经济组织的发展而维系，在很大程度上形成了新的社会整合方式。但是，多元的力量也意味着多元的利益格局，多元化的需求和主张，这种多元化的力量既可以是建设性的，也意味着冲突与不可控制的可能。由此，本章需要探讨的主题是，如何避免多元力量带来新的社会冲突，而形成有理有序的共生格局。基于首章理论分析，趋向于冲突还是对话的"民情"是隐藏在社会组织内部，本章在考察台湾社会公共参与的体制、机制是否形成时，着眼点仍然是社会组织。通过观察典型的社会组织是否内在地形成了公共参与的习惯，是否恰当地处理了、适应了与体制、机制的关系，来呈现台湾地区渐入多元化社会下的"民情"变化。

第一节 公共性的形成

由经济组织推动的社会整合，克服了社会的碎片化和原子化问题，开启了社会的再组织化进程，塑造了社会相对于政治控制的独立空间。但这种社会空间主要来自经济力量的发展，经济组织主导的社会整合还不足以摆脱经济本身的束缚。随着社会再组织化进程不断拓展，新的以公共利益为诉求的公共团体开始出现。这类公共团体成立后，逐渐脱离经济组织的支持，而依靠公共诉求本身获得独立的地位。虽然"解严"前社会力量总体上仍然受到极大压抑，但随着公共团体的出现，社会不只开始独立于政治，也逐渐摆脱经济的束缚，开始与政治权力、经济权力乃至教会权力同时分离。在这类公共团体内部，为了实现组织目标，确保自身独立的地位，在团体内部养成了公共生活的习惯，从而为公共团体所代表的多元社会力量进一步寻求外部对话、理性参与奠定基础。

一、公共团体的产生

社会结构的变迁促成了社会组织的发展，而公共团体的产生则代表着社会变迁到一定程度，是社会力量的自主性展现。

（一）"社会力量"的萌动

台湾社会的多元化及社会力量的整合并不是一蹴而就的，台湾社会转型初期，整个社会仍然是自上而下严密控制的垂直体系。工业化之前台湾地区的社会组织主要由当局扶持、掌控，如"农复会"；或者由美国移植而来，如"四健会"；或者是结合官方力量由民间推动，如"台湾文化协进会"。这些少量的社会组织通常与国民党当局的关系密切，要么直接受西方总部的监督，要么与美国的专家和组织有很好的联系，如"台湾地区四健协会、计划生育协会"都是在美国的帮助下建立起来的。[①] 这类协会这类组织虽然也起到一定整合社会的功能，但有的社会自发性参与有限，如"四健会"，"战后'四健会'的发展并不尽如人意，会员人数一直无法突破的事实，说明'四健会'在深入农村基层社会方面并不成功"[②]。有的则因为政治情势变更而无法维持，如"台湾文化协进会"，光复初期虽然在官方与民间合力推动下，举办系列讲演会、讲座、研讨会、展览、演出等文艺活动，出版《台湾文化》等刊物，推动文化的民主化和大众化，但受到"二二八事件"冲击后，"民主的台湾新文化"已为时势所不容，导致"台湾文化协进会"名存实亡。[③]

[①] "四健协会"积极参与农村教育和建设项目，并与计划生育协会一起成为台湾计划生育的先驱。通过直接吸引农村地区的妇女，这两个民间组织成功地让基层参与避孕方案。在不到五年的时间里，60多万妇女接受了避孕植入物。计划生育方案的成功无疑在执行人口和保健政策方面发挥了重要作用。Ngo, Tak-Wing, and Yi-Chi Chen., "The Genesis of Responsible Government under Authoritarian Conditions: Taiwan during Martial Law." [J]. *China Review*, 2008（8：2）：p.39.

[②] 程朝云.农复会与战后台湾四健会的设立与发展 [A].张海鹏，李细珠.台湾历史研究（第一辑）[C].北京：社会科学文献出版社，2013：264.

[③] 何卓恩.光复初期"台湾文化协进会"宗旨与始末初探 [A].张海鹏，李细珠.台湾历史研究（第二辑）[C].北京：社会科学文献出版社，2014：243.

随着工业社会的发展，传统社会纽带在市场经济的冲击下不断松弛，传统的社会道德无法约束强大的工业力量，新兴的工商团体也无法克服自身利益的局限，产生系列严重的社会问题，破坏社会基本的信任。对于这种广泛存在的社会问题，无论是行政部门还是早期精英组织所能提供的社会支持都显得局促无力。社会内部亟须关注公共问题的独立社会团体。但是，在国民党当局对社会组织，尤其是非营利组织的严格管控下，非经济领域的社会组织化程度长期维持在较低水平，组织数量总体有限。①

虽然"社会力"严重受到压抑，公共团体数量严重不足，但经济发展需要代表多元力量，需要关心公共议题的内生动力却在不断增强。在新兴工商团体支持下成立，具有精英色彩的草根组织开始成立，体现出强烈的道德关怀，在中产阶级中引发广泛共鸣，并进而通过新兴媒体传播方式扩大在全社会的影响，不断成长壮大，成为具有社会公信力的支持组织。这类草根组织在确立自己的道德追求后，不再依赖工商团体的资助，而是直接依靠社会的力量成长壮大，在确立自己公信力的同时，提供社会道德资源，不但遏制了机会主义的泛滥，而且迅速成为其他草根组织的后援中心。台湾社会在经历了1947年到1962年的"政治力挂帅"，以及1963年到1978年的"经济力当道"以后，终于在1979年到1989年这十年中，出现了"社会力反扑"②。

（二）专业团体复制工商团体的组织经验——以"中国比较法学会"的产生为例

在工商团体的影响下，法学等专业领域的新一代公共知识分子首先主动完成组织化行动。以"中国比较法学会"的成立为例，"中国比较法学会"的产生与合法化过程，基本上复制了"中国青商会"的组织经验。

一是精英在体制边缘的集结。"中国比较法学会"由构想到"无名的法律研讨会"再到登记成立乃至会员吸纳，其体制外集结的过程中处处彰显精英

---

① 根据行政系统下辖的"内政部"1988年的"各级人民团体调查报告"，台湾地区各级人民团体，包括学术教育文化、体育医疗卫生、社会福利救济、国际交流合作、宗亲同乡校友等加总起来只有8916个，若扣除职业团体，仅剩下6187个，不足经济组织的1%。"内政部". 各级人民团体调查报告[R]. 台北：官方出版物，1989：4.

② 在萧新煌看来，"政治挂帅"和"经济挂帅"曾经是台湾社会出现的专断力量，"社会力"的展现是对这两种力量过分膨胀与滥用的抗议与制约。参见纪骏杰、萧新煌. 台湾全志卷九·社会志·环境与社会篇[M]. 台北："国史馆"台湾文献馆，2006：62.

色彩。1965年起，战后第一批留学的法律人陆续返台。以在西方国家所学习到的自由、民主、法治观念及人权思想作为理想，满怀雄心要改变台湾地区法治不彰的社会现实。当时留学返台的青年律师陈继盛与志同道合的成员13人组织了"青年律师会"，并参选台北律师公会理事，结果在21席里选上11席、候补2席。由于当时律师公会开会均须获得台北市政府同意，"青年律师会"虽然人数占优仍无法主导律师公会的运作。[①]因此，这些有热情有理想的年轻法律人聚集在陈继盛的律师事务所举办"法学研究座谈会"，以强化理念共识与学问基础，成员包括陈继盛、施启扬、翁岳生等。该座谈会每月聚餐一次，作为横跨律师界与学术界的年轻法律人之间进行法律研讨的场合，固定成员约50人左右。这个无名的研讨会持续进行，在社会被密切监控的年代里，这样高频的聚会持续两三年后就被台当局所关切，"没有登记的团体，不宜如此密集地聚会"。因此，有成员主张办理登记，经大家同意后，着手进行成立法学会的登记手续。而这个"无名的法律研讨会"实际上是"中国比较法学会"的前身。[②]一开始，这批法律人以"中国法学会"名义申请登记社团，以期容纳不同专门领域的法律人为主要目的。当时设立社团，行政上是"内政部"主管社团登记，但决定权在国民党中央党部。在中央党部任职的成员传达信息认为，"中国法学会"名称已经被使用，不会核准，当局希望主动撤回申请。但大多数人仍然认为可更名维持登记手续，因此更名为"中国比较法学会"，虽然名称不同，但无碍法学会的实际运作，因此以"中国比较法学会"名称努力争取设立。此间，与中央党部较有联系的成员做了相当的努力，并做出保证不惹事的承诺，才使得中央党部点头，准许"内政部"许可设立。[③]1970年底，"中国比较法学会"正式成立，选举时任台大法律系主任王泽鉴为负责人，姚嘉文律师出任总干事。该会成立后，维持严格的入会条件，"学会主旨在确实能做些事，且每一分子都确实负责，而非一包罗万象之团体"，以"纯正的法律人"为会员实质条件，除了要求法律专业知识外，更看重富有正义感，具有奉献社会的胸怀，求质不求量，以保持会员纯度。[④]年

[①] 王泰升、曾文亮.台湾法学会四十年史[M].台北：社团法人台湾法学会，2011：21.
[②] 王泰升、曾文亮.台湾法学会四十年史[M].台北：社团法人台湾法学会，2011：2.
[③] 王泰升、曾文亮.台湾法学会四十年史[M].台北：社团法人台湾法学会，2011：2—3.
[④] 参见郭吉仁、谢长廷.台北法律服务中心——过去、现在、未来[J]."中国比较法学会"学报，1980（12）：1—8.

轻、高学历、非国民党籍主导学会成为"中国比较法学会"的鲜明特色。[①]可见，与青商会成立经验相似的地方是，这些精英都是拥有不同于传统主流价值观的人。而与青商会成立经验不同的地方是，青商会早期精英是主动选择在体制边缘维系自己的价值观，而"中国比较法学会"的精英恰恰是因为体制开放程度不足，被排除在体制核心之外，不得不在体制边缘寻求突破。

二是以专业性保障独立性。"中国比较法学会"以专业性和理想性，以及实实在在的会务开展作为与已经存在的律师公会的区分，以吸引不同领域的法学人才入会。为了确保学会的正常运转，"中国比较法学会"非常强调学会不涉入政治的立场，一方面积极配合官方开展活动，另一方面则允许会员个人从事政治活动，但一旦从事政治活动则被要求退出会务，以维系自身的相对独立性。正是因为这些会员愿意牺牲奉献，才充分确保法学会的相对独立性，让法学会能够随着时代的进步而逐渐走进舞台中心。

三是成员构成发生量变到质变。"中国比较法学会"从创会以后，由于法学学科较高的门槛，会员人数增长并不明显，整个20世纪70年代增加170人，整个80年代也只增加190人，会员总数从100多人增加到200多人，再到400多人。不同于"中国青商会"后来向平民化路线转型，"中国比较法学会"始终保持着典型的专业精英组织构成。但即便如此，随着新兴力量在体制边缘大量集结，仍然发生量变到质变的改变。因为，新入会的会员逐渐以律师最多，远远超过教授、司法行政官员及学生等群体，而律师的实务性是最强的，善于发现问题也懂得运用规则实际解决问题，且具备经济能力，使得会务开展在学术讨论之外多了一些实务活动。

（三）在工商团体支持下由社会内生的团体——以"消费者文教基金会"的成立为例

20世纪80年代以前成立的公共团体，很多都复制了工商团体的组织经验。20世纪80年代以后成立的公共团体，很多也在工商团体直接支持下成立，但社会内生需求的动力则是其得以成立的根本原因。回顾消费者文教基

[①] 全部106名创会会员中，年龄在25—39岁之间的人共计95人，平均年龄33.3岁，基本上是在20世纪30年代出生，50年代接受法学教育，在60年代进入社会工作的战后第一代法律人；其中，硕士研究生学历以上者占7成，仅有35%为国民党籍。王泰升、曾文亮.台湾法学会四十年史[M].台北：社团法人台湾法学会，2011：27—34.

金会的成立过程，也是看似不经意却水到渠成的事情。

首先，市场繁荣带来消费升级，消费升级伴随着消费者权益保护问题日益严重，这是消费者文教基金会成立的社会背景。随着台湾地区人均收入水平的提高，[1] 形成大众消费取向的社会形态。[2] 具体而言，一是能源消费比重提高明显；[3] 二是讲究生活方便与舒适的现代化设备迅速增加；[4] 三是文化传播及娱乐消费量的增加；[5] 随着工薪阶层的扩大，消费群体不断增加；随着技术的提高和生活方式的便利，消费品日益多样化，既提供了更多的就业岗位，也反过来刺激消费群体扩张消费，使消费者从基本的生存消费提升到商品消费及服务消费的阶段。

随之而来的是消费者权益保护问题层出不穷，面临如何选择消费品、如何及时获取正确恰当的资讯、权益受损时如何保护、消费者如何在社会乃至

---

[1] 个人所得方面。1961年，台湾人平均GDP是5666元（新台币，下同）；1971年，增至16407元；1980年，增至75625元；1981年，已达82770元。个人消费支出方面，也逐年明显提高，1961年，4113元；1971年，9520元；1980年，41797元；1981年，50396元。参见萧新煌. 要钱更要人——台湾消费者运动的回顾与展望 [M]. 台北：久大文化股份有限公司，1987：299.

[2] 平均每人消费支出占平均所得的比例维持在55%左右。所得的提高带来消费能力量的提高，也表现在质的提高上。依据"主计处"的统计，1961年到1981年的20年间，食品饮料及烟草消费比例下降，而家庭设备、医疗保健、交通通讯、娱乐文化的消费支出比例不断上升。参见萧新煌. 要钱更要人——台湾消费者运动的回顾与展望 [M]. 台北：久大文化股份有限公司，1987：299.

[3] 1961年，平均每人能源消费量是391.3公升；1971年，几乎翻倍，至754公升；1981年，几乎再次翻倍，增至1519.2公升。更为直接而敏感的指标是平均每人每月用电量（仅家庭用电），1961年，为4.03度；1971年，增至15.37度；1981年，达35.78度，20年间增长787%，充分反映家电产品设备的增加，以及家庭照明水准的提高。参见萧新煌. 要钱更要人——台湾消费者运动的回顾与展望 [M]. 台北：久大文化股份有限公司，1987：299—230.

[4] 每百户拥有的电视机数量，从1971年的55.9台增至1980年的101.9台，其中每百户拥有的彩电数量，则从1976年的23.5台增至1981年的77.9台。每百户拥有的冰箱数量，从1976年的74.2台增至1981年的93.9台。每百户拥有的空调数量，从1976年的3.6台，增至1981年的16.4台；每百户拥有的洗衣机数量从1976年的38.6台，增至1981年的68.9台。每百户拥有的钢琴数量从1976年的2台，增至1981年的5.2台。每百户拥有的自用汽车从1971年的0.22台，增至1980年的2.01台。每百户拥有的摩托车从1971年的5.52台，增至1980年的22.27台。参见萧新煌. 要钱更要人——台湾消费者运动的回顾与展望 [M]. 台北：久大文化股份有限公司，1987：230.

[5] 每人消费纸张从1971年的1427张增至1980年的5284张。每人观影剧次数由1971年的10.5次增至1980年的13次。每百户报纸份数由1971年的23.35份增至1980年的58.85份。每千人电话机具数量由1971年的33.19台增至1980年189.47台。参见萧新煌，1987. 要钱更要人——台湾消费者运动的回顾与展望 [M]. 台北：久大文化股份有限公司：230.

政治生活中有发言代表等等问题。[①]20世纪70年代初期，主要的问题是消费能力面临通货膨胀侵蚀。1973年，台湾地区的消费者权益保护问题首次成为社会关注焦点。由于世界性的能源危机，台湾社会也面临通货膨胀严重的问题，纸缺货、米涨价等基本生活消费用品出现问题让整个社会的消费能力大打折扣。此时，消费品的安全问题虽然也不时出现，但见诸报端者并不多，舆论的焦点主要是老百姓的钱袋子是否够用。20世纪70年代末期开始，消费者权益问题聚焦在接连发生的消费品安全问题上。最著名的是1979年接连发生的"多氯联苯（PCBs）毒油事件"[②]以及"假酒事件"[③]。事件造成生命、健康、财产损害等极其严重的后果，但受害的消费者却皆面临无法律可适用、无对象可求偿的弱势窘境，让消费品安全问题成为消费者权益保护的首要问题。

其次，"消费者运动"是消费者文教基金会成立的直接动力。毒油假酒事件的接连发生，引发广泛的关注，使得台湾社会的消费者权益保护运动受

[①] 用当时一位60岁大妈的一段话来反映这种直观的感受："以前也不那么常买东西，现在时代进步了，大家比较有钱了，好像每天一睁眼就要去买这个买那个，……方便倒是方便了，可是总觉得花了钱还要受气，又不晓得买的、用的、看的、吃的那些东西是不是没问题，有没有人告诉我，去问谁呢？有的东西明明是坏的、不好的，头两次碰到了，我还会去说，但过后说也没用，生的气、花的时间都不划算……以前卖东西的人大部分都知道是谁，他们也不敢乱来，现在那么多大超市、大工厂、大公司，一下子就用几百个店员，一个也不认识，他们只顾推销、收钱，别的好像什么也不管，你要问他还会瞪你……可是路边摊更有毛病……警察只顾赶掉摊贩，有时连买东西的人都会被警察一道赶，连花钱都会犯法"。参见萧新煌. 要钱更要人——台湾消费者运动的回顾与展望 [M]. 台北：久大文化股份有限公司，1987.41—42.

[②] 1979年夏季，台湾省彰化县鹿港、福兴、秀水、埔盐等乡镇附近的居民突然罹患前所未见的皮肤病，病症有眼皮肿、手脚指甲发黑、身上有黑色皮疹，造成近2000人中毒，53人死亡。据调查，患者中毒归因于日常食用的米糠油，这是1968年日本米糠油事件时隔11年后的悲剧重演，被称为"多氯联苯(PCBs)毒油事件"（又称"米糠油事件"）。事件肇因于彰化县溪湖镇一家名为"彰化油脂企业公司"的食用油厂在生产米糠油时，使用了日本的多氯联苯(PCBs)来对米糠油进行脱色和脱味。由于管理不善、管道渗漏，使PCBs渗入米糠油中，并受热后生成了多氯代二苯并呋喃(PCDFs)和其他氯化物，从而导致食用者中毒甚至死亡。中毒者因免疫系统受损，造成贫血、生氯痤疮等后遗症；CBs甚至能够融入细胞DNA中，从女性胎盘、哺乳传给下一代，生出肤色黑、智能低落、畸形的"可乐儿"。过了30多年，许多患者的氯痤疮仍存在，甚至挤得出脓包，有患者更因被配偶嫌弃被迫离婚，生存状态甚至不如艾滋病患者。参见赵丽妍. 米糠油中毒30年生活差过艾滋患者 [EB/OL].http://www.chinatimes.com/cn/realtimenews/20150109002384—260405, 2016-01-10. 或参见"台湾油症事件"，人民网.[EB/OL]. http://env.people.com.cn/GB/178688/187566/11403115.html, 2016-01-10.

[③] 1979年年末，台湾接着发生"假酒事件"，假酒以官方专卖商标公然上市，误饮假酒导致许多民众双目失明甚至死亡。

到公众重视，学者专家以报纸杂志不断的批评反思台湾地区的消费环境及消费者权益保护问题，形成一股"自下而上"的社会风潮。根据雷倩、郑又平的统计，1971年至1977年的台湾地区报纸新闻，几乎没有"消费者"标题的存在，涉及消费者问题的文章也寥寥可数。但是自1979年至1980年爆发"多氯联苯中毒事件"等重大食品安全问题以来，岛内报界对类似问题的态度有了明显转变。一是文章数量上剧增。1978年到1979年，涉及食品安全、药品安全的报道仅37则，而1979年到1980年，受"多氯联苯中毒事件"刺激，报道达198则。二是有明显"消费者意识"的标题大量出现，如"维护消费大众权益""争取消费者受害赔偿""为消费者做主""推广消费者教育"等，台湾地区的消费者保护由此成为一个合法的新闻范畴。[①]三是媒体报道的态度逐渐深入。总体上，不同媒体的报道态度是不同的。"多氯联苯中毒事件"爆发初期（1979年至1980年），"中央日报"和《中国时报》《联合报》《民生报》等主要报纸中，"中央日报"采取最为被动的态度，《联合报》次之，《中国时报》则积极对"多氯联苯中毒事件"新闻进行发掘、炒热，《民生报》则关注消费者运动本身，涉及消费者教育、立法、诉讼、组织等层面，公开呼吁"扶持消费者文教基金会的正常发展"。随着"多氯联苯中毒事件"的持续发酵，1980年到1981年关于消费者议题的报道已经较1970年至1980年期间的报道整体深入化，从最初的叙事笔调到中立报道，再到以消费者利益为主的笔调，除阐明情况外，并开始对事件有所批评，《中国时报》《联合报》《民生报》甚至出现大量社论、专栏与方块文章，专题讨论消费者问题，其中又以《民生报》对唤起消费者意识、推动消费者运动最为积极，不似其他三家只以本身报业的记者进行采访报道，还尝试加入学者专家的意见，以深入浅出的语言呈现到读者视野中。[②]20世纪80年代以后，包括"中央日报"在内，对消费者权益保护也由叙事升华到提出建议意见，《中国时报》等也开始大量刊发专家学者的意见，整个舆论氛围不断向有利于消费

---

① 郑又平，雷倩．台湾的报纸怎么看"消费者运动"[A]．萧新煌，郑又平，雷倩．台湾的消费者运动理论与实际[C]．台北：时报文化出版事业有限公司，1982：162—168．

② 雷倩、郑又平根据国外的一些研究，将媒体对消费者问题的呈现方式分为5类，其一保持不介入，但有限度地顺应社会潮流；其二视同一般新闻处理；其三以事件的新闻价值高低，做个案处理；其四有所谓的"消费者"记者，积极参与运动的发展；其五是以消费者问题为采编重点。郑又平，雷倩．台湾的报纸怎么看"消费者运动"[A]．萧新煌，郑又平，雷倩．台湾的消费者运动理论与实际[C]．台北：时报文化出版事业有限公司，1982：162—165．

者权益保护的方向发展。

最后，青商会的支持起到临门一脚的作用。20世纪70年代的台湾社会，虽然经济发展带动社会多元化转型，但当时中产阶级尚在形成之中，社会结构还不够多元，消费者权益问题并未及时催生组织化行动。当时已经存在的消费者保护组织有两家，包括1968年就已经成立的"'中华民国'消费者协会"与1973年成立的"台北市国民消费协会"，两者都是社会统合性质的组织。无论是僵化的"'中华民国'消费者协会"还是成立不久的"台北市国民消费协会"，均因其定位模糊，缺乏社会运动性格，组织也有缺陷，在两起危机事件中毫无作为，在普通消费者心中毫无公信力可言，岛内社会开始出现成立新的切实保护消费者的组织的呼声。

1980年5月11日台湾地区的母亲节当天，台北市"国际青商会"发起"保护消费者运动"。它的初衷只是像该会之前曾经发起过的"不干杯运动"一样，作为一种即兴的活动，只是做做宣传引起社会重视，但部分与会者，主要是以青商会负责人为班底加上鼓吹消费者运动的专家们，在召开了包括消费者、专家学者、官方、厂商、新闻界等五个方面代表参加的座谈会后，筹划设立一个长期推动消费者保护运动的团体。消费者文教基金会成立时，虽然也有反对的力量，但不敢明目张胆地阻挠，即便有的公权力机构不愿意支持，也不敢公开反对，因为消费者权益保护毕竟是"对"的事情。[1]1980年11月1日，消费者文教基金会正式成立。当时一群青商会友、学者专家及社会热心人士，感于消费者的弱势有加以保护的必要，遂由青商会捐助10万元，三商行翁肇喜先生认捐100万元，借用李伸一律师的办公室，以一人、一桌、一部电话开始推展消费者保护工作，并推选柴松林教授担任消基会第一届董事长。[2]以推广消费者教育、增进消费者地位、保障消费者权益为设立宗旨。[3]可见，社会失范孕育解决实际问题的强烈需求，而传统意义上的消费

---

[1] 萧新煌. 要钱更要人——台湾消费者运动的回顾与展望[M]. 台北：久大文化股份有限公司，1987：66.
[2] 财团法人消费者文教基金会官方网站[EB/OL].http://www.consumers.org.tw/contents/text?id=11, 2016-01-11. 或参见《在台湾买到假货找谁投诉》.[EB/OL].http://www.tao2tao.com/payment/179/878285, 2016-01-11.
[3] 财团法人消费者文教基金会官方网站[EB/OL].http://www.consumers.org.tw/contents/text?id=11, 2016-01-11. 或参见《在台湾买到假货找谁投诉》.[EB/OL].http://www.tao2tao.com/payment/179/878285, 2016-01-11.

者权益保护组织丧失保护功能,最终促使新的消费者文教基金会得以顺势成立。

虽然消费者文教基金会一开始是源自青商会的捐款支持而成立,但很快转型为只依赖普通民众支持来维系非营利的生存方式。消费者文教基金会成立之初,即确立非政治性与非营利性的定位,不接受企业广告,维持运作除了有部分社会捐款外,主要依赖其自主发行的《消费者报导》维持收支平衡。成立之初,当发行量达到1万份时,基本可以维持《消费者报导》的运作;当发行量达到3万份的时候,则确保长期送化验检验的成本开支也能保证。基金会的日常运作,除了曹氏基金会等社会团体捐资外,主要来自普通民众的大力支持。许多订阅杂志的人同时会附上赞助基金,或者以订阅十年甚至终身订阅的方式表示支持,这些人大都是不富裕的普通人,有退伍军人、女工,甚至特种行业的女子,也有学校师生,还有很多家庭主妇主动到基金会做义工,表示虽然没有闲钱捐赠,但可以抽空做点事情。①

综上,对比台湾地区"中国比较法学会"与消费者文教基金会所代表的两类团体的成立经验可以发现,20世纪70年代的台湾社会,社会自主力量受政治体制控制的程度较深,只有经济力量率先突围取得独立于政治权力的地位,社会力量以依附的方式存在,公共团体以专业团体的形式存在,且依循工商团体的合法化路径求得生存。而到了20世纪80年代的台湾社会,政治体制对于社会力量的压制已明显减少,但社会力量又同时受到新兴的经济权力的影响乃至压迫,社会力量却已经展现出双向突围的能力,公共团体虽然仍需要工商团体的部分支持,但其正当性已经来源于社会本身的需求,而无须过多地依附政治权力与经济权力。

二、公共生活的习惯养成

如果说企业结社体现了"经济自由",公民结社则是"公民意识"和"公民资格"的培育所,两者分别以不同的方式创造社会的繁荣与进步。② 公民结社产生的公共团体培养了成员合作和团结的习惯,培养了参与者的合作技巧

---

① 陈忠义.稳健的再出发[A].萧新煌,郑又平,雷倩.台湾的消费者运动理论与实际[C].台北:时报文化出版事业有限公司,1982:433—434.
② 顾忠华.公民结社的结构变迁——以台湾非营利组织的发展为例[J].台湾社会研究季刊,1999(36):123—145.

和在集体行动中共同分担责任的意识，孕育着新的民情，为对外理性参与奠定基础。

（一）专业团体的民主风气——以"中国比较法学会"的日常运作为例

"中国比较法学会"建会之初，在管理层面舍去了看起来更加民主的"常务理事轮值制"，而采用了看似集权的"理事长制"，这样做的目的主要是考虑安全性。[①]事实上，"中国比较法学会"内部组织形式是"学者领导，律师做事"，后来随着时代的发展逐渐变成"学者与律师轮流掌舵、共同扶持"[②]。当时紧跟体制的另一法学会——台北律师公会，却采用的是常务理事轮值制。但"中国比较法学会"内部却形成了民主机制，主要是透过日常活动来实现的，最典型的是"啤酒会联谊活动"与"定期午餐会"。啤酒联谊会每年春秋两季皆在陈林法学文教基金会举行，每次均有百余人流水式的参与。在微醺半醉中高谈阔论，养成自由言论的风范，也增进不少情谊。到后期，成为会员与驻外人士及在野人士交流的场所，使会员熟知岛内外情势。[③]定期的午餐会是以台北平民法律服务中心志愿律师为主干，在每个月第一个礼拜的星期一中午举行而得名"周一午餐会"。后来改为周三举办，并归入法学会的"法律实务研讨委员会"运作，更名为"周三午餐会"，成为热心会员的集会场合，一方面交换法律知识，也关心岛内社情民意，成员相互勉励，不仅有会员友谊，更具兄弟情谊。这个定期餐会持续举行并不断有新人加入，成为法学会弘扬法治的主要推动力量，也深入其他社团，或另创社团带动台湾地区的社会改革运动，甚至带动台湾地区的政治改革。[④]

---

① 因为在第一届法学会的干部名单中有将近一半是外省族群会员，但经过不到3届的改选，外省族群干部比例已经剩下不到2成，与成员省籍构成比例趋近，在当时政治氛围下，如此多本省籍青年法律人才聚集在一起自然特别引人注意，因此需要吕光这样的德高望重的外省人教授来发挥"保护伞"的作用。参见穆中杰.上海市法学会历史变迁研究[M].上海：上海人民出版社，2011：203.

② 王泰升、曾文亮.台湾法学会四十年史[M].台北：社团法人台湾法学会，2011：233.

③ 王泰升、曾文亮.台湾法学会四十年史[M].台北：社团法人台湾法学会，2011：3.

④ 王泰升、曾文亮.台湾法学会四十年史[M].台北：社团法人台湾法学会，2011：4.

（二）知识分子追求社会改良的理想性——以"消费者文教基金会"的创始人为例

消费者文教基金会基本上是由一群知识分子组成，具有较高的理想性。消费者文教基金会董事长柴松林积极奔走于政、学、媒界之间，在消费者文教基金会刚刚崭露头角的时候还屡屡受到外界压力与行政打压，本人及家人的人身安全均被恐吓过，遭遇过许多谣言攻击，尤其是多封匿名信的举报，但始终以极大的耐心和牺牲精神从事消费者权益保护运动。在名气享誉岛内被推荐走仕途时，表达了"人生成功的道路有很多种，不一定非得从政"的淡泊名利态度，这种领导者的人格特质对消费者文教基金会的独立运作、持续运作和有效运作是非常宝贵的。消费者文教基金会董事萧新煌1979年从美国纽约州州立大学社会学博士毕业后返台，由于屡屡亲身感受到台湾地区消费者权益易遭损害的事实，[①]在报纸杂志上多次呼吁重视消费者权益保护，提出许多保护消费者权益的建议，[②]并强调消费者权益保护的所有建议中最重要的是建立持续独立运作的消费者权益保护组织。以柴松林、萧新煌为代表的

[①] 萧新煌举例，在商店要买20元的牛肉干，店员的脸色就不好看，但改口买一斤，店员就很高兴；遇到收过桥费时，需要自己保留票根以备查验，相当于把管理者的责任转嫁到消费者身上；到区公所办换领身份证被多次要求补足材料，往返多次，迁移户口时又因前一处工作人员的涂改问题被后一处办事人员视为伪造文书。

[②] 萧新煌提出的建议包括：一是消费者必须认清自己权益所在，并了解到生产者的利益跟自己是相对的；二是消费者必须具备看透生产者为提高利润所使用的种种手段，包括广告等；三是消费者必须感受到生产者往往是采取联合阵线来应付消费者，消费者要反击也只能联合起来。四是组织的方式问题，组织的方式之一是透过政治手段，促使当局正视消费者保护问题，并透过立法落实；组织的方式之二是建立客观正确的"生产消费信息平台"，这种信息是生产者不愿意提供的，需要当局出面加以支持；组织的方式之三是最基本的，需要有一个固定的持续存在的消费者组织，这个组织不能掺杂企业家的利益分子，平时它是消费者取得正确消费知识的来源（包括购物品质、价格及信用），有消费者问题产生时，它便应该成为一个消费者的发言人、辩护人，甚至是出面保护的消费者的"法人"，受理检举案件，跟业者或行政单位沟通，如果需要诉讼，这个组织应该有法律顾问代为出庭；组织的方式之四是透过消费者组织的社会教育功能，向企业的劳工及其工会进行游说联络，让工人了解到他们的利益不跟消费者相冲突。参见萧新煌. 要钱更要人——台湾消费者运动的回顾与展望[M]. 台北：久大文化股份有限公司，1987：12—14.

知识分子具备公共团体如何运作的理论基础,[①] 又坚持改良主义的立场,保持相对务实、坚韧的作风,具备社会动员能力,确保成立之后的消费者文教基金会不为财力与困难所阻挠,确保消费者文教基金会的定位及运作能够坚持以消费者权益保护为宗旨。柴松林等人的为人处世方式,尤其是其坚持理念的同时,妥善应对与官方、厂商、媒体关系的做法,对消费者文教基金会其他成员产生正面的示范作用,培养了大家的社会责任意识与公共参与的能力。

(三)传统精英的文化传承——以"董氏基金会"的创立为例

愿意站出来面对各类新兴社会问题并做出解决实际问题行动的往往不是行政体制或主流精英,也不是刚刚形成、仍然忙于日常生活的普通中产或中小企业家,即便是到了社会资源已经非常丰富的20世纪80年代,承担开社会风气之先历史任务的往往仍然是那些已经功成名就、有钱有闲的精英人物。尤其是某些精英不再单纯将事业上的功成名就作为人生追求目标,董氏基金会的创办人严道先生就非常典型。严道1921年生于上海富贵之家,但其父母自奉简朴,不许子女奢靡浪费,常诫子女勤俭,甚至过年都以"闷声才能大发财"为由,舍不得买串鞭炮放。但是,严家却有乐善好施的传统。严道曾回忆,父亲严庆祥公虽然要家人节衣缩食,却十分乐于帮助周遭贫困的人:"父亲施米、捐钱、盖学堂、提供工作机会……对能尽力助人的事,一点都不吝啬,也不藏私。"严道受父亲的善心义行影响,自小热心公益,亦以儒家"严以律己,宽以待人"的处世准则约束自己。在严道就读东吴大学法律系一年级时,正值抗战初期的"八一三淞沪战役"后,大批难民涌进上海,过着饥饿挨冻的生活,年仅16岁的严道先生目睹此景,恻隐之心油然而生,便带领学校的基督教团契成员发起"一碗饭运动"——每人每天省吃一碗饭,将省下的饭钱捐给难民买粮食。这项突发的小小善举,竟然风行草偃,影响所及,全上海市大学生同步响应,上海各界也都热烈参与。最后,因为得到的善款实在多到学生无法自行处理,只好转交教育部门统筹发放。后来,严道

---

① 柴松林发表过《新经济社会消费者运动应努力的方向》一文,全面地提出如何保护消费者的建议,具体面向包括:保护消费者安全、保护消费者能够得到足够而必需的信息、提高消费者地位、简化消费者诉讼制度、限制垄断操作、积极推广消费者教育、强调资源维护与节约、应付消费者事务的突发和紧急情况、抑制通货膨胀的特别处理、建立新的经济伦理等。参见柴松林.新经济社会消费者运动[A].萧新煌,郑又平,雷倩.台湾的消费者运动理论与实际[C].台北:时报文化出版事业有限公司,1982:514—521.

在巴西经营面粉厂创业有成,也坚持做公益。一次获悉当地一位老太太打算募款盖一座能够收容一百多个孩子的孤儿院,严道先生慨然应允负担一半兴建孤儿院的费用。20 世纪 50 年代,严道赴台安家定居。此后,只是在台默默地"闷声发大财",并不时发发善举。由于自小抽烟,48 岁前每天抽烟两包,到了 50 岁已引发肺气管阻塞。虽然终于下定决心戒烟,但仍然在 52 岁那年切除了受烟伤害的右肺大叶。自此,严道先生深刻体认吸烟的害处,已经萌生了推动戒烟运动的想法。[①]但由想法变成实际行动仍需要等到十多年后的各种机缘巧合。20 世纪 80 年代初,严道在自己的商业方面已经不再有过多的追求,而推动戒烟的想法在退休后越来越迫切。时值香港富商董之英先生因遭遇商场上的诈骗,而找到严道请求帮忙。[②]帮助董氏解决了商业纠纷问题后,严道乘机说服董氏捐赠 1 亿台币,于 1984 年正式成立了董氏基金会,确立烟害防制的工作方向,倡导预防重于治疗的观念。基金会成立后,董之英便全权交给严道来经营。由于董氏在两年后过世,而严道则持续推动戒烟 18 年,因此,严道基本上奠定了董氏基金会的运营基础。严道既有做公益的习惯,更积淀了丰富的公益技巧和经验,使得其能够把董氏基金会的力量最大化,引导社会改变到处吸烟的风气。

综上,公共参与是基于自由意志和理性判断进行的实践活动,超越个人利益,产生对社会的公共关怀,在参与中确证自我、成就自我、超越自我,与其他人分享参与,是公共生活习惯得以养成的前提。考察台湾地区公共性的孕育条件可以发现,无论是新兴的专业组织,还是独立的知识分子,抑或传统的文化精英,都可以成为公共生活习惯得以养成的引导力量。

三、公共话语的形成

公共团体的产生提供了组织内部成员间相互分享交流学习的空间,公共生活的习惯首先是在组织内部追求组织目标的过程中不断实践养成的。当公

---

① 董氏基金会官网.[EB/OL]. https://www.e-quit.org/CustomPage/HtmlEditorPage.aspx?MId=863, 2018-04-07.

② 因为严道 1944 年完成东吴大学法律系的学业后便到美国印第安纳大学攻读法学博士,毕业以后回到香港,随后移民至巴西经商。因经商致富的他,在这段时间认识了同样出身上海因为躲避战争来到香港经营益丰塘瓷厂的董之英。董氏基金会官网.[EB/OL].https://www.e—quit.org/CustomPage/HtmlEditorPage.aspx?MId=863, 2018-04-07.

共生活的习惯植入到日常生活中，理性参与就有了社会基础。[①] 当这种超越私人生活的习惯以组织的力量开始渗透到组织外部的社会公共生活中，就逐渐形成主导性的公共意见，开始形成新的公共话语，从而提升民众的权利保护意识，更新人们的日常生活观念。

（一）权利观念的养成——以消费者文教基金会推广消保观念为例

虽然公共团体的创立者拥有公共生活的习惯，在公共团体内部培育出成员的公共素养，但要实现公共团体的目的，仍需要以组织的力量去传播公共团体的理念，需要让普通人意识到自己拥有权利，而且可以有现实途径实现权利。消费者文教基金会要实现保护消费者权益的目的，唤起民众保护自身权益的意识就非常重要。[②] 消费者文教基金会为唤起民众主动保护自身消费权益的观念，采取了以下方式：

一是发行专门的消费杂志。早在消费者文教基金会成立之前，岛内已经有不少的消费杂志。最早发行的是1974年8月创刊的《消费时代》，由于是远东集团的关系企业，该刊资本雄厚，但内容着重于厂商介绍，未打入大众消费市场，以赠送企业员工及厂商为主。1978年7月创刊的《消费者革新》则是昙花一现，虽然是独立刊物，但财力不足，加上办刊水准不稳定，在零售市场销量不佳，陷入难以为继的窘境。1979年10月创刊的《消费天地》则关注消费者权益法律保障与表达，有专门的法律团队解释消费者保护的法律问题，自诩为"专业杂志"，不过由于社务报道过多，除去消费者感兴趣的部分法律问题，可读性不强，导致其影响力不足。1980年8月创刊的《中华商品杂志》也是独立刊物，以"评介商品、保护消费"为宗旨，且可读性较强，但以发展连锁的营利事业维持生存，且所提供资讯不充分，保护消费者也缺乏具体做法。1981年1月创刊的《消费人》水准颇高，美工编排及资

---

① "他们差不多总是把公共生活的习惯带回到私人生活中去。在他们那里，陪审制度的思想，在学生的游戏当中就有所反映；而代议制的方法，甚至被用去组织宴会。" [法] 托克维尔. 论美国的民主 [M]. 董果良译. 北京：商务印书馆，2013：388.

② 用律师的话来讲，当时的消费保护问题就是，"消费者本身未觉醒，买东西吃了亏抱怨一下就算了；另一方面如果消费者想采取行动请求赔偿时，经常是投诉无门，打官司则所费不菲，提行政诉讼则程序烦琐，找现有的消费者组织帮忙，这些团体不是人力有限，就是有名无实，消费者如果经常在这些看似小事上面受委屈，久而久之，就会愤懑转移到对整个社会和政府的不满……"参见萧新煌. 要钱更要人——台湾消费者运动的回顾与展望 [M]. 台北：久大文化股份有限公司，1987：42.

讯都不错，但是为维系生存，价格十分昂贵，几乎是岛内最贵的杂志，反而限制其拓展影响力。[①] 消费者文教基金会成立后，即于 1981 年 5 月 15 日自主发行《消费者报导》，虽然文字相对生硬、版面也较为朴素，但由于定位为消费者权益保护，每期均对当时关系消费者权益的热门新闻有及时回应，提供化妆品、日用品等产品的检验报告，接受消费者的申诉，发表研究报告等，满足了普通消费者的需求和期望，仅仅 3 个月内，订户就已超过 1 万份，成长速度惊人，每天新增 600 多订户，成为最为社会大众所赞助支持的消费者杂志。[②] 总体上，20 世纪 70 年代以来，尤其是 70 年代末期消费者权益保护成为社会焦点以后，消费杂志开始崭露头角，但绝大部分或者囿于财力所限，或者未能站在消费者立场，或者缺乏具体做法与关切，影响力均受到限制。《消费者报导》则以锐意进取的新形象，妥善地解决这些问题才得以脱颖而出，占据消费杂志的龙头地位。

二是重视消费者教育工作。"权利意识首先体现为社会成员对自我利益的肯定，并提出相应要求的主张，也包括对他人这种主张的社会评价。"[③] 消费者文教基金会成立后，就将推广消费者教育作为主要的日常工作之一。在成立第二年开始就到台北市以外的区域举办座谈会，议题广泛，涉及"医药问题、果菜供应问题、清洁剂问题、儿童食品玩具的安全问题、青少年滥用药物问题、消费者权益保护法律的拟定问题等"。由于消费者文教基金会的积极行动，建立了多种多样的"消费者教室"，接受消费者的意见反映，对于民生必需品、食品、饮料、药物做抽样检验报告，透过大众传媒特别是电视对于该会系列性活动做现场报道，快速地把保护消费者的意识带进了老百姓的家中，使得家庭主妇开始关注消费者文教基金会的报道，什么品牌的化妆品不能用，什么牌子的洗衣粉质量好，都成了日常生活的话题。[④] "虾米事件"中，消费者文教基金会公布的检验报告迅速在消费者群体中产生集体"不购买"

[①] 彭怀真. 觉醒中的消费杂志 [A]. 萧新煌，郑又平，雷倩. 台湾的消费者运动理论与实际 [C]. 台北：时报文化出版事业有限公司，1982：147—152.

[②] 彭怀真. 觉醒中的消费杂志 [A]. 萧新煌，郑又平，雷倩. 台湾的消费者运动理论与实际 [C]. 台北：时报文化出版事业有限公司，1982：153—154.

[③] 夏勇. 走向权利的时代——中国公民权利发展研究 [M]. 北京：社会科学文献出版社，2007：34.

[④] 姚光祖. 消费者文教基金会所面临的挑战——保护消费者运动不容阻挠 [A]. 萧新煌，郑又平，雷倩. 台湾的消费者运动理论与实际 [C]. 台北：时报文化出版事业有限公司，1982.423—324.

的消极抵制行动，也反映出消费者文教基金会的公信力与传播力。即便是后来在消费者文教基金会已享誉海内外之后，推广消费者权益保护的教育工作仍然是消费者文教基金会的主要任务之一，仍然不遗余力地推广"消费者权益保护观念进校园活动"，不仅做掌握"立法"权力的"立委"们的工作，更重视从娃娃抓起，由校园内的消费者权益保护教育出发，植入消费者权益保护观念的种子。

三是直接协助消费者维权。"救济是权利的实现方式，救济意识是权利意识的重要组成部分。"[①] 消费者文教基金会不仅做宏观的推广工作，也做大量微观的具体事情，让消费者感受到自己能够实现自身权益。具体做法包括：消费者文教基金会接受大量举报消保问题的电话，接受书面或亲自到会等形式的消费申诉；积极介入房屋预售纠纷、计程车不合理价格、超龄服役飞机等各种消费问题；提供检验服务和揭发不良产品，主动检验家庭常用的商品超过百种以上，涉及热水瓶、化妆品、纸尿布、汽水、水果、药品、水产品等各种民生用品，并透过出版的《消费者报导》公布检验评价结果，提供消费者购买参考。

在消费者文教基金会的努力下，消费者权益保护观念很快大为改善。根据"研考会""主计总处""中国人权协会"和萧新煌、徐联恩等机构及个人分别在1982年到1983年间所做的五份关于消费者权益保护的问题调查显示，一般消费者已经相当程度地意识到消费权益保护问题的存在，并且在埋怨厂商之外，将批评指向当局，希望当局在保护消费者权益问题上做更多的工作；一般民众相当程度地认为保护消费者需要敢负责任的民间消费者组织，并对消费者文教基金会这类组织寄予厚望，对台湾地区消费者保护的前景颇为乐观，认为会有进一步的发展；不过，消费者个人在自我保护方面，仍有三分之一的人比较消极，会"自认倒霉"，有40%的人会自力救济要求退货或更换，还有超过10%的人会诉诸消费者文教基金会或"卫生署消费者服务中心"。

（二）生活观念的重塑——以董氏基金会改变吸烟风气为例

公共团体内部的习惯要变成社会的公共习惯，除了新的权利观念的养成，

---

① 梁成意. 中国公民基本权利[M]. 北京：中国政法大学出版社，2016：51.

还有生活观念的更新，公共团体的理想性目标才能实现。董氏基金会以"戒烟"为目标，创始人兼具理想性与实务经验，但基金会成立之初，面临的却是社会浓厚的"吸烟"风气。为此，董氏基金会努力从更新人们的生活观念入手。

一是推广"拒吸二手烟"运动。董氏基金会刚刚成立的那个年代，餐厅、办公室、飞机上都可以吸烟，甚至在南北通勤五小时的客运车内吸烟也很正常，一旦向吸烟者客气低声说，"抱歉！这是个密闭空间，麻烦您下车再吸烟"，除了会遭一顿白眼，被激动飙骂也不足为奇。对此，董氏基金会以"礼貌、行动、权利"为口号，唤醒不吸烟者"有权利拒吸二手烟"的意识。推动拒烟运动的董氏基金会及其成员被部分人士视为偏激，冷嘲热讽或电话威胁是家常便饭。作为董氏基金会董事长的严道就因劝诫公园老人不要吸烟，被老人边骂边吐痰在脸上；而因为"挡人财路"，被讥为"法西斯主义"①。即便如此，董氏基金会的主动作为仍然唤醒了很多人的权利意识，社会上敢于要求拒吸二手烟的声音越来越大；也更新了很多吸烟者的观念，不让别人被动吸烟成为许多吸烟者的选择。

二是大胆创新戒烟的宣传手法。为改变社会风气，董氏基金会在宣传上着力甚深。严道找到当时家喻户晓的影星孙越，希望孙越站出来宣导戒烟活动。孙越也同样是烟草受害者，两人一拍即合。由于孙越演过一部名为《二手货》的电影，严道就让孙越成为董氏基金会推行戒烟活动的形象大使，开展"人人有权拒吸二手烟"的活动。后来，顶着金马奖得主光环的孙越宣布"只见公益、不见孙越"，成为董氏基金会终身义工，带动影视明星介入台湾地区烟害防制的风潮。1985年，董氏基金会创办《大家健康》杂志，并在广播节目、公交上大做宣传。董氏基金会还让年轻摇滚歌手薛岳临终前的《如果还有明天与尊重生命》公益广告，成为电视台可免费播放的首例。严道还鼓励戒烟的模特儿陈淑丽站出来，并促使曾经担任"烟酒公卖局局长"的吴伯雄"反正"，与孙越共同担任基金会的三位"终身义工"，成为台湾地区戒烟行动的最佳代言人！当年吴伯雄在台北市市长任内因为一张和市议员吸烟的照片，就被基金会创办人严道盯上，写了一封文情并茂的信劝他戒烟，从此他就与董氏结下不解之缘，戒烟后追随孙越、陈淑丽的脚步，也加入董氏

---

① 董氏基金会官网.[EB/OL].https://www.e—quit.org/CustomPage/HtmlEditorPage.aspx?MId=863, 2018-04-07.

终身义工的行列，他还自嘲这是对他以前卖烟的惩罚。由孙越、陈淑丽带头加入，先后数十名演艺界明星助阵，不分世代地投入烟害防治志工行列。[①] 利用明星的光环效应，戒烟的正当性在整个社会迅速传播发酵。

三是成立"拒烟联盟"。1984年董氏基金会成立后，立即邀集台湾地区医界、学界及环保人士共同参与，收集及翻译岛内外相关吸烟危害防治资料。随着董氏基金会戒烟活动的广泛开展，触动了既有的烟草行业利益格局，遭遇到的阻力更加强大。比如：董氏基金会因阻止"烟酒公卖局"为青少年所开发的红色心形果香口味的烟品上市，遭到"公卖局"工会的威胁，甚至集体到基金会抗议。而当时烟害防治的压力不仅来自岛内的利益团体，而且来自美国烟商的胁迫。20世纪80年代中期以后，美国鉴于持续扩大的贸易赤字，以301法案为由大肆强行东亚地区开放市场，迫使台湾地区开放洋烟进口。1987年，美国继要求台湾地区开放洋烟进口后，又要求台当局开放烟品广告及促销。此时，董氏基金会结合妇幼及环保等21个民间团体成立"拒烟联盟"，在"美台烟酒谈判"期间持续在台北、台中、台南及高雄等主要城市进行"抗议输出癌症和死亡""勿让中美友谊'烟'消云散"的拒烟签名抗议行动。其间，董氏基金会还邀请"西部牛仔之死"烟害纪录片的制作人、《烟幕》一书作者彼得·泰勒赴台宣传禁烟。经过此次抗击美帝的运动后，董氏基金会声名大噪。此后，董氏基金会更是发起成立"亚太地区拒烟协会（APACT）"，[②] 共同抵御跨国烟草公司的掠夺，还受泰国政府邀请，帮助泰国抵御美国压力，[③] 终使美国放弃以开放烟品广告为贸易谈

[①] 以志工身份加入的演艺界明星有：薛岳、李明依、李志希、李志奇、周子寒、王中平、林志颖、伊能静、黄平洋、潘美辰、朱德庸、王伟忠、郝劭文、黄韵玲、关之琳、庾澄庆、陶晶莹、赵自强、张惠妹、周渝民、成龙、李玟、蔡岳勋、于小惠（旧艺名虞小卉）、蔡依林、S.H.E、宋达民、洪百榕、宋逸民、陈维龄、李璀、周杰伦、林依晨、许豪恩、赵舜、昆凌、萧敬腾等。参见王伟海. 大众医学 2008 年合订本上 [M]. 上海：上海科学技术出版社，2009：45.

[②] 1989 年，严道扮演推手，自掏腰包二百多万新台币，邀请日本、韩国等其他亚洲地区的反烟运动领袖，以及美国麻州烟害防制室主任康诺利齐聚台北，成立"亚太地区拒烟协会（APACT）"。姜垣. 控烟政策——成功与挫折 [M]. 北京：中国协和医科大学出版社，2005：148.

[③] 20 世纪 80 年代末到 90 年代初期，继日、韩及台湾地区之后，泰国也遭受美国动用 301 法案逼迫开放烟品进口，泰国向 APACT 求助。为协助泰国对抗美国，严道联合香港地区、美国等地的知名反烟领袖，帮助泰国与美方周旋，同时协助泰国前往美国出席听证会。严道并以 APACT 主席身份，亲自录了一卷演讲录音带在美国国会播放，向美方抗议，结果成功让泰国不致因恐遭美国 301 法案被迫开放烟品市场及烟品广告。姜垣. 控烟政策——成功与挫折 [M]. 北京：中国协和医科大学出版社，2005：149—151.

判的筹码。[1]

在新的时代背景下,董氏基金会站到提倡防治烟害的前线,事实上是唤醒以及迎合了日益重视自身健康的普通老百姓的需要。董氏基金会创新宣传的手法,类似于明星代言、深夜广播等,早已将基金会的公益形象及理念宣传到城市的各个角落,逐渐形成了防治烟害乃至戒烟这一新的公共议题。尤其是,董氏基金会充分利用了台美关于开放烟酒进口的谈判契机,带头发起迎合岛内普通百姓、符合本土烟企利益、契合官方需要的大规模反对洋烟进口的倡议运动,在岛内乃至在东亚地区较早地形成了防治烟害及戒烟的民众运动,催生了巨大的道德优势与动员基础,产生新的社会公共领域。

第二节 体制的变迁

体制本质上是一种组织形式,是制度的表现形式,是制度与现实世界的连接点和结合点,既要符合制度设计,体现制度精神,又必须着眼社会实际,根据现实状况把制度细化为具体可操作的规则。当体制既符合制度要求,又符合社会实际的时候就能够有效发挥制度的作用;当体制存在缺陷,或者没有随着客观形势的变化而发生改变,制度就无法有效发挥作用。[2] 台湾地区随着社会力逐渐摆脱政治力、经济力的束缚,大量公共团体得以产生。随之而来的是出现新的公共生活的习惯,使得公共理性乃至公共话语得以形成,社会的自转能力提升,多元化的社会力量与诉求对既有的体制提出挑战,既有体制的越位、失位问题凸显。台湾地区的威权体制在社会力的推动下,开始由硬性威权体制向软性威权体制转变,不断吸纳新的社会力量,接受新的社会诉求,借鉴并运用公共团体的组织资源。社团的理念和技术性规则成为模仿对象。[3] 在转变过程中,体制逐渐从全能到有限,从管理到服务,从单中心

---

[1] 董氏基金会强大的社会动员能力,让台当局如获至宝。严道受到时任行政部门负责人郝伯村接见。"卫生署署长"张博雅多次致电严道,共同协作对抗美国烟商压力。于美国三大报刊登《抗议美国输出癌症与死亡》广告。历经6年十多次的陈情与抗议,最终于1992年迫使美国放弃。参见覃慧. 权力与权利之间:台湾地区烟害防制法制经验与启示 [J]. 台湾研究集刊,2005(1):78—88.

[2] 张婧. 制度、体制和机制之间的区别与联系 [J]. 世界华商经济年鉴,2010 理论版(6):68.

[3] 刘培峰. 结社自由及其限制 [M]. 北京:社会科学文献出版社,2007:175.

到多中心，从人治走向法治。

一、弥补公权力的失位——以法律援助的推广为例

威权体制奠基于单一的社会结构，随着社会的多元化发展，层出不穷的社会问题让威权体制的运作逐渐失灵。而公共团体作为新兴社会力量的代表，在实现公共任务的过程中，已经有意无意地发挥了原来是公权力承担的社会功能。随着这种功能的重要性日益凸显，威权体制开始借鉴、吸收新兴公共团体的做法，或将其上升为正式的制度，或借其激活既有的制度，使得威权体制在柔性化的过程中焕发生命力。

台湾地区早在1954年就颁布了"台湾省各律师公会办理平民法律扶助事项督导办法"，将法律扶助的功能赋予各大律师公会，由律师公会监督律师执行。而当时律师公会的主要功能是政治性的，是负责统合律师界。而律师行业作为一个收费很高的精英行业，市场化的程度较高，传统律师公会的律师大都不愿意主动提供平民法律援助。据台湾地区1971年出版的第70期《法律服务目讯》统计，"台湾各地律师公会所承办的律师法律扶助案件，与每年各地法院所承办的案件数量相对照，这些法律扶助案件所占的比例实在是太少了，且绝大部分律师公会的法律扶助工作多流于形式，其法律扶助的成果距离理想甚远"。[①] 也就是说，在台湾地区威权统治尚且严密的时期，边缘弱势群体寻求最后救济机会的权力是得不到有效保障的。

随着法律界新兴公共团体"中国比较法学会"的出现，这一局面开始发生转变。"中国比较法学会"率先以其专业素养及人道主义关怀，给这些群体提供了帮助，在实践、传播司法程序正义的同时，极大地减轻了庇护政治的强度。1972年10月，"中国比较法学会"受亚洲协会资助，派遣姚嘉文赴美见习美国平民法律服务。次年，姚嘉文返台后即与赖浩敏、林义雄等人筹办"台北法律服务中心"。1973年11月1日，"台北法律服务中心"正式成立，标榜"将公平正义和法律保护带给平民"。成立之初，大部分经费依靠亚洲协会资助，少部分由会员捐赠。但亚洲协会的捐赠有3年期限也有附加条件，因此中心的独立运作最后还是依靠会员出力，并采用志愿服务的方式支撑。除1名专任律师之外，主要由志愿律师轮值承担法律服务工作，并吸收了大

---

① 石毅主编.中外律师制度综观[M].北京：群众出版社，2000：145.

量的志愿学生参与。①台北法律服务中心除了日常的工作外,也以有奖问答的方式,到各地庙口集市办理民众法律教育的演讲会,从而使志愿律师锻炼了在公众面前演讲的能力,②使志愿律师获得了不同于一般律师的本事,即强化了他们法律语言生活化表达沟通的能力、与普通老百姓打交道的能力。由于台北法律服务中心的开创性做法获得了很好的社会反响,也受到台当局的表彰。本来该承担法律扶助功能的各地律师公会有意借鉴其经验,而"中国比较法学会"也有意扩大服务范围,尝试在台中、台南设立法律服务中心。在当地律师公会的组织下,"中国比较法学会"以"技术输出"的方式推广了台北法律服务中心的模式,让更多的人获得了平等使用法院的机会,为后来台当局以公权力做后盾推动法律援助奠定了社会基础。③1980年,台当局修订"台湾省各律师公会办理平民法律扶助事项督导办法",大量借鉴了"中国比较法学会"提供平民法律援助方面的经验,包括:要求各地律师公会悬挂"平民法律扶助办事处"木牌、"免费办理法律扶助事项"木牌并张贴公告,以促平民注意;设置平民法律扶助信箱,并须对平民口头提出的法律问题当场回答等。④可见,在"中国比较法学会"这类新兴公共团体的示范下,促成台当局意识到既有体制的失灵问题,针对法律扶助等制度重新设计,以弥补公权力的失位。

二、激活体制的功能——以消费者运动的推展为例

台湾地区的威权体制并非总是处于应对社会问题失位的状况,由于体制内有大量精英的存在,威权体制甚至早于社会问题的集中爆发而提出前瞻性的政策倡议。只不过,在社会条件不具备的情况下,体制内精英即便很早认识到问题,甚至运用体制的力量展开行动,有时候也很难有效解决问题。消费者运动的推展就是典型的例子。

---

① 志愿学生通过参与服务累积了实务经验,且与志愿律师之间建立了稳固的师徒关系,奠定了"中国比较法学会"日后稳定传承的基础。由于强调奉献精神,台北法律服务中心的口碑很好,却也引来他人妒忌,而遭到"包揽诉讼嫌疑"的检举,一度遭到检调机关调查、讯问。最终,以无事结案。王泰升、曾文亮.台湾法学会四十年史[M].台北:社团法人台湾法学会,2011:82—84.

② 王泰升、曾文亮.台湾法学会四十年史[M].台北:社团法人台湾法学会,2011:3.

③ 参见郭吉仁、谢长廷.台北法律服务中心——过去、现在、未来[J]."中国比较法学会"学报,1980(12):1—8.

④ 尤英夫.中外律师制度[M].台北:"中央文物供应社",1985:188—189.

1973 年，在台湾地区刚刚进入工业社会后，时任行政系统下辖经济部门负责人孙运璿就在当年 10 月 17 日出版的《中华日报》上发表《推广优良商品与保护消费者运动》一文，鼓励消费者运动。孙运璿的倡议一度引发社会集中讨论，大量媒体报道予以正面回应，还促成"台北市国民消费协会"成立。① 由于是公权力机构发起，体制内也有一些行动。台当局行政部门"研究发展考核委员会"委托当时台大三位教授组成专案小组，分别就"行政、立法、司法"三方面研究保护消费者的问题。最终，在 1979 年的国民党四中"全会"上明确保护消费者的方针。不过，政治人物"自上而下"的一时鼓动并未在社会中真正带动起消费者运动风潮。随着通货膨胀成为常态，经济形势与就业问题仍是民众最关心的问题，一年多之后，就没有人谈及消费者运动，整个 1976 年至 1978 年间，涉及消费者权益保护的文章寥寥难寻。②1979 年接连发生重大食品安全问题时，台当局正陷入内外交困之际，无暇顾及。而"台北市国民消费协会"虽然宗旨崇高，惜因限于人力和财力，所发挥的作用并不大，未能受到一般消费者的普遍重视。③20 世纪 80 年代后，台当局对民生的关注焦点仍主要放在经济增长而非消费者权益方面。出现这一局面的原因是，消费者群体虽然庞大，但与工商领域相比，利益不集中，组织也散漫，消费者的角色往往被其他角色所掩盖，无法对当局决策和执行机构形成足够压力，也缺乏自己的传播资讯网络、没有代表自身利益的民意代表，所以消费者利益诉求通常就微弱且不稳定。④ 由此，即便台当局主观上意识到有责任、也有心去保护一般消费者，但客观上多元的妥协政治结构却限制着台当局的作为，台当局会因为没有"客观形势"，而不能促成其保护消费者的伦理和责任。⑤ 在此背景下，消费者文教基金会作为较早出现的中产阶级社会改良团体，其顺应社会发展潮流，凭借一群知识分子的制度化运作，无论在人、财、物的资源动员上，还是在与当局、厂商的利益折冲之中，均展

---

① 姜殿铭.当代台湾大事典[M].太原：山西教育出版社，1995：169.
② 萧新煌.要钱更要人——台湾消费者运动的回顾与展望[M].台北：久大文化股份有限公司，1987：21.
③ 魏大业.台湾企业管理文选[M].北京：时事出版社，1981：34.
④ 萧新煌.要钱更要人——台湾消费者运动的回顾与展望[M].台北：久大文化股份有限公司，1987：102—103.
⑤ 萧新煌.要钱更要人——台湾消费者运动的回顾与展望[M].台北：久大文化股份有限公司，1987：136.

现出智慧与有效的方法与经验，包括消费者教育、举办座谈会、记者说明会、与官员及企业家面对面对话，充分运用法律手段及媒体宣传施压不肖厂商等，强化消费者权益保护运动自身的合法性，凝聚消费者群体的向心力。[1]消费者文教基金会的成立和发展成熟，在很大程度上汇聚了普通消费者的声音，成功推动了消费者运动的快速发展，使得当局可以借着消费者团体产生的压力，平衡来自厂商的压力。台当局内部保护消费者权益的体制、政策，才开始被真正激活，进而逐渐发挥体制意义上的实质保护作用。

三、将社会对抗纳入体制——以环保运动的发展为例

面对新兴的社会力量以及代表社会力量的公共团体，尤其是以环保为代表的那些挑战体制权威的社会运动，台湾地区的威权体制一开始往往带着强烈的防范心态，不惜以封堵打压的方式去处理新兴的公共议题和公共团体。随着社会问题的日益严峻以及新兴社会运动的不断发展，威权体制内部开始出现分歧，解决社会问题越来越成为决策的主导方向。自此，体制逐渐通过选择性吸纳社会力量，逐渐把部分社会对抗纳入体制内解决。

（一）早期环保问题被视为禁区

20世纪70年代，台湾地区已有不少环境污染事件，造成恶劣影响，如：彰化美丰工厂氯气外冲造成百人中毒；高雄大社工业区将含氯化物的工业废水流入后劲溪，造成400多人中毒等。[2]虽然空气污染和水污染非常严重，但当时的民众大都只有隐忍，默默地承受身体的各种痛苦。[3]此时，社会的总体反应比较冷漠，民间社会开始有人针对环境破坏谈论环境问题，但集中在少数专家学者群体中，形式主要是学术研讨会，范围较局促，主要是向官方建言，很难在大众媒体中传播其观念，著书立说的空间有限。民间要办一个专门探讨环境议题的期刊都是困难重重。1978年，台湾地区反核先驱、台电

---

[1] 纪骏杰，萧新煌. 台湾全志——环境与社会篇[M]. 台北："国史馆"台湾文献馆，2006：73.

[2] 李丁赞. 社会力的文化基础——论环境权感受在台湾的历史形成（1970—1986）[J]. 台湾社会研究季刊，2000 (38)：133—206. 或参见孙姿姿. 二十世纪七八十年代台湾妇女运动与吕秀莲[D]. 厦门：厦门大学，2006.

[3] 李丁赞. 社会力的文化基础——论环境权感受在台湾的历史形成（1970—1986）[J]. 台湾社会研究季刊，2000 (38)：133—206.

工程师林俊义投书反核文章给某杂志，结果造成该杂志被查禁。因此，知识分子中间形成的环境保护论述无法直接有效传递给普罗大众。

不过，针对各类环保问题，谨守学术分际的探讨并未停止，逐渐在专业群体中获得回应。1979年7月，林俊义改以笔名发表"核能发电的再思考"一文，以学术的观点批判台电的政策。由此引发反核与拥核的理论论战，反核学者谨守学术分际，避免被贴上反对台当局的标签，也让反核议题渐渐进入大众视野，引发媒体、医学等其他领域知识精英的关注。岛内也开始介绍境外环保或生态保育的知识，如《成长的极限》《寂静的春天》。专业群体的关注与社会大众的支持之间还有很长一段距离，在此期间，环保自力救济已经如火如荼地在岛内发展，知识分子也以评论乃至以个人身份参与的方式助推了运动。

（二）"保育运动"透过策略性合作获得体制认可

1979年底开始，与台当局合作的环境保育类言论逐渐取得合法性空间。一开始，"保育运动"与台当局合作来对抗民间反对力量。后来，"保育运动"转变为与台当局中的某些机构合作来对抗对台当局中的另外一些机构。

一是与公权力机构合作反对社会力量。垦丁每年会有大量的候鸟过境，包括灰面鹫等珍稀鸟类，但这些鸟类也是恒春、满洲等当地贫穷农民的重要食物来源。1979年底，由一群爱鸟人士主导的、官方代表与当地百姓参与的座谈会中，爱鸟人士当面以法律、道德、观光等多种观点劝说当地民众不要再打猎候鸟。1980年9月，时任行政系统负责人孙运璇指示"内政部"在垦丁成立"国家公园"，以维护当地的自然景观资源。1981年，"内政部"成立"营建署"专门推动"国家公园"，由于事涉专业领域，一些爱鸟的专家学者也受邀参与规划。这群保育人士借助成立"国家公园"的契机开始与台当局配合，进行现代教育，呼吁大众抛弃自私观念与劣质饮食习惯，保护候鸟。[①]

官渡保育案与垦丁保育案的模式类似，都是学者专家与当局配合，与当局立场一致，反对力量在民间，主要是向社会宣传环保理念。1981年开始，台北赏鸟会与两位大学教授合作，向官员建议将官渡湿地列为保护区，

[①] 何明修.台湾环境运动的开端：专家学者、党外与草根（1980—1986）[J].台湾社会学，2001（2）：97—162.

并接受台北市政府委托的生态调查计划。赏鸟会与台北市政府尤其是历任台北市市长如李登辉、杨金丛、许水德等都保持良好的关系,历任台北市政府与台北市市长均持保育的态度。1983 年,台北市政府公布官渡为生态区。在此过程中,持反对立场的反而来自民间,主要是一些地主和涉及土地利益的市议员。[①] 垦丁、官渡等地的保育案成为环保言论空间逐渐扩大的契机。透过与当局合作反对社会力量,环保运动从阻力最小的环境保育领域获得话语权。

二是与部分公权力机构合作反对某些公权力部门。淡水的保育事件则呈现出另外一种形态,保育人士的策略是结合支持保育的公权力机构来反对某些公权力机构提出的开发案。1978 年,台当局行政部门提出的"台湾地区综合开发案"中已将淡水的红树林列为保护级观光区,然而台湾省政府与台北县政府却在来年提出兴建"国民住宅"的计划,要砍伐红树林、填平沼泽地。当时,这种为了经济效益而不执行环境保育的事例比比皆是,导致许多保育法规往往形同虚设。对此,保育人士积极与台当局行政部门协调沟通,强调红树林的生态价值,也以学理分析向社会大众说明保育的重要性,让红树林一时间成为热门话题,最终让决策者即行政系统负责人孙运璇两度指示要保护好这片树林,警察部门也出动开始取缔私自破坏的行为。[②] 与淡水保育事件类似的情形还有新中横公路玉山玉里计划(1983—1986)、台塑崇德工业区计划(1983—1984)、台电立雾溪发电计划(1985—1986)等,均是学者认为这些开发案将造成难以恢复的环境破坏,而纷纷发表言论引导舆论走向,并与反对这些开发案的行政机构如"国家公园"的主管部门合作,使得这些开发案半途而废。

值得一提的是,这种策略性合作得以实现,体制内精英的中介作用非常关键。在台湾地区环境意识启蒙的过程中间,有官方背景的保育人士一开始凭借私人关系凸显环境保育问题,比如:爱鸟会的组织者之一马以工曾任台当局行政部门"文建会"委员与交通部门下属"观光局"设计师;1982 年成立的台湾地区第一个专业环境团体——"自然生态保育协会"的会长就是前

[①] 何明修.台湾环境运动的开端:专家学者、党外与草根(1980—1986)[J].台湾社会学,2001 (2):97—162.

[②] 何明修.台湾环境运动的开端:专家学者、党外与草根(1980—1986)[J].台湾社会学,2001 (2):97—162.

"内政部"负责人、时任"政务委员"张丰绪。这些人往往凭借与台当局良好的互信,让台当局对其关切有所回应。接着,学者专家取得言论空间,形成一定范围的社会关注,并对当局决策造成压力,在经济部门与环保部门的博弈中,让环保部门有了取胜的可能性。

(三)选择性吸纳对抗性环保运动

20世纪80年代开始,环保问题日益突出,台湾地区针对环境问题出现的小型"自力救济"抗争事件频发,大规模环保运动也不时出现。对此,台当局的处理态度是逐步转变的,在20世纪80年代初期普遍是采取怠惰的态度。随着环保抗争的不断升级,造成的社会影响扩大,体制付出的治理成本不断增加,尤其是80年代中期以后诉求环保价值高于经济发展的社会氛围开始出现,台当局也开始相应地调整应对策略,有选择性地吸纳抗争性环保运动,以兼顾经济发展与社会稳定的需要。

一是对小型"自力救济"的怠惰处理。随着20世纪80年代初期舆论对环保问题的广泛传播,以及台湾地区民众日常生活的切实感受,公众环保意识增强,开始采取自力救济为主的对抗性处理方式。根据萧新煌的统计,1981年至1988年间,台湾地区有108个反污染自力救济事件,排除其中11个垃圾纠纷以外,共97个以工厂污染为抗争对象的自力救济事件。自力救济行动所真正动员的空间范围和人力,大都相当有限,大多数集中在乡、里、村等最小的基层单位,以全村为动员对象的都是少数,更别说扩大到全县或全市。这是因为,自力救济因环境受害的事实而发生,借助于"受害意识"和原有的"社会网络"。尤其是前期的自力救济,往往只有少数知识分子的分析探讨,"外力"介入极少,而受害者也往往对外界干预存有戒心和排斥。受害者的诉求目标主要针对污染者而非当局,[①] 诉求手段也相对有限。[②] 这使得

---

① 诉求目标包括"求助、请求有关机关行使公权力、追究责任、限期改善防治污染设备、协助设立公共设施、娴熟灾害应变措施、赔偿、停止污染、迁移污染源、立切结书、遵守协议、健康检查、解决生计问题、要求环境不受污染、保障生命财产安全、不得设厂、预防污染源发生、反对所有公害"等。林碧尧.台湾的反公害运动[J].生态台湾,2008(21):7—13.

② 诉求手段包括:反映、检举、报案、陈情、协调会、打官司、请愿、投书报社、举证说明会或座谈会、自行收集污染证据、自组防卫队伍、自行防堵污染源头、直接与污染制造者交涉谈判、抗议、暴力、与政党势力结合等。林嘉诚.社会变迁与社会运动[M].台北:黎明文化事业股份有限公司,1992:219—220.

受害者的自力救济处于比较孤立的境地，要达到目的需要经历长时间的反复抗争或者诉讼，比如：李长荣化工案。① 此时，体制的应对也比较怠惰，往往在事情闹大了以后才会介入，处理的效果并不好，② 但付出的成本反而很高。同时，地方环保公权力部门的反应也经常被动无力。通常，反对污染的自力救济行动都会先向当地环保公权力部门反映、陈情、请愿、检举，希望能有所调整改善。在环保公权力部门无意或无力做出正面回应之后，才会发动自力救济抗争运动，通过自下而上的行动施压，公权力才会积极认真地介入。甚至协调会的召开也需要有自力救济行动才有可能，若公权力被动介入后仍无法解决民众关切，往往围堵工厂或采取其他暴力激进方式，更能够获得厂方的立即回应，反而更加暴露出公权力的无力。③

二是对大规模环保运动的妥协。到 20 世纪 80 年代中期，台湾地区民众对于环保问题，尤其是与生活感受息息相关的污染、垃圾等问题变得高度重视。对于工厂只追求利润而不重视本身所造成的环境破坏报以相当严厉的批评态度，普遍认为普通民众自私自利和对环境保护的无知是造成环境问题的日益严重的重要因素，对公权力机构未能有效行使公权力做环保工作也相当

---

① 李长荣化工厂设在原本是鱼米之乡的新竹市水源里，工业废水污染了当地清澈的水源，各种怪病接连发生。当地居民经多次陈情无果后，于 1982 年开始，陆续发生零星的肢体冲突。1986 年，当地居民发动了三次围堵工厂事件，且一次围堵时间比一次更长。水源里 800 户居民、2800 人到李长荣化工厂抗议，围堵的居民超过千人，平日分白班、夜班轮流坚守，白班由没有事情的老人留守，晚上则由下班回家的青壮年在现场搭帐篷过夜，严防厂方突然突围动工，在持续坚守了 425 天之后，厂方终于妥协。李丁赞. 社会力的诞生与转型 [A]. 王振寰，章英华. 凝聚台湾生命力 [C]. 台北：巨流图书有限公司，2005：133—135.

② 比如，1975 年，台湾阿米诺酸公司在高雄县林园乡设厂，附近中门村的居民普遍罹患皮肤病与支气管炎。从设厂来年开始，村长等就向县政府反映，到了 1980 年才通过高雄县团管区介入协商，达成改善协议，但厂方一直没有实际行动。1982 年 3 月，居民忍无可忍，冲入厂区砸碎门窗，捣毁生产设备，并将该厂污水到处泼洒。再如，高雄县湖内乡曾是台湾最大规模的养猪基地，在 20 世纪 70 年代曾圈养猪只达 11 万头。由于猪的粪便未经处理直接排放到下游的兴达港，让下游养殖业者损失惨重。由于养猪业者不愿意赔偿，下游的受害者组织杀猪队以自保。纪骏杰，萧新煌. 台湾全志卷九·社会志·环境与社会篇 [M]. 台北："国史馆"台湾文献馆，2006：88.

③ 比如 1985 年起，中油公司在高雄永安乡沿海地区兴建台湾第一座液化天然气接收站，由于运送砂石的大卡车经常压坏路面，造成民房龟裂，当地居民于 1986 年两度设置路障阻止车辆进入，逼迫工程延期，抗争导致当局付出上亿元"转业辅导金"赔偿受害者。萧新煌. 社会力——台湾向前看 [M]. 台北：自立晚报文化出版部，1989：279—281.

诟病。①小型自力救济在长期无法获得体制回应后，因为其持续的行动，产生组织化的附带效果，开始朝组织化方向发展，透过组织的力量提高能见度。第一个这样的组织是因"三晃案"成立的台中县公害防治协会。②台中县公害防治协会于1985年4月27日成立，之后彰化县公害防治协会（1986年10月成立）、新竹市公害防治协会（1987年4月成立）、后劲地区反五轻自力救济委员会（1987年8月成立）等相继成立，这种组织化的后果不仅对后来的抗争起到示范作用，纷纷成立协会，而且使得后来的抗争运动得到更多的人力物力财力支持。

组织化带来抗争频率、规模及影响的扩大，环保问题越来越成为一个普遍的社会问题，知识分子走入社会彰显独立力量，建立环保组织并倡导环保运动，使得超越"受害者"为核心的新环保团体形成。1986年夏天，关心反核的知识分子成立了新环境杂志社，以发行刊物的方式推动环境运动，监督台当局的环境政策尤其是核能政策。该组织官方色彩相较于"自然生态保育协会"要淡化很多，意味着学者专家正式以集体行动的方式走出学术领域，试图与民间社会其他部门及公权力部门对话。1988年，"绿色和平工作室""台湾环保联盟"成立，进一步整合各个单一的抗争行动，透过对不同自力救济行动的介入，提供这类救济所需的资讯、专业知识、文宣能力和组织力量，将若干原属于狭隘的地方性色彩浓厚的自力救济抗争提升到全岛瞩目的反污染社会运动。③此外，20世纪80年代中后期，由知识分子组成的环保组织还包括"环境保护学会""卫生协会""自然生态保育协会""财团法人环境品质文教基金会"等，透过出版书籍、举行座谈调查污染状况

---

① 根据萧新煌的一项研究，1985年左右的台湾普通民众对环保问题已经在几个关键意涵上进行了事实构建，虽然与环保团体的认知相比还有相当距离，但对环保问题已相当重视，尤其是对各项污染最为敏感。参见纪骏杰、萧新煌.台湾全志卷九·社会志·环境与社会篇[M].台北："国史馆"台湾文献馆，2006：121—122.

② 1976年，台中县三晃工厂设立于大里乡，导致当地污染严重，出现鱼虾死亡、动物畸形以及居民罹患各种怪异疾病的问题，农民甚至不敢赤足下田。在历经多年无数次个人陈情与集体连署等体制内自救行动均无效之后，当地居民忍无可忍，多次冲击厂房、破坏设备，并于20世纪80年代中期成立台湾最早的环境保护组织——台中县公害防治协会。该会完全由地方人士自发组成，会长是黄登堂是一位当地的退休小学教师。其间，虽然有民进党人士企图介入，但被居民拒绝，也没有外来知识分子的协助，所有肢体抗争及围厂行动，乃至于协调沟通都是居民自发行为。最终，在公害防治协会的协调下，大里乡的居民终于和三晃化工厂达成停产协议。杜强.台湾地区环境污染治理与生态保护研究[M].长春：吉林人民出版社，2015.198.

③ 萧新煌.社会力——台湾向前看[M].台北：自立晚报文化出版部，1989：283—286.

并发表报告等方式号召民众正视环境恶化问题，并敦促当局成立专责机构，修改相应法规，制裁污染厂商等。① 知识分子与普通民众的自力救济相结合，促成大规模环保运动的发展，典型的如鹿港反杜邦案，促使当局将环保提高到与经济并重的政策位阶。1985 年，国际知名的杜邦公司鉴于台湾地区有利的投资环境以及台当局的积极欢迎，决定在当时的彰滨工业区建立一个二氧化钛工厂，作为其在日益增长的亚洲市场的产销据点。该项投资计划预计投资 64 亿新台币，为台湾地区有史以来最大宗的外商投资案，受到经济部门的隆重欢迎。然而，鹿港居民却以街头示威的方式表示抗议，"我爱鹿港，不爱杜邦""我们只有一个台湾""不做杜邦的邻居"等标语、海报、旗帜展现在鹿港各处。台大学生南下鹿港进行访问调查，做出报告指出鹿港居民反对设厂。大学教授、新闻记者也开始在大众传播媒体上谈论相关的争议问题，比如快速成长的代价、经济帝国主义及民众参与决策过程等。鹿港反杜邦案震惊了向来以经济发展为本位的台当局，也出乎杜邦公司意料之外。鉴于反杜邦运动的广泛社会影响，台当局最终决定妥协。时任行政系统负责人俞国华承诺："环境保护与经济发展并重，地方疑虑消除前不准杜邦设厂。"②

第三节 参与机制的形成

机制是不同组织间相互发生作用的过程与方式，是一种制度化的方法。当体制开始接纳新兴社会力量的时候，制度化的参与方式开始在更具体的面向形成。随着台湾地区多元化力量带来的多元化声音增多，民众权利保护意识增强，生活观念不断更新，体制与公共团体的互动越来越有迹可循，逐渐在相互磨合中形成民意的上传下达机制，沟通协调机制等有序参与的具体模式。

---

① 林嘉诚. 社会变迁与社会运动 [M]. 台北：黎明文化事业股份有限公司，1992：218.
② 杜邦公司虽然仍努力与当地居民协商并准备环境影响评估，但已无法扭转当地居民的反对意志。1987 年 3 月 21 日，杜邦被迫放弃投资计划。纪骏杰，萧新煌. 台湾全志卷九·社会志·环境与社会篇 [M]. 台北："国史馆"台湾文献馆，2006：89.

一、利益表达机制与监督机制——以"中国比较法学会"参与法治化进程为例

凭借高度的统合能力,台湾地区的威权体制在农业占据社会主导地位的时期,只需要吸纳体制内精英的意见就可以对社会问题做出有效回应。随着工业化带来的威权体制的柔性化转变,不得不面对各种不同意见,甚至是相反的意见。在此背景下,经过公共团体加工后的意见建议,逐渐成为体制决策运行过程中的重要参考。"中国比较法学会"作为专业的公共团体,在威权体制转型过程中发挥着利益表达功能和监督功能,促进了利益表达机制与监督机制的形成。

一是对"美丽岛事件"被告的辩护。虽然"中国比较法学会"坚持"坚守学术、远离政治"的理念,以期同时囊括法学领域内不同政见的律师、学者、司法及行政官员,确保弘扬法治的目标顺利进行。但是,随着时代的变化,部分会员仍然以个人身份坚持投入到政治反对运动中。对此,"中国比较法学会"的态度是参与政治就要淡出会务,包括创会总干事并创办台北法律服务中心的姚嘉文在1976年帮助党外人士郭雨新辅选后就不再担任台北法律服务中心主任。那些投入到反对运动中的会员,很多在法学会获得了很好的民主素养,又懂得与民众打交道,很快成为反对运动的中坚力量,并逐渐进入反对运动的领导阶层。1979年底的美丽岛事件中,9位被捕者是"中国比较法学会"的会员。[①] 随后,在美丽岛军法大审中,"中国比较法学会"基于不涉入政治的理念没有以学会的名义参与辩护,但由于移送审判的8位被告中有姚嘉文、林义雄、吕秀莲等3人均曾是法学会成员,因此在组成的16人辩护律师团中,除1人外,全都是法学会的会员。辩护过程中,出身法学会的辩护律师们都是一时之选,不仅毫无畏惧,体现出奉献精神,而且早就在法学会里头训练出精湛的辩护技巧,关键其背后还有法学会大家的专业指导,"刑法"乃至"军法"大师及许多年轻律师组成了庞大的后援团。辩护律师们将看似毫无转圜余地、流于形式的审判程序赋予了时代意义,其法理情的论述俱佳,远远超过出身官僚系统、代表公权力的检察官一方,让原本枯燥无味的法庭辩护变成了生动的法学讲堂。"堂堂正正不求饶"的辩护原则与这些政治犯的做派相吻合,在整个"军法"大审的直播过程后,居然让普通民众

---

① 王泰升,曾文亮. 台湾法学会四十年史[M]. 台北:社团法人台湾法学会,2011:86.

对这些被告的印象，由"嫌恶捣乱的叛乱分子"多了几分同情。可以说，"中国比较法学会"对台湾地区政治转型的影响并没有体现在直接参与政治反对运动方面，而在于"中国比较法学会"以绝佳的专业素养，在历史进程的重要时刻，提供了一流的专业支持，表达了政治犯的诉求，回应了老百姓的关切，即"那些人为什么要违法"，赢得了主流社会的认可。另一方面，"中国比较法学会"的参与不仅在相当程度上维护了政治犯的切身利益，也给台当局从镇压重新转向和平开放的路线提供了支撑，维系了威权体制柔性化发展的既定轨道，从而诱导了历史进程的方向。

二是监督台湾地区的法治化进程。"中国比较法学会"在不同的历史时期，以社团自身的合法行动实践了对社会法治化进程的推动。"美丽岛事件"以后，法学会一方面坚持"学术报国"的口号，通过举办年会、研讨活动，协助台当局建设法制，提供建言，配合台当局的法制行动乃至外事活动，比如：1980年受台当局委托邀请美国法律人协会访台以维系美台关系。另一方面，随着岛内社会环境的变化，法学会参与推动法治进程的领域在不断拓宽，由司法实务、私法领域逐步向社会权益领域如环境保护、消费者权益保护拓展，甚至逐步涉及公法领域。比如：与消费者文教基金会为推动消费者保护立法而合办研讨会，对新兴的民间消费者权益保护组织提供智力支持，帮助消费者文教基金会拟订"消费者保护基本法"的内容，提升了消费者保护运动的发展水平。[①] 再如，"中国比较法学会"内设的部分委员会也在间接地对台当局不合时宜的政策、法律乃至体制进行批评。20世纪70年代，公法领域的探讨主要是"刑法"，对于宪制性规定与司法制度主要是引进国外法律制度。1983年开始，法学会连续4年以邀请外国顶级学者举办研讨会的方式，借外国学者之口讨论台当局制度问题，包括"议会制度比较""言论自由法制比较"等主题，涉及"司法官任命制度与司法独立""动员戡乱时期临时条款探讨"等领域的学理探讨。1987年"解严"前，法学会举办"当前重大法制改革"系列座谈会，先后举办多次会议，主题包括"制定'国家安全法'之必要性问题""修订'人民团体组织法'之问题""修订'选罢法'之问题""从

---

① 李伸一.消费者保护基本法应有之内容[J]."中国比较法学会"学报，1981 (12)：193—201.

报禁解除后谈'出版法'之修正"等。①解严后，法学会举办的与体制相关的学术活动有增无减，但举办的国际学术研讨会减少了，主要精力放在当时急剧变化的体制制度的重建上。

二、利益平衡机制与沟通协调机制——以"消费者文教基金会"与当局、厂商关系的转变为例

通过长时间的磨合，公共团体代表的社会力量与体制代表的政治力量，乃至厂商所代表的经济力量之间逐渐形成如何相处的协调沟通机制，最终实现各方的共同治理。从"消费者文教基金会"与当局、厂商关系的转变可以看出，台湾地区利益平衡机制与沟通协调机制的建立，是在市场逐渐繁荣、体制逐渐开放的背景下进行的，关系发展的过程是复杂而微妙的，离不开"消费者文教基金会"等公共团体对其社会立场的坚守与具体问题的主动调适。

（一）监督厂商由被抵制到被接纳

厂商与生产者对自己的角色和利益自觉性非常高，同时也已经把利益加以制度化，组成自己的企业组织或公会，制造自己的资讯传播网，培养向着自己的说服团体和民意代表，打通与主管官署的"关节"等，这些都不是人多力薄、有如散沙的消费者所能比拟的。②虽然关于消费者权益的舆论环境整体上是有利于消费者文教基金会推动消费者权益保护的，但站在厂商的立场上，也存在大量的"阴谋论"，有声音认为消费者文教基金会调查养殖中存在的问题是在打击这些弱势产业；有声音认为消费者文教基金会定期发布产品质量报告，其实是受大厂商利用，借此打击小厂商；还有声音认为消费者文教基金会发布检验报告等其实是在向企业勒索、要捐等。③

由于消费者文教基金会是以保护消费者利益为己任，对厂商而言形同监督者的角色。当消费者文教基金会揭露伪劣不法商品后，势必影响到许多不法厂商的利益，断绝其生财之道。这些受影响的厂商数量庞大，对消费者文

---

① 陈继盛等.当前国家重大法制改革系列座谈会 [J]."中国比较法学会"学报，1988 (6)：205—280.

② 萧新煌.要钱更要人——台湾消费者运动的回顾与展望 [M].台北：久大文化股份有限公司，1987：136.

③ 陈忠义.稳健的再出发 [A].萧新煌，郑又平，雷倩.台湾的消费者运动理论与实际 [C].台北：时报文化出版事业有限公司，1982：432.

教基金会恨之入骨。而对于合法厂商的产品，通过消费者文教基金会鉴定评价品质优劣顺序后，位列前茅的销售量大增，品质较差的则面临滞销，此等遭遇滞销的厂商也会归咎于消费者文教基金会。许多厂商背后不乏有权势的老板，也会通过同业公会、民意代表、主管官署等各种方式对消费者文教基金会施压。①

1984年9月15日，消费者文教基金会出版的《消费者报导》第41期中发表了57家厂商出品的72种麻油检验报告结果。依据法定标准，该会的检验委员会发现只有5种完全符合标准，其余大多碘值含量过高，且掺杂其他油类。其中，荣冠公司的"荣冠纯麻油""荣欣牌小磨麻油"也在不符合标准之列。虽然绝大部分被公布不符合标准的厂商都默认此事实，但荣冠公司表示不服，认为消费者文教基金会无权检验，也不该公布结果，且此举破坏该公司信誉及产品形象，向台北地方法院提起诉讼，要求赔偿，并在报章及电视公开道歉。法院开庭审理案件后，由法院派人与原告、被告共同到市场取样送检，结果发现碘值和纯度均存在不符合标准的情形，遂判决荣冠公司败诉，并指出"消费者文教基金会的这项检验无非是希望厂商能诚实标示，并提醒消费者有所选择，并非专门针对原告一家做出不正确检验"。此案的判决，无疑增加了消费者文教基金会的公信力，而厂商、消费者团体和法院均依据法律以理性、科学的方式处理问题，为后来的消费者运动争议开启好的先例。②此后，随着消费者文教基金会名气越来越大，其发布的检验报告具有为市场广泛认可的公信力，许多产品优质的厂商以通过其检验为荣，其在厂商中相对中立的监督者角色得以逐渐确立。消费者文教基金会的监督角色确立后，促进了市场的健康有序运转，事实上在厂商中形成了新的利益平衡机制。

（二）与当局关系的逆转

一开始，新兴的消费者文教基金会在汇聚消费者力量的同时，自行发行

---

① 姚光祖.消费者文教基金会所面临的挑战——保护消费者运动不容阻挠[A].萧新煌，郑又平，雷倩.台湾的消费者运动理论与实际[C].台北：时报文化出版事业有限公司，1982：424—425.

② 萧新煌.要钱更要人——台湾消费者运动的回顾与展望[M].台北：久大文化股份有限公司，1987：121—123.

商品的检验报告等做法事实上挑战了当局传统的权威领地,对当局造成未曾有过的新压力,一度导致双方关系紧张。

消费者文教基金会涉及的当局机构主要是教育主管部门与卫生主管部门。与教育主管部门的冲突主要是人事管理上的,[①]与卫生主管部门的矛盾则是业务领域上的。由于要发布大量涉及医药、卫生食品安全的检验报告,消费者文教基金会等于直接挑战了"卫生署"的权威。"虾米事件"成为双方矛盾激化的爆发点。1981年6月,消费者文教基金会在端午节前发布"部分市面所售虾米含有荧光剂"的检验报告,引起舆论关注,消费者普遍不敢购买虾米。渔民尤其是虾米加工业者大为恐慌,每天都面临财产损失。渔民生计难以为继的画面获得舆论的同情。渔会及加工业者也透过新闻媒介,表示虾米根本没有问题,他们都非常喜欢吃,并且对卫生单位及民意代表施加压力。有民意代表就此事向台当局行政部门下辖"卫生署"提出强烈质询,引起"卫生署"对基金会的强烈不满,继而地方渔会及虾米工业也向基金会提出抗议。起初,"卫生署"认为消费者文教基金会检验手续过于草率,要"药检局"重新化验。仅一天后,"药检局"即公布原本需要两周才能完成的检验结果,称"虾米绝对没有荧光剂"。此时,受基金会委托的联合工业研究所也正式声明,坚持其检验结果,相信"虾米含有荧光剂"。"卫生署"认为自己是合法的官方检验单位,当然不会错;而联合工业研究所也称,自己是根据学术良心和专业训练,检验结果不会错。消费者文教基金会执事者表示受到压力,不方便多做说明,同意将检验结果送"卫生署",不过希望能公开双方的不同意见,但最终联合工业研究所的检验结果未获当局承认也未被公开。[②]经台湾省主席干预后,最后要求民间组织以后对食品检验时,只能对公权力机构检举,不得自行告发。由于当局及有关单位近乎组织性的声讨,消费者文教基金会

---

① 消费者文教基金会由于是"文教"性质,其主管机构是教育主管部门。消费者文教基金会成立后,教育主管部门曾给基金会一封公函,承台湾省政府建议,基金会不得"任意"对外发布抽检市售食品的结果,以免混淆视听。1983年9月,教育主管部门收到一封攻击消费者文教基金会董事长柴松林"不务正业"的匿名信件,交由政治大学。政治大学援引"专任教授不得在外兼职的规定"要求消费者文教基金会董事长柴松林辞职。最后在基金会董事的坚持下,柴松林并没有辞职。萧新煌. 要钱更要人——台湾消费者运动的回顾与展望[M]. 台北:久大文化股份有限公司,1987:101—102.

② 萧新煌. 要钱更要人——台湾消费者运动的回顾与展望[M]. 台北:久大文化股份有限公司,1987:109—110.

对。大量环保团体涌现，包括台中县公害防治协会、宜兰县环保协会、南投县生态保护协会、彰化县公害防治协会、新竹市公害防治协会、绿色工作小组、环境联盟等。[①] 环保运动过后，保护环境与经济发展具有了相同的地位，对以经济发展作为政绩的台当局提出更高的要求，其合法性塑造需要重新检视。

在环保运动压力下，台当局开始重视发挥环保机构的作用。"卫生署环保局"也开始积极回应环保团体的政策诉求。1987年8月22日，"环境保护署"正式成立。在此期间，重要环保政策相继出台。一是修订环保立法。1982年以后，在外部压力下主动作为的"卫生署环保局"先后修正"空气污染防治法""水污染防治法""废弃物清理法"，并制定通过"噪音管制法"等，不仅使得环保的正当性提高，也意味着衡量体制治理能力的标准提高。二是推动"公害纠纷处理法"立法。鉴于公害刺激环保运动不断发展，"卫生署环保局"早在1981年就委托台大法研所进行立法调研。碍于厂商压力，该法也是在1992年才得以通过。三是推动"环境影响评估法"立法。1982年，"卫生署环保局"将"环境影响评估法草案"提交台当局行政部门核定，但遭到"经建会"以"经验、专业人才不足，以及会影响经济成长"等诸多理由而极力反对，使该草案一度搁置。同年10月，鉴于环评问题影响重大，台当局做出宣示推动环境影响评估政策决心的正式决议。1985年开始，正式实施"加强推动环境影响评估方案"。最终，在岛内环保团体的压力下，该法于"解严"后的20世纪90年代初期完成立法。

综上，参与机制的形成往往是从非敏感的政治议题开始发生。这些议题往往是与人民生活利益息息相关的。此时对当局而言，问题的产生可能源于社会变化以后，当局未能及时适应变化，惯性的忽略导致问题不断累积，直到社会成本越来越高，由局部矛盾上升为普遍问题，如环境问题；也可能是部门利益使然，公共利益被部门利益化，而某个部门的利益所在却未必是其他部门相关的，如食品安全问题；但无论是哪种问题，都不是直接威胁政权统治的，却是当局短时间内无法解决的，因此容易获得生存的空间。而社会力量一旦在这些领域集结，就容易产生公共话语，形成公共领域，透过与既得利益长期的折冲过程，甚至经历一波三折的反复情形，逐渐形成各种有序

---

① 林嘉诚. 社会变迁与社会运动[M]. 台北：黎明文化事业股份有限公司，1992：219.

和有效的参与机制。

小　结

　　随着台湾社会多元化发展的深度扩张，以专业化团体为代表的多元化力量开始凝聚并走向组织化，而关心社会公共议题的公共团体也开始出现。虽然这些公共团体的形成和早期发展往往需要工商团体的支持，甚至是直接借鉴、复制工商团体的成长经验，但这些公共团体凭借对社会的公共关怀，引导人们逐渐超越自我利益的范畴，取得了独立于经济力的道德优势。透过公共团体的引导，只关心自我利益的人们不仅开始理解他人的利益关心，逐渐产生权利意识、社会责任意识，而且通过参与公共团体的活动，养成了公共生活的习惯，使得有效的社会支撑力量在形成。到了20世纪80年代中期，随着台湾社会商业化程度加深，公共团体不仅因为能够回应社会需求而获取发展的正当性，更因为扎根于社会，其产生、发展的模式已经超越工商团体的样板路径，而越来越多样化，甚至可以直接从传统社会中吸取经验并加以改造吸收，以适应新的社会发展形势。也就是说，此时，社会力量不仅仅开始独立于政治力量，也开始摆脱经济力量的束缚。

　　社会力量的独立及壮大，开始寻求与政治力量、经济力量形成新的平衡。但是，多元化发展出的新兴力量，既可能是反对力量，也可能是建设性力量。当公共团体将超越私人生活的习惯以组织的力量渗透到组织外部的社会公共生活中，更新了人们的生活观念，无形中形成新的政治正确，促进了公共话语的形成，也为公共理性的发展提供空间，从而为体制的开放、机制的形成创造条件。在有利的社会氛围下，威权体制得以顺利扩展，吸纳社会新兴力量，借助社会力量对政治力量形成支撑。威权体制中硬性的成分在减少，而柔性的成分在增加。体制不断实现自我变迁，不仅弥补体制的缺位，激活体制的功能，还将许多社会对抗因素逐渐纳入体制。在体制的顺势变迁过程中，多元主体更加适应理性的表达和有序的参与，从而在更具体的微观层面，逐渐形成民意的上传下达机制、利益表达机制、协调机制、沟通机制、监督机制等。制度化参与的结果是对抗性因素的进一步减少，而社会协商性、统合性因素在提高，社会基于功能性的整合越来越具有现实性。随着多元主体的不同诉求导入理性化的途径里来,公共领域开始制度化发展,民主所需的社会条件已经悄然形成。①

---

① 苏婧.寻找一个完整而非碎片化的哈贝马斯——谈"公共领域"思想及其发展[J].新闻界,2018(5):67—76.

第四章 台湾地区公共精神的再提升

民主如果不加以引导,少数人的权益在公共生活中将无法得到有效保障。因为宪制性规定变迁所需的"民情",也就是公共精神,既包括平等,也包括参与。[①]"社会组织"中的"人"将因为理性化、平等化趋势的到来而越来越"隐藏"在"社会组织"之中,而不是促进新兴"社会组织"中的"民情"转化成全社会的"民情"。换句话说,虽然公共团体蕴含着公共精神,但公共精神的再提升仍受限于社会力量与政治力量、经济力量的博弈结果,受限于公共精神的传播,转型仍然存在偶然性。因此,要确保转型持续向好巩固,强化宪制性规定变迁转型的必然性。这里的"民情"即公共精神的再提升,不仅仅是托克维尔意义上的宗教与民情,还包括信任、规范与合作网络等,需要关注新的社会资本与社会均衡的形成。

公共精神的再提升,意味着在向陌生人社会转型的过程中提供信任合作的基础,建立水平的互惠网络,离不开新的社会资本与社会均衡的形成。在托克维尔那里,期望的办法是,"对民主加以引导,重新唤起民主的宗教信仰;洁化民主的风尚;规制民主的行动;逐步以治世的科学取代民情的经验,以对民主的真正利益的认识取代其盲目的本能;使民主的政策适合时间和地点,并根据环境和人事修正政策"[②]。在涂尔干那里,则是用宗教、职业群体来扩张信任,扩大道德共同体。在诺斯那里,提到了人们的观念与不同精英的权力的重要性。在帕特南那里,则专门论述了"民主运转起来"所需要的

---

① [美] 罗伯特·D. 帕特南. 使民主运转起来——现代意大利的公民传统 [M]. 中国人民大学出版社,2015:111.

② 托克维尔. 论美国的民主 [M]. 北京:商务印书馆,2013:绪论9.

社会资本与社会均衡。可见，公共精神融于宗教信仰，融于民情风俗，更融于社会生活，需要从宗教、民情、社会资本的不同视角予以展开论述。

第一节 宗教的促进

公共精神融于宗教信仰。托克维尔、涂尔干等人都把宗教信仰视为促进公共精神的源泉。宗教对公共精神的促进包含两个面向，分别是对参与的促进以及对民主的抑制作用。托克维尔关于"重新唤起民主的宗教信仰"的诉求，也包含了两个层面的含义。一是宗教与政权实体的分离，不是依赖政权而是依赖社会而独立存在，并且在坚持基本教义的同时能够适应社会的发展趋势去传教，以恢复宗教本身的生命力；二是宗教因为与社会相结合相适应，不仅将精神上的约束注入人们的生活之中，而且因为宗教理念已经发生适应社会的改变，强化了人们对同样适应社会发展趋势的民主化组织形式、生活方式的认同，这种以信仰为内核的宗教习惯融入人们的日常生活之中，产生了类似于"公民宗教"的社会效果。[①]台湾地区主要宗教的发展也体现了这两大趋势，其中最具代表性的是佛教，从保守的、隐居山林的自我修持为主的传统佛教，发展出具有"普遍化、生活化、人间化、国际化"特点的"人间佛教"，信众人口达到约550万之多，占据台湾地区总人口的约1/4，对台湾社会的民情塑造起到极为深远的作用。[②]

一、宗教的适应化发展

以"人间佛教"为例，从本书的视角来看，"人间佛教"在台湾社会的兴起，恰恰是因为其发展出与社会发展相适应的传教方式，其内部组织运作模式所体现的价值观念与民主观念不但不冲突，而且民主的一些共同体观念已经内化为宗教仪式。由此，当神圣的精神世界都不再坚持一成不变的规矩时，

[①] "公民宗教"来自社会传统主流宗教，却是对传统宗教的补充，是以社会最为广泛和深远的传统，为社会建立一种稳定的价值体系，从而使政治获得一种神圣的维度。孙向晨. 公民宗教之于公共领域及其三个版本浅议 [A]. 基督教思想评论（总第二十一辑）[C]. 北京：宗教文化出版社，2016：540.

[②] 值得注意的是，台湾存在大量信众同时信仰多个宗教的情形，佛教信仰人数统计可能与道教、儒教或其他台湾民间信仰有重叠的情况。王正智. 要从了解和尊重台湾的民间宗教信仰做起 [A]. 谢庆云、刘家军主编. 清水润生——第八届海峡论坛清水祖师文化论集 [C]. 厦门：厦门大学出版社，2016：149.

庸俗的物质世界也就难以真正说服人们为何要维系已经过时的观念、僵化的传统或者落后的制度设计。

（一）"人间佛教"兴起历程

台湾地区光复后，在国民党当局的大力支持下，"中国佛教会"得以强势领导佛教界，一方面彻底清除日本殖民统治时期遗留的日式佛教遗风，另一方面推动"神佛分离"运动，划清与民间信仰的界限。到20世纪60年代，佛教与民间信仰的分离逐渐明朗化。同时，"中国佛教会"作为唯一的全岛性佛教社团，其有效地统合了岛内主要的佛教团体，确立了威权时代独霸的地位。虽然正统佛教的地位得以强势确立，但因为财力缺乏，佛学院的兴办极为艰辛，往往是停停办办、难以持续，且规模小、人数少。

随着台湾地区经济的发展，在20世纪70年代以后，出现大量高校佛学社团，掀起大专青年学佛运动，使得出家的高学历人才越来越多。另一方面，佛寺资金来源更加丰富，不少知名的佛学院得以创办运行，佛学院的建设和人才培育走上轨道。

随着都市化进程加速，20世纪80年代以后，各种运动式新兴道场开始崛起，高学历的年轻人纷纷出家弘法，大量优秀佛学人才涌现，佛学院和佛研所的普遍创设，更培育出不少学养与品德兼优的出家人。由此，佛教传统的生态发生改变，各种讲经法会络绎不绝。[①] 与现代社会发展相适应的"人间佛教"也应运而生，主张佛法即是"佛在人间的教化"[②]，佛教应"普遍化、生活化、人间化、国际化"，致力于推动佛教积极主动地回应时代变迁，包括弘法布道手段方式的现代化，以尊重生命和社会关怀的方式主动走出寺庙、吸引信众，深入社区、公寓设置莲社、念佛会、禅修中心、佛教文化中心等

---

① 郑志明. 台湾全志（卷九）·社会志·宗教与社会篇[M]. 台北："国史馆"台湾文献馆, 2006：144—145.

② "人间佛教"主张"佛陀出世间不离世间觉"。创立者太虚大师曾言："人间佛教，并非教人离开人类去做神做鬼，或皆出家到寺院山林里去做和尚的佛教，乃是以佛教的道理来改良社会，使人类进步。"当代台湾佛教界的指导理念即是"人间佛教"的思想。尤其是佛光山、慈济等现代大型佛教团体，更是把"建设人间净土"作为自己的志业，身体力行。它们号召信徒关注现实生活，积极入世，"力邀天下善士，同耕一方之福田；勤植万蕊心莲，同造爱的社会"，用"菩萨行"实现自己的人生价值。其特征是积极介入到社会的服务工作中，开展广泛的慈善助人事业。李迅. 台湾佛教慈善发展经验谈. 联合时报. [EB/OL]. http://shszx.eastday.com/node2/node4810/node4851/gatq/u1ai69294.html, 2018-10-27.

服务性载体,改变了传统寺庙隐居山林的静态发展模式。20世纪80年代以后,佛教势力以"人间佛教"为号召,走出传统的寺院,深入都市社区中的公寓、大楼,以佛教图书馆、禅修中心、讲堂、学苑、念佛会、同修会、诵经团等多样化的形式,推动与现代社会相结合的弘法布道事业。这种"人间佛教"的弘法方式,让佛教迅速发展壮大,成为岛内最具实力的宗教力量。

(二)"人间佛教"的传教方式——佛光山现代化的组织运作模式

"人间佛教"以星云法师带领的佛光山教团最为典型。星云大师领佛教界时代风气之先,秉持"人间佛教"的入世精神,坚持"以教育培养人才,以文化弘扬佛法,以慈善福利社会,以共修净化人心"的宗旨。

一是创新弘法理念、方式以深入民间社会。星云法师早在20世纪50年代就积极运用现代化的弘法方式,包括影印大藏经之环岛佛教,放映幻灯片,教唱佛曲,成立青年佛教歌咏队,制作"佛教之声"唱片,大力提倡佛化婚礼与佛化祝寿;20世纪60年代到70年代,又举办佛教界的第一个运动会,陆续开办佛学夏令营、冬令营等。不过,当时佛教的主流仍然非常保守,对星云大师的各种突破传统的发展策略多有批判与否定。随着社会的发展,到了20世纪80年代,星云法师提倡的"将独居的佛教变成大众的佛教,将梵呗的佛教变成歌咏的佛教,将山林的佛教变成社会的佛教,将唯僧的佛教变成和信的佛教,将寺院的佛教变成教团的佛教,将行善的佛教变成传教的佛教,将法会的佛教变成活动的佛教,将老人的佛教变成青年的佛教"等弘法理念因为适应现代社会生活,而被社会广泛接受。星云法师的主要弘法方式也得到广泛传播,包括:提倡佛化婚礼和佛化祝寿,发行佛教唱片等音像制品,举办佛教运动会,创办佛教夏令营,制作佛教电视节目,举行短期出家修道会,举办世界佛学会考等。[1]

二是发展佛学教育培养佛学人才。早期,台湾地区的学佛青年是零星的。在"中国佛教会"1959年出台"研究佛学奖学金办法"后,大专院校开始出现研习佛学的青年社团,主要活动以研究佛学、举办讲座并加强联谊为主,人数不多,与佛教团体的关系也并不密切。直至1969年,星云大师开风气之先,创办首届"佛光山大专佛学夏令营",让大专院校的佛学青年走出校园,

---

[1] 郑志明.台湾全志(卷九)·社会志·宗教与社会篇[M].台北:"国史馆"台湾文献馆,2006:148—149.

到寺庙体验佛教修行，将佛学研究与佛学实践联系在一起，大大提升青年学佛的热情。[1]学佛青年从1960年的5000余人，迅速发展到1972年的2万人。同时，高度重视佛学教育的星云大师在举办清寒子弟辅导班、慈爱幼稚园、语文补习班等社会教育的基础上，强化僧伽教育，开办寿山佛学院、东方佛教学院等专供僧侣学习的佛学院，并于1973年适时成立佛光山丛林学院与中国佛教研究院，让青年学佛不只是在校探讨，也能够修学一体，拓展了青年学佛的环境，到1976年青年学佛人数达8万余人，规模庞大的青年佛教人才为佛教在20世纪80年代的普及兴起奠定基础。[2]佛学教育发展培养佛学青年人才，在佛教团体出现革新的做法时，迅速结合成台湾地区改革的力量，带动佛学与现代社会的衔接。

三是建设现代化的佛教道场。星云大师从佛光山的兴建开始，通过近30年不间断的建设，将高雄县大树乡的荒凉山坡地，开垦为一座座巍然矗立的堂皇殿宇，改变了原来佛教建筑深山藏古寺的格局。此后，陆续在台湾地区各地建立分院和别院，不仅规模宏大，而且设施先进，整洁干净、生活便利的环境给信众完全不同的体验，无论是进香礼佛还是吃斋念经都使用的现代化的先进设施。在岛外，美国佛光山西来寺位于洛杉矶，1978年筹建，1988年落成，是北美最大佛教寺院，号称西半球第一大寺；澳大利亚佛光山南天寺占地百余亩，号称南半球第一大寺；南非佛光山南华寺，是非洲第一座大乘佛寺；巴西佛光山如来寺是南美洲成立的第一座道场。[3]跨越海内外的宏大布局，让宣扬"人间佛教"的佛光山迅速成为佛教界的"带头大哥"。

四是完善佛教的组织运作。佛光山早在1972年就制定了"佛光山组织章程"，不同于佛教界传统由方丈主持领导，成立"宗务委员会"，采取集体领导方式，设计分层负责的体系，建僧俗两众序列评定制度，按年资等级排序，不许私收，滥收门徒。[4]佛光山的一大创举是设立"如意寮"，作为患病弟子的安养场所，并成立"佛光亲属会"，提供出家信徒的父母、亲属完善的福利

---

[1] 陆嘉玉. 佛教文化与现代社会 [M]. 天津：天津人民出版社，2002：213—215.
[2] 满谦法师. 丛林所思：僧伽的教育艺术 [M]. 北京：生活·读书·新知三联书店，2015：117—118.
[3] 郑志明. 台湾全志（卷九）·社会志·宗教与社会篇 [M]. 台北："国史馆"台湾文献馆，2006：146.
[4] 参见星云大师口述. 百年佛缘（6）：行佛篇 [M]. 北京：生活·读书·新知三联书店，2013：246—247.

制度,让信众家人身为"佛门亲戚"为荣。针对佛光山全球化发展格局,设立"国际佛光山世界总会",下辖"国家或地区组织委员会",每年举办一次世界大会。"国际佛光山世界总会"组织完备,俨然佛教版的联合国大会,常设委员会就有"调解联谊委员会、世界急难救助委员会、文教资讯委员会、财务开发委员会、佛教儿童学校委员会、佛教翻译委员会、佛教艺术委员会、佛教青年委员会、金刚联谊委员会、妇女联谊委员会、大众传播委员会、非洲联谊委员会、欧洲联谊委员会"等数十个委员会。佛光山教团组织极为庞大,分工非常细致复杂,堪称当代世界最大的佛教组织,在全球五大洲设立上百所道场,有两千多位出家僧侣及数百万皈依弟子。①

(三)"人间佛教"的传教方式——慈济自下而上的组织运作模式

与佛光山相比,证严法师的宗教团体——"慈济精舍"规模不大、出家的人数不多,也没有发展出庞大的分院系统,②完全是以非营利组织——"慈济功德会"向海内外拓展。但是,证严法师却改变了传统佛教自上而下的等级式运作模式,让佛教组织变得更加柔性,更加以志业为导向,而不是以规模、立宗派为追求。

一是依靠在家居士的联结方式推动社会福利事业。1953年,证严法师前往花莲,力行"一日不做,一日不食"的苦行生活,自力更生,不赶经忏,不做法会,不化缘。1966年,结合数名同修弟子与三十位信众,开展济贫工作。初期规模很小,直到1968年会员数仍不到300人且集中在花莲地区,到了1972年才逐渐向花莲以外的地区发展。1979年发心筹建慈济医院,经媒体的广泛报道以后,信徒才开始大量增加。③"慈济功德会"依靠在家居士的联结方式推动社会福利事业,只要捐钱给"慈济功德会",且留下个人的姓名、住址、身份证号,就是慈济会员,将会收到慈济举办的各种活动通知。④

二是以慈济委员作为慈济推展志业的中心。慈济会员不等于信徒,核心信徒是慈济委员。慈济委员必须对佛教有正知正见,恪遵证严法师训示,言

---

① 参见李湖江等.近代以来中国佛教慈善事业研究[M].成都:巴蜀书社,2016:248—258.
② 李玉林,航鹰.俗眼观佛门:慈济的世界[M].北京:中国社会出版社,2008:19—22.
③ 郑志明.台湾全志(卷九)·社会志·宗教与社会篇[M].台北:"国史馆"台湾文献馆,2006:154—155.
④ 谢路军.中国佛教脉络[M].北京:中国财富出版社,2013:371—373.

行举止端庄合宜,愿意从事济贫教富工作,并由证严法师亲自授证。慈济功德会虽然是以证严法师为精神领袖,但主要活动的开展是以慈济委员为主体,各项活动的发起、规划和执行都是由委员们推动,呈请证严法师核可后推动,慈济功德会名义上的总管理处只是扮演辅助性角色。1980年,慈济功德会正式登记更名为"财团法人佛教慈济慈善基金会"。[1] 靠着相对宽松的会员认定维系庞大的社会参与和财力支持,以典型的自下而上的组织运作模式推动各项志业,让慈济功德会充分焕发出生机活力,并发展成为台湾地区第一大民间自愿团体。不仅在岛内,在海外也有很多据点,仅在美国设有慈济学校、医院,以及40多个联络处,在马来西亚设有医院以及20多个联络处,在欧洲、中南美洲多国都有据点。[2]

三是推行体现时代特点的"四大志业"。慈济致力于慈善、医疗、教育、文化等"四大志业"。长期济贫、慈济文化等成就享誉海内外,如慈济旗下的大爱电视台成为传播慈济大爱理念的管道,建立了全球网络系统,许多节目在岛内外热播。在慈济的各项志业中,又以人道救援和慈济医疗最负盛名。慈济的人道救援速度快、效率高,而且跟踪时间长,不仅在台湾岛内的重大灾难中会首先看到慈济人的身影,在大陆乃至海外的救难中,慈济也是冲在前面。如:大陆的华中水灾、唐山大地震,慈济都提供了大量的物资和捐款。在印度尼西亚海啸中,慈济也是较早到达展开救援而较晚离开的。慈济的医疗也走在时代前沿。[3] 慈济在台湾岛内的医院广泛分布,除花莲外,还有慈济大林医院、慈济新店医院、慈济台中医院、慈济内湖医院、慈济基隆医院等,即使是偏远乡村也有设置诊疗站,推动巡回下乡义诊、社区量血压、骨髓捐赠、验血活动等。慈济还成立了"骨髓捐赠资料中心",在华人社会中不断宣传和推动骨髓捐赠活动,成功治疗了大量白血病、先天造血及贫血疾病患者。[4]

慈济以委员为中心开展志业活动,让深谙佛教教义的委员透过具体行动实践人间佛教的理念,既维系了佛教的主导地位,避免沦为纯粹的民间社团,

---

[1] 朱雨晨. 慈济经验 [J]. 中国新闻周刊, 2012 (25): 54—57.
[2] 郑志明. 台湾全志(卷九)·社会志·宗教与社会篇 [M]. 台北:"国史馆"台湾文献馆, 2006: 159.
[3] 何绵山. 台湾佛教 [M]. 北京:九州出版社, 2010: 272—276.
[4] 慈济人文编著. 从竹筒岁月到国际非政府组织:慈济宗门大藏 [M]. 福州:福建美术出版社, 2012: 184—187.

又充分释放了委员们的活力。由于委员都是处于访贫问苦的第一线，激发委员们的想法很多，让提供后勤保障与协助的行政人员往往跟不上委员的节奏，确保是志业主导慈济的发展方向，让慈济的影响力得以迅速扩展。当慈济作为一个佛教组织首先在内部实现了淡化等级色彩的运作模式，并发展得很好很迅速，成为岛内第一大民间组织，为习惯于以等级制来实现组织目标的其他民间组织提供一种新的发展模式。

二、宗教的民俗化影响

以"人间佛教"为例，通常情况下，宗教在社会中的广泛传播都与社会的急剧变迁相关，"人间佛教"在台湾社会的影响扩张也不例外。不同之处在于，历史上许多宗教兴盛的社会背景是社会动荡，而"人间佛教"的广泛传播却得益于台湾地区经济的快速发展，[1]促进了教育的发展与普通百姓收入的提高，才从人才与财源两个方面保证了"人间佛教"这种革新理念具备雄厚的社会基础。当人才、财源与创新理念真正结合在一起的时候，"人间佛教"也就迎来了其辉煌的20世纪80年代，并开始融入普通民众的日常生活之中。[2]举凡重要庆典、工程揭幕以及有关子女前程的活动，一切与人有关的重要场景，都有祭拜、做佛事，甚至连小学生的夏令营都以"禅七"冠名。[3]普通民众在生活用语及思维习惯上处处可见佛教的影子。[4]当台湾地区民众描述"有人去世"时，大多使用"往生"这个佛教术语。[5]佛教"劝共业"，促进民众愿意在公共事业上倾情付出。当台湾地区民众表示祝贺或恭喜的时候，常用福分、结缘、法喜、福慧双进、六时吉祥等；描述做好事时，通常使用佛教讲的"做功德""发慈悲""发愿"，进一步描述做好事有好结果的时候，也通常使用佛教讲的"得福报""功德无量"等等。佛教徒称呼伴侣常

---

[1] 何绵山.台湾佛教[M].北京：九州出版社，2010：430.

[2] 王建光.人间佛教精神与当代台湾民俗[A].觉醒，2011觉群佛学[C].北京：宗教文化出版社，2012：365—381.

[3] 在煮云法师、妙莲法师、李炳南居士等人推动下，台湾社会流行"打禅七""念佛七"等活动，在民众中广受欢迎。阚正宗.台湾佛教一百年[M].东大图书股份有限公司，230—234.或参见欧焕文，1995.台湾宗教兴盛的背后[J].中国宗教，1999（1）：56.

[4] 台湾社会后来甚至出现"学生社团邀请佛教僧众进行辅导，把佛教道场当成改造问题学生的辅助力量"，"不少道场接受教育机关的委托成为正规教育体制下的延伸"。江灿腾.新视野下的台湾近现代佛教史[M].北京：中国社会科学出版社，2006：388、392.

[5] 欧焕文.台湾宗教兴盛的背后[J].中国宗教，1995（1）：56.

用"同修"一词,也被广泛使用,更塑造着民众看待婚姻的思维方式,潜移默化起到维系民情最重要的单位——家庭的作用。在台湾地区,佛教"吃素"的饮食习惯非常普及,台湾地区常年吃素的人口数量约占台湾地区总人口的10%。① 其中19岁至44岁的台湾地区人群中,每10个人里就有1人长年吃素。素食业特别发达,素食餐馆超过5000家,任何一个城市,哪怕是十分偏僻的乡下小镇,都能找到一个非常专业的素餐馆。台湾地区形成了一个巨大的素食产业,有些素食的经营者资产多达几十亿台币。② 台湾地区的素食已经成为一种时尚、一种文化、一种生活态度。佛教"重体悟",也让普通民众养成重视细节的生活态度,在医护、照顾等许多服务领域,都能做到享誉全球。

"人间佛教"深入民间,扎根社会的同时,发挥着不可替代的社会凝聚剂的作用。③

一是传播革新观念。"人间佛教"不仅推动佛教自身的全方位现代化,而且透过宗教慈善,加速传播社会革新的观念。如:1988年"器官移植法条例"通过后,星云大师率先响应成为第一位登记器官捐赠者,并成立"器官捐赠会",积极倡导捐赠器官的理念。佛光山推动的宗教慈善也走在慈善服务的前沿,如设立的"财团法人佛光山慈悲社会福利基金会"涵盖传统慈善的主要面向,已深入到监狱、戒毒所等领域服务。④ 下辖的"观音放生团"最早自觉到社会的变迁,主张"放生有如害生",不仅容易形成害生的产业链,而且集中放生容易导致环境问题。遂改名为"观音护生团",致力于护生的环保运动。"人间佛教"不断的改革让人们从灵魂上得到更大的解放,强化"反思可以无所不在,改革应该理所当然"的社会风气。当佛教这种传统宗教在形式与内容上均发生适应社会变迁的巨大变革之后,人们对于现代化及其带来的

---

① 王子辉.中华饮食文化论[M].西安:陕西人民出版社,2006:183.

② 台湾佛教的素餐馆不但在台湾分布广,而且经营状况好,顾客盈门,有些甚至人满为患。不管是不是学佛的,都以吃素为快乐、光荣。所以台湾的出家人很幸福,走到哪里,都能吃素。体恒法师.僧眼看台湾——宝岛佛教六十日参学记[M].北京:世界知识出版社,2008:147.或参见僧眼看台湾:宝岛佛教六十日参学记,妙望法师,新浪博客.[EB/OL].http://blog.sina.com.cn/s/blog_6921f4260101876c.html,2016-01-10.

③ "基于宗教意义系统的共同的道德理解和制度化的宗教仪式对社会的团结和整合有积极的正功能"。[法]埃米尔·涂尔干.宗教生活的基本形式[M].北京:商务印书馆,2011:36—45.

④ 王佳.佛光山的慈善事业[A].印顺,中国佛教和慈善公益事业[C].北京:宗教文化出版社,2014:242—270.

现代生活方式也更加认同。

二是推动互助精神。以慈济为例,慈济委员作为慈济推展志业的中心,委员间的联系以及委员和会员之间的联系都是非常紧密的。1978年开始兴起的"慈济饭",就是委员间自发在委员家中轮流举行的小型联谊会,随着参与人数增多,后来改为"慈济茶会",以点心茶水方式分享心得。① 到后期扩大为"慈济委员会联谊会",在各地分会经常举行。委员要定期向会员收取善款,同时要借机分享经验或邀会员参加活动,鼓励会员成为志工,进而成为见习委员或幕后委员。委员带领部分积极的会员参加各种救济活动、访视活动、医疗活动等。为强化会员间的联谊,委员相当重视社区联谊、社团联谊,并加强与资深会员的共修活动,如外语共修、念佛共修、法华经共修等,在岛内各地设有共修场所。② 这种互助精神有利于凝聚成员的宗教信仰和宗教情感,形成命运共同体,共同实践和维护宗教集体体验。③

三是促进志愿参与。以慈济为例,作为岛内第一大民间组织,慈济激发的广泛社会参与,客观上有利于培养塑造现代民众所具备的政治素养。慈济强调自力更生实践佛教志业,主张会员以"一个矿泉水瓶、一个自制的鞋垫"来做功德,既改变佛教组织社会寄生的形象,也强化了会员的身体力行的参与感与成就感。让会员能够感受到自己主动参与的实践内心想法的活动,在世界上所产生的积极变化,增强会员参与公共事务的自信心与主动性。慈济基金会下有为数不少的支薪工作人员,如医院的医生、学校的教师等;还有数量更为庞大的不支薪人员,如慈济医院荣誉董事,捐款或募款超过百万就可特颁获聘。④ 慈济功德会下设各种志工性质的外围团体,如懿德母姐会、慈育队、慈济教师联谊会、慈济合唱团、慈济青少年辅导中心等,还有各式各样的志工团体服务队,如:医院志工、社区志工、环保职工、翻译志工、访

---

① 以人情脉络为主的传播模式,有利于慈济招募和培养志工。参见仲鑫.慈善公益组织运行模式研究[M].北京:九州出版社,2014:71.

② 慈济的联谊活动、共修活动内容形式丰富多样,促进了慈济委员间的知识分享、信息传递、感情交流、经验交换、修行悟道。张培新.台湾宗教性非营利组织运作的社会资本考察——以慈济功德会为例[D].台北:台湾师范大学,2005:135.

③ 吕大吉.宗教学纲要[M].北京:高等教育出版社,2003:91.或参见黄飞君,2011.全球视野下宗教单元的宗教功能研究[D].上海:复旦大学,2003.

④ 获颁为慈济医院的荣誉董事虽然只是一种荣誉,没有任何特殊的权力,但却极大地促进了大家的参与感。何国庆.考验——证严法师面对挑战的智慧[M].上海:复旦大学出版社,2014:56—57.

视志工等。这些志工团体的运作和管理，为信徒提供了理性参与和有序行动的学习场所。

四是提倡包容精神。慈济功德会从建立开始就面向全社会，而不是仅限于佛教信众，主持功德会日常工作的官员也不全是佛教徒。[①] 比如，某位负责筹款事务的功德会官员就是天主教徒，其妻子则是一贯道的信徒，夫妻二人却同在功德会工作。[②] 类似的，佛光山也秉持包容精神，在赈灾时充分照顾到持其他宗教信仰民众的需求。在为灾民搭建临时帐篷时，佛光山甚至考虑到了基督教徒做祈祷的习惯，特意在帐篷里为他们保留了做祈祷的空间。[③] 许多少数民族难民曾被安置在佛光山的佛殿里，其中不少是信仰基督教的少数民族，都有喝酒吃肉的习惯。[④] 但是，佛殿里是不能喝酒吃肉的，于是星云法师对他们说："因为佛法有规定，所以我们不能用酒肉招待你们，但山下有卖酒肉的餐馆，大家想喝酒吃肉可以去那里。"[⑤] 澳大利亚学者沙学汉（D.C.Schack）认为，佛教使得台湾地区成为"一个更为宽容和谐的社会，整体民众对于他人及公共事务抱持高度的关怀"[⑥]。

综上可见，"人间佛教"的兴起历程恰恰反映出宗教与社会相辅相成的作用关系，即"社会生活是宗教观念的终极源头，而宗教信仰对象的实在基础就是社会本身"[⑦]。通过将宗教形式与社会变迁的结合，既让宗教本身获得得以蓬勃发展的生命力，也反过来赋予了变迁中的社会所需要的权威。即如涂尔干所言："我们服从于社会的指令，不仅是因为强大的社会已战胜我们的反

---

① 法眼看世间：台湾佛教界教给了我们什么[EB/OL].https://foxue.qq.com/a/20130703/014413.htm，2018-07-17.

② 郭宇宽.法眼看世间：台湾佛教界教给了我们什么[J].中国慈善家，2013（4）.或参见法眼看世间：台湾佛教界教给了我们什么[EB/OL].https://foxue.qq.com/a/20130703/014413.htm，2018-07-17.

③ 法眼看世间：台湾佛教界教给了我们什么[EB/OL].https://foxue.qq.com/a/20130703/014413.htm，2018-07-17.

④ 法眼看世间：台湾佛教界教给了我们什么[EB/OL].https://foxue.qq.com/a/20130703/014413.htm，2018-07-17.

⑤ 郭宇宽.开放力[M].北京：中国商业出版社，2012：180.

⑥ 周安安.台湾社会转型中的人间佛教[J].文化纵横，2010（5）.或参见周安安：佛教何以在现代台湾如此重要？_华人佛教_凤凰网[EB/OL].https://fo.ifeng.com/guandian/detail_2010_11/29/3260964_1.shtml，2019-06-18.

⑦ 孙尚扬.宗教社会学[M].北京：北京大学出版社，2001：16.

抗，而首先是因为社会是受到遵从的对象。"①

第二节　民情的稳定

公共精神融于民情风俗。相对于贵族社会有高尚德行作为指引，托克维尔担心民主社会"最大的病症是民风的逐渐软弱，精神的堕落，趣味的庸俗化，未来最大的危险就在于此"②。因此，托克维尔所说的"洁化民主的风尚"，就是要在民主社会重建贵族精神。托克维尔提出的洁化方式包括：宗教、法学家精神、分权的地方制度、陪审团等司法制度等。台湾地区有着地方自治的传统，③"中国比较法学会"等公共团体事实上促进了法学家精神和司法制度，④都在一定程度上塑造了台湾社会的民情。不过，对台湾社会民情风俗影响最大的，是其繁荣的本土宗教。随着台湾社会财富的增加以及人们对精神世界的需求更加多元化，促使台湾地区本土宗教的快速发展，而宗教的繁荣反过来也对台湾地区急剧变迁的社会起到稳定民情的作用。

一、本土宗教的繁荣及影响

本书所指的本土宗教是以文化来源作区分，包括佛教、道教、民间信仰在内的源于中华传统文化的宗教，不包括基督教、伊斯兰教等西方外来宗教。之所以选择本土宗教来审视台湾地区"民主的风尚"，是因为一个地区的民情深深植根于其历史传统，而本土宗教最能反映这种历史传统。台湾地区既保

---

① [法]埃米尔·涂尔干.宗教生活的基本形式[M].北京：商务印书馆，2011：276—277.
② [法]托克维尔.政治与友谊：托克维尔书信集[M].黄艳红译.上海：上海三联书店，2010：106.
③ 台湾地区的基层选举制度在县市、乡镇层级一直定期举行，而且存在农会、渔会、农田水利会等相当多的地方自治组织，其生态演变与台湾地区民主发展进程相互影响，对台湾社会民情的影响也是复杂的。一方面，的确认让台湾地区基层民众通过民主实践而获得民主经验，另一方面，与托克维尔关于美国民主的经验不同，台湾地区的地方自治长期受威权体制的控制，也产生了地方县市政权乃至地方自治组织被地方派系长期把持的情形，产生了贿选买票、金权政治等等许多堕落的现象，要随着民主的全面巩固才逐渐改观。由于地方自治涉及政治制度等面向，不是本书讨论的重点，此处不展开论述。
④ "中国比较法学会"所体现的法学家精神及对司法制度的正面影响在本书第三章已叙。需要指出的是，受限于当时台湾社会法学家精神传统不足，司法公信力不足，法学团体在台湾社会的影响力仍然有限。

留着悠久的中华历史文化传统,也有其鲜明的地域特色。① 台湾地区本土宗教的繁荣发展,实质上反映的是台湾地区民众精神面貌的改变提升。信仰本土宗教的台湾地区民众占据台湾总人口的多数,单单是拥有民间信仰的人数就占台湾地区总人口数量的 70%左右。② 可见,台湾地区本土宗教的繁荣对社会民情的塑造意义深远。除了前叙的"人间佛教"外,台湾地区本土宗教的发展历程,也是随着台湾地区本地经济的发展与社会的变迁而走向繁荣,形成不同于西方外来宗教的发展形态,且影响力逐渐超越外来宗教的过程。

(一)本土宗教的融合化发展

台湾地区本土宗教的发展呈现出鲜明的特点,无论是传播方式还是宗教形式,都有融合化的发展趋势。

一是跨地域发展。台湾地区民间神庙供奉祭祀的神明大多是传自祖籍的原乡神,③ 在各地村落因移民祖籍背景不同有着各自小范围的信众,长期存在着明显的"圈圈限制",这是农业时代稳定的社会结构所决定的。随着工业化进程的展开,民间信仰也开始"打破圈圈",随着人口迁徙,许多人从故乡分灵出神尊带到都市供奉,各庙宇加速分灵扩散,有的开基庙的分灵庙宇数量遍布全岛,如:台南县北门乡南鲲鯓王爷府、云林县北港镇天宫妈祖庙、台北市保安宫保生大帝庙等。由于都市人口流动频繁,造成新的都市社区神庙林立,各有支持基础。

二是跨界别发展。台湾地区民间信仰的繁盛,极大地影响了台湾地区佛教、道教等主流宗教的发展路径。以道教为例,原本力量分散的道教各教

---

① 据《台湾省寺庙教堂调查表》记载,台湾地区的主祀神多达 247 种。除 19 种佛教神、13 种道教神、20 种自然崇拜神、1 种庶物崇拜神外,其余 194 种都是诸如妈祖、关帝等灵魂崇拜之神。刘枝万. 台湾省寺庙教堂(名称、主神地址)调查表[R]. 台湾文献[G]. 台北:台湾省文献委员会,1960:37—236.

② 张珣、江灿腾. 当代台湾宗教研究导论[M]. 北京:宗教文化出版社,2004:424.

③ 根据《台湾省通志稿·人民志·宗教篇》的归纳,各个祖籍地传来的神明有:广东省潮州的三山国王、福建省厦门市的清水祖师、福建省诏安县的开漳圣王、福建省兴化府的妈祖以及福建省各地的不同姓氏"王爷"等。李添春. 台湾省通志稿(卷2):人民志·宗教篇[M]. 台北:台湾省文献委员会,1956:189.

派，① 为了更多地吸收信众，与民间信仰的交融程度日益加深。其中，一贯道主张儒释道三教合一，与其他信仰的界限最模糊，但一贯道反而是道教流派中信众最多的。② 虽然影响力不小，一贯道在"解严"前却经历了由地下化转为合法化的艰难历程。③ 另一方面，随着跨地域的发展，原本只供奉祖先神祇的神庙开始与佛教、道教乃至其他地方神庙供奉的神明混合，杂糅。④ 比如："台北慈护宫的正殿祀妈祖，陪祀孔夫子、释迦佛、太上老君及王母娘娘，东西庑侧分祀水仙尊王、福德正神、神农大帝、关圣帝君等；马祖列岛民间庙宇，在祭奉主神外也有从祀、寄祀等信仰习俗；桃园县的闽台宫妈祖庙，除主祀妈祖之外，还供奉威武将军、通天府、铁甲将军、临水夫人诸神位；南竿山陇的白马尊王庙，除了祭祀白马三郎和白马夫人之外，还祭祀华光大帝、五灵公、福德正神、临水夫人等神灵。"⑤ 随着城市化进程加深，信众接触到越来越多不同的神明，部分信众开始选择"大神""至上神""主神"等作为崇拜对象，如"王母娘娘、玉皇大帝、盘古大王、女娲娘娘、玄天上帝、太上道祖"等被视为"道"的化身、开天辟地的最高神明。

三是重视"天人感应"等仪式。本土宗教中，佛教、道教教义最为完整系统，民间信仰相对缺乏，但后者更加注重宗教仪式。民间信仰最大的特点就是延续了从原始社会传承下来的灵感文化。随着台湾地区宗教的兴盛，各

---

① 道教在清代传入台湾，可分为天师道派和三奶道派等派系。早期多属天师派，即张天师正一教属下。后三奶派增多。三奶派即唐代福建古田陈靖姑、林纱娘、李三娘于闾山创设的教派，因台湾移民多为福建籍，故以三奶派居多。由于未能有效整合各教派，一直未能有效地扩大正统道教的影响力。这使得台湾的道教一直是教派林立，后来更分为天师派、老君派、灵宝派、神霄派、闾山三奶派等不处理死者的红头司公（道士），和茅山派、清微派、武当派、正一教派等处理死者的乌头司公。加上道观是私产，往往是父传子继的家族式运作方式，强化了教派林立分散的格局，不利于扩大传播。陈小冲. 台湾民间信仰[M]. 厦门：鹭江出版社，1993：94.

② 杨流昌. 天道传奇——一贯道在台湾的传播与影响[M]. 香港：中国评论学术出版有限公司，2011：49.

③ 硬性威权统治时期，台当局大致上只承认佛教、道教、基督教、天主教、伊斯兰教等五大宗教。除了五大宗教以外，陆续获得承认的宗教还有理教、轩辕教、巴哈伊教、天理教、天帝教等。除了巴哈伊教、天理教是外来宗教外，理教、轩辕教、天帝教都是因为与台当局保持了不错的关系而获得承认。参见郑志明. 台湾全志（卷九）·社会志·宗教与社会篇[M]. 台北："国史馆"台湾文献馆，2006：38.

④ 如关帝圣君、妈祖原本是民间信仰的神明，后来被道教、佛教分别吸收；济公祖师等佛教人物，张天师、吕洞宾等道教人物也成为民间信仰的重要神明。参见郑志明. 台湾全志（卷九）·社会志·宗教与社会篇[M]. 台北："国史馆"台湾文献馆，2006：109.

⑤ 唐金培. 台湾民间信仰的区域特色与河洛渊源[J]. 寻根，2012（2）：37—41. 或参见唐金培. 台湾民间信仰的区域特色[N]. 中国社会科学报，2015-09-08(004).

类民间信仰为吸引民众还强化了各种"天人感应"的占卜仪式，纷纷以神谕的方式满足民众的求问。①"驾鸾扶乩"仪式兴起，如以扶鸾等降神活动为主的鸾堂广泛设立，妈祖绕境巡游保平安等仪式大为流行。占卜仪式也由原来"童乩"为主发展到仪式感更强的"灵乩"，并逐渐发展出不同流派。②20 世纪 80 年代以后，为适应都市化发展，神坛取代神庙在都市狭窄的空间里广为设置，祭祀更加便利、仪式更加灵活多样。

（二）本土宗教的影响力后来居上

台湾地区光复初期，天主教凭借在少数民族中多年的宗教传播基础，以及大量由大陆迁入的外省信教族群，得以快速发展。1960 年，天主教盛极一时，教堂达 261 间，取代少数民族的原始宗教信仰成为与基督教长老教宗并列的少数民族主要信仰。20 世纪 70 年代以前，由于台湾地区的经济资源相对匮乏，台湾地区的宗教慈善主要依靠基督教团体引进海外的经济资源，大多从事因经济资源不足当局无力作为的福利工作。③基督教团体以各种福利服务作为传播福音的有效策略手段，扮演着台湾地区社会福利工作最为主要的先驱者、倡导者与服务提供者。④工业化之前，本土宗教的影响力远不如西方宗教团体。在提供公共服务方面远不及西方宗教团体。不仅数量上悬殊，而且大多为佛教团体，缺乏社会福利工作的理念与规划。⑤

---

① 有统计显示，求问的主要是健康问题、睡眠问题等，还包括出行保平安、情绪问题、子女学习或子女教育等等。高致华．探寻民间诸神与民间文化 [M]．合肥：黄山社，2006：300—301．

② 林富士．巫者的世界 [M]．广州：广东人民出版社，2016：283—300．

③ 根据王顺民的统计，台湾在 20 世纪 50 年代有西方社会福利机构 63 个，其中医疗服务类 28 个，教育服务类 19 个；60 年代有社会福利机构 157 个，其中医疗服务类 28 个，教育服务类 38 个，儿童服务类 36 个，青年服务类 18 个。参见王顺民．宗教福利 [M]．台北：亚太图书出版社，1999：49—58．

④ 一是针对早期台湾医院未普及的情况，最先从偏远乡村做起，从关乎民生问题的医疗、卫生与救济工作做起。通过巡回的医疗服务，甚至引进经济资源创办医院，遇到贫穷家庭则提供急难救助。二是对孤儿、无依靠的老人、残障及弱势妇女进行收容、教养与训练等安置服务。三是透过学校教育提高妇女儿童、劳工、少数民族等弱势群体的知识水平。四是扩展到有关生活与经济的辅导，如重视社区服务工作，在社区推动"储蓄互助社"，关怀山地农渔牧业的产销与互助储蓄等工作，成立合作农场、农民关怀中心，帮助解决偏远地区的经济难题。郑志明．台湾全志（卷九）·社会志·宗教与社会篇 [M]．台北："国史馆"台湾文献馆，2006：245—247．

⑤ 本土宗教在 20 世纪 50 年代只有 2 个教育服务机构，一个是慈光育幼院，一个是慈航中学。60 年代增长到 9 个。老人服务类 3 个，儿童服务类 2 个，教育服务类 2 个。王顺民．宗教福利 [M]．台北：亚太图书出版社，1999：49—58．

20 世纪 70 年代开始，随着台湾地区社会经济的繁荣，老百姓收入的持续提高，提供了台湾地区宗教团体丰沛的可吸纳资源。本地资金逐步取代外来资金成为最主要的捐输来源，[①] 本土宗教团体也逐渐致力于社会福利工作，使得更多民众接受的本土宗教的影响力逐渐超过西方外来宗教。[②] 不过，此一阶段本土宗教团体的慈善行为总体上不够主动，宗教慈善事业活动往往存在诸多问题。[③]

20 世纪 80 年代，本土宗教团体出现了多元化的服务模式，如观音线的心理协谈，佛教青年会的监狱布教，关怀生命协会的动物保护与保育工作，红卍字会的受刑人与老人居家服务等。[④] 此时，本土宗教团体已经在贫病救济之外，将公益福利内容扩展到设置育幼院与养老院、设置残障机构、补助残障医疗、捐助设备器材、对老人院慰问及清扫，开始承担地方公共工程如道路、提防、停车场、登山步道的兴建，以及社区环境美化捐助，或设灵骨塔提供贫户使用，或设义工队作公共服务，或做环保资源回收，净山，扫街，以及捐血等。[⑤] 随着"人间佛教"理念的革新与新兴宗教团体的崛起，热络了各种福利事业的推展，甚至取代了基督教团体原有的领导地位。在社会风气渐开及各种入世理念的影响下，也为了与其他宗教团体争夺经济资源，越来

---

① 1977 年，进行慈善捐资的寺庙数量达 1136 座，总额 60369661 元；1981 年捐资寺庙数为 1041 座，总额为 418601537 元，增加约 7 倍；1987 年捐资寺庙 1207 座，总额高达 1102383779 元，增加约 3 倍。参见王顺民. 宗教福利 [M]. 台北：亚太图书出版社，1999：49—58.

② 本土宗教 20 世纪 70 年代设立的福利机构中，儿童服务类 6 个，医疗服务类 4 个，老人服务类 4 个。参见王顺民. 宗教福利 [M]. 台北：亚太图书出版社，1999：49—58.

③ 20 世纪 80 年代以前，由于观念尚未转变，本土宗教团体在此阶段的宗教慈善事业活动往往存在诸多问题：有些香火旺盛的大型寺庙如暴发户一般，在毫无规范的情况下举办大型迎神赛会、嘉年华晚会等造成相当浪费，却自认为是在回馈社会；或打着社区服务的招牌购买土地并大兴土木过度扩张，却因为符合台当局当时宽松的奖励寺庙公益事业标准而大行其道；或者单纯地为获得当局表扬而在捐款数额上比较高低，对于有组织有秩序的主动进行宗教慈善工作缺乏足够认知。在组织上，本土宗教团体与基督教相比也相对松散。基督教不少神职人员接受过慈善与福利服务的专业训练，有相当成熟的服务知识与技能。而本土宗教团体大多数在组织上不够重视，管理委员会与神职人员是分开的，神职人员只负责圣事的仪式操作，不参与庙务管理，香火鼎盛的大庙大都是管理委员会的成员来领导，这些寺庙负责人往往是由信众推选，或地方士绅担任，可能是有权势的人，却未必是有足够宗教专业知识的人，在经费使用上着重在世俗性的考虑，缺乏宗教情操，惰于教务发展规划，遑论社会关怀。郑志明. 台湾全志（卷九）·社会志·宗教与社会篇 [M]. 台北："国史馆"台湾文献馆，2006：248—252.

④ 王顺民. 宗教福利 [M]. 台北：亚太图书出版社，1999：49—58.

⑤ 慕禹. 一贯道概要 [M]. 台北：飌巨书局，2002：243.

越多的本土宗教团体借鉴基督教的组织运动模式，强化组织的运作效率，充分尊重专业知识，甚至引进各种精致的管理制度，将信仰的终极关怀解脱转变为具体社会关怀的实践目标，将吸纳的经济资源转移到社会慈善与福利事业，推动各种慈善志业。

随着台湾地区经济社会形态的持续变迁，少数民族人口流入城市，天主教相对僵化的组织形式无法跟上形势拓展信徒，信教群众大量流失，神父、修女人数不增反减，在台湾地区变成惨淡经营的状况。除了天主教外，基督教有很多教宗，在台湾地区势力最大的是基督教长老教会，主要在少数民族与台湾地区本地人中传播。① 与天主教相似，其他基督教教宗也面临本土宗教崛起与都市化的挑战，只有基督教长老教会由于在中南部的势力根基深厚，仍然能够维持原来的规模，而浸信会、信义会、循理会等其他教宗则只能勉强维持原有的规模。② 与之相对的是，台湾地区本土宗教日益兴盛。20世纪80年代初，台湾地区向当局登记的庙宇中，共计有道教（含民间信仰）庙宇8769座，佛教1200座，基督教848座，伊斯兰教则更少。③

二、宗教的民情稳定功能得以发挥

从宗教对稳定民情的功能角度，可以分两个层面来看，一是通过宗教树立的心灵权威，避免个体的沦丧。宗教的意义在于以"健康的奴役"来代替"败坏的奴役"④。二是通过宗教树立的道德追求，影响社会主流价值观念，形成尊重自由的"一般观念"，限制民主的滥觞。德行与自由相辅相成，是避免个性消失的基础。"宗教在现代社会能够继续存在并不是因为其成了私人事务，而是它在社会层面依然有其外在的形式，并对其信徒规定了道德义务。"⑤随着台湾地区本土宗教的繁荣发展，不仅对大量信众产生直接影响，也透过宗教慈善活动等传播途径对社会产生间接影响，在克服物质享乐主义、利己

---

① 长老教会的信徒绝大部分为台湾本省人，其中三分之一为台湾少数民族，台湾本位意识较强，始终坚持闽南语崇拜，不管教堂在场许多是不熟悉闽南话的外省人、台湾少数民族、甚至不懂罗马拼音的本省人。李达.台湾宗教势力[M].香港：广角镜出版社，1987：54.

② 关于基督教的停滞，何绵山总结了8个方面的原因，最重要的是没有跟上时代的发展。何绵山.台湾民族与宗教[M].厦门：厦门大学出版社，2013：334—336.

③ 王耕.源远流长：浅谈台湾的民间信仰[J].两岸关系，2000（04）：60—62.

④ 崇明.创造自由——托克维尔的民主思考[M].上海：上海三联书店，2014：251.

⑤ 孙向晨.公民宗教之于公共领域及其三个版本浅议[A].基督教思想评论（总第二十一辑）[C].北京：宗教文化出版社，2016：531.

主义,以及避免庸俗盲从、防止个性泯灭方面,发挥了民情稳定的功能。

(一)避免个体的沦丧

信仰可以激发个体的存在意识,在纷繁匆忙的物质世界里,让个体可以保留独立的精神空间,进而思考、引导自己的行为,赋予社会生活以道德约束。

一是确保良心自由和思想自由。平等化时代的个体往往无法承担精神独立的重负,宁肯放弃思考,满足于物质世界的安逸和稳定,心灵力量和意志都被削弱了,从而为专制提供了便利。宗教看似是接受一种道德心智上的权威,但可以避免个人心灵陷入混乱和无力。① 无论是民间信仰,还是制度化的宗教,都"是社会大众世代传承的崇拜形式,是长期现实生活实践下的宗教现象,是综合各类知识与文化而形成精神性的心灵构建,是社会大众集体智力自发的整合与加工而成,是社群共有经验下所发展而成的认知与实践系统"。② 如:民间信仰的"童乩""鸾乩""灵乩"等各类占卜仪式以及频繁举行的降神活动,以祈福等方式寻求安宁平和,事实上满足了信众表达交流内心想法甚至辅助选择的需求,让人们面对变动的世界时能够听从内心深处的召唤。③ 再如,佛教有"禅修"的观念,道教也重视"悟道",都可以确保人们在精神与道德世界的安宁,对人们的心灵起到更加基础性的作用。同时,宗教义理中又有许多与现代社会公共价值理念相同之处,让信众在学习理解教义的同时可以对公共议题的理解触类旁通。如:传统佛教有"出家人问政不干政"的说法,具有明显的"政教分离"倾向,体现"出世的精神";而"人间佛教"要求对"此时此地此人的关怀与净化"又强调对社会政治的参与和关怀,体现"入世的精神"。每个信众对宗教义理的不同体会,将塑造出各自独特的人生观与世界观,避免盲从与浮躁,避免一味听从多数的"不虔敬"原则。

二是培育节制的精神。平等化时代,人们很难战胜物欲、焦虑、嫉妒、

---

① 崇明.创造自由——托克维尔的民主思考[M].上海:上海三联书店,2014:251.
② 郑志明.台湾全志(卷九)·社会志·宗教与社会篇[M].台北:"国史馆"台湾文献馆,2006:108.或参见
③ 刘智豪.初探台湾鸾堂之扶鸾仪式意涵与功能——以苗栗狮头山劝化堂为例[A].法治文化视域中的宗教研究:第一届"宗教法律社会"学术研讨会论文集凝聚台湾生命力[C].北京:中国政法大学宗教与法律研究中心,2013:318—334.

怀疑等内在的混乱会造成精神的奴役，看似自由的个体其实是处于败坏的状态。本土宗教的繁荣有利于节制激情，节制理性，塑造出保守主义心态。佛教、道教等本土宗教的教义义理都劝人向善向上，都有各种清规戒律，有"因果报应""因缘""积德"等观念，让信众面对市场经济的各种诱惑时能够有所节制。

（二）维系社会的稳定

"人人都看到了恶，而谁都没有必要的勇气和毅力去为善。"[1]要克服物质主义、个人主义倾向，需要培养积极参与公共事务的志愿者精神。本土宗教通过各种宗教活动促进民众的参与意识与参与能力，从而提供社会洁净自身风气的不竭动力。本土宗教对传统文化的弘扬强化了社会传统的纽带，融合发展趋势则塑造了包容的社会氛围，维系了民情的稳定。

一是培育为善的勇气。本土宗教一方面守护传统道德的价值，为转型过程中产生的问题开出一剂良方；另一方面则带动了公民自主参与的发展，且这种发展根植于传统社会的文化价值。[2]台湾地区的本土宗教团体在发挥宗教慈善功能的同时，把大量信众变成了提供社会福利的志工。如：台北市供奉关圣帝的行天宫于1976年开始设有专门的图书馆，收藏大量关于青少年发展、健康、旅游等相关的资料，既花钱聘请少数专业的馆务管理人员，更依赖大量志愿服务的信众，许多青年志愿牺牲周末假期到图书馆服务。当传统佛教、民间信仰也开始承担起诸多新的社会责任时，人们对于现代化所引发的问题也更加能坦然面对，由此社会整体的自信心得到强化。

二是培育为善的毅力。本土宗教团体热衷举行各种宗教仪式，通过定期组织化的祭祀行为，培养人们观念和信念的坚定性和稳固性，避免被偶然所支配，强化参与者的互助意识，防止将履行义务视为负担而逃避责任。如：台中市大甲镇澜宫在每年妈祖诞辰都要举行妈祖巡游绕境活动，从早期局限于当地53庄居民，以8天7夜一步一脚印跟随妈祖进香，让信众在行脚过程中满足心灵需求；到后来扩展至整个台中、嘉义、云林、彰化等整个台湾地

---

[1] 托克维尔.论美国的民主[M].北京：商务印书馆，2013：绪论.
[2] 周安安.台湾社会转型中的人间佛教[J].文化纵横，2010（5）.或参见周安安：佛教何以在现代台湾如此重要？_华人佛教_凤凰网[EB/OL].https://fo.ifeng.com/guandian/detail_2010_11/29/3260964_1.shtml，2019-06-18.

区中部地区，经过 21 个乡镇 81 座庙宇，跋涉 330 公里，不少信徒长途跟随，让参与者在苦行僧般的实践信仰过程中强化责任意识。再如：同样是祭祀妈祖的北港朝天宫，组织专门的"神明会"，下辖同业联谊为目的的铺会 22 个、阵头会 20 个（包括 9 个乐团与曲馆、11 个龙队与武馆）、妈祖轿班会 7 个、神通团 9 个。"神明会"每逢主祀神诞辰举办祭祀与参会活动，实行炉主制、会长制与顾问制等制度，定期召开会务会议，会员按时缴纳会费，会员有婚丧嫁娶，会长必须率会务人员前往祝贺或凭吊。[①] 由此，在会员之间形成紧密的互动关系，强化个人对组织的责任意识。

三是塑造包容的氛围。佛教、道教、民间信仰的发展都借鉴了传统的儒家文化。比如，证严法师的"静思语录"，主张伦理教化的教义，被称为"人间佛教的儒家化"[②]。再如，一贯道道义趋于儒家化，道场礼节也趋于儒家化。20 世纪 80 年代，台湾社会自信心提升，对中华传统文化的需求增加。一贯道各道场也常常兴办儿童读经班、国学育乐营、成年礼、三代同堂道化家庭表扬等文教活动。[③] 台湾地区本土宗教的跨界别发展，强化了台湾人普遍存在的多重宗教认同心理，防止多数民众形成二元化的世界观，有利于"一多相容"的和谐氛围。

综上，台湾地区的本土宗教扎根岛内社会，在适应社会变迁的过程中呈现出融合化发展趋势，既是对信众心理的迎合，出于扩大信众的需要，也反过来借助宗教慈善等活动，将宗教对社会变迁吸收的成果从精神层面反馈给民众，从而对社会产生广泛的影响力。在宗教与社会的相互作用的过程中，台湾地区本土宗教起到了托克维尔所说的"民情保卫者"的角色作用。[④]

---

① 蔡相辉. 北港朝天宫志 [M]. 云林：财团法人北港朝天宫董事会，1995：150—169.
② 陈明，朱汉民. 原道第 21 辑 [M]. 北京：东方出版社，2013：75.
③ 举办训文研究班阐发经典国学是一贯道的特色所在，基本上以研习《孝经》《孟子》《庄子》《道德经》《论语》《大学》《中庸》《礼记》《诗经》等传统经典为主，儒家经典通常占到训文 60% 以上，如《大学》中的"明德、亲民、至善的三纲领及格物、致知、诚意、正心、修身、齐家、治国、平天下的八条目"都是一贯道训文最常予以阐发的对象。杨流昌. 天道传奇——一贯道在台湾的传播与影响 [M]. 香港：中国评论学术出版有限公司，2011：114.
④ 托克维尔考察美国基督教新教对美国民情的塑造作用时指出，宗教认为公民自由是人的权利的高尚行使，自由认为宗教是自己的战友和胜利伙伴，是自己婴儿时期的摇篮和后来的各项权利的神赐依据。自由视宗教为民情的保卫者，而民情则是法律的保障和使自由持久的保证。托克维尔. 论美国的民主 [M]. 北京：商务印书馆，2013：54—55.

第三节　社会资本的良性发展

公共精神融于社会生活。相较于宗教信仰对于古典民主日常运作的引领作用，以及民情风俗对于 19 世纪自由资本主义阶段民主品质的决定作用，当代民主能否有效运转的关键因素更取决于社会资本的丰富程度，以及导致良性循环的社会均衡是否形成。

民众参与社会生活依赖于社会中的各种人际网络，以及存在于社会网络中的信任与规范。社会的复杂程度越高，参与的有效性与网络形态、信任来源及规范方式的关联度越高。水平的网络、陌生人的信任以及互惠的规范等社会资本有助于在复杂社会中形成高水准的合作，强化从宗教信仰中获得的信任，改善从民情风俗中产生的规范，进而形成良性的社会循环，使复杂社会得以有效运转起来。

随着社会形态发生变化，台湾地区社会组织持续发展，促进民众的持续互动，增强了社会的横向联系，避免了冲突与不可控制。随着社会资本日益浓厚，各种社会功能得以有效发挥，使有机团结逐渐得到巩固，新的社会均衡逐渐成形，让宪制性规定的基本权利在生活中开始变得触手可及。

一、社会资本的日益丰富

台湾地区社会组织的发展经历了从无到有、从弱到强的过程。随着大量社会组织开始依赖社会独立存续，包括公益服务型、动员资源型、社会协调型以及政策倡导型等各类社会组织蓬勃发展，[①] 逐渐涵盖教育、文化、慈善、社会服务、宗教、环境、商业等各个领域。有的社会组织在自己服务的领域甚至获得与台当局竞争性合作的局面；有的社会组织逐渐转型为支持型社会组织，进一步强化了社会的互惠网络，使得台湾地区的社会资本变得日益丰富。

（一）基金会的蓬勃发展

从台湾社会组织的发展情况看，"解严"前社团法人超过六成是在 20 世

[①] 王名. 非营利组织的社会功能及其分类 [J]. 学术月刊, 2006（9）：8—11.

纪 80 年代以后成立的,表明 20 世纪 80 年代以后台湾社会力量的蓬勃发展。[①] 财团法人方面,基金会最早可追溯至 20 世纪 60 年代中晚期,70 年代是基金会的"萌芽期",80 年代是基金会的"发展期",[②] 七成半以上是 80 年代以后成立的,[③] 印证 80 年代后台湾社会财力的增加。就基金会的财源来看,70 年代企业基金会增长迅速,同时官方和企业共同资助成立的基金会也开始出现,非官方和非特定企业来源的基金会数量上升但比例无变化,有特定企业经济资助的基金会接近四成,反映台湾地区民间企业发展迅速、财力上升的态势。80 年代,"非官方和非特定企业支持"的基金会从五成跃升至六成五以上,基金会数字更增长 3 倍,表明官方及特定企业之外,"来自民间的社会力量"的兴起与活跃。同时,特定企业组成基金会的增长势头不减,在解严后也有显著的地位。而台当局资助的基金会在"解严"后的比例明显下降,官方与企业共同组成基金会则在大幅增加,反映民间与官方力量的此消彼长。[④] 其中,台湾地区超过七成的基金会是独立基金,约两成半是企业基金,剩下的才是官方基金与其他类型基金,且绝大部分都是自行营运,[⑤] 表明台湾地区的基金会主要是受民间社会力量的主导。

就基金会的目的而言,20 世纪 80 年代以前,受限于政治敏感、社会共识不足、财力不够,能够成立基金会的大都是有办法有权势的企业、个人或团体,规模总体比较大,基金数额通常在 600 万以上,但以传统的社会福利慈善和社会教育为主,80 年代以后,政治风气渐开,社会共识提高,民间财

[①] 台湾地区是在民法传统下划分组织类型,分公法人、私法人。公法人包括各级行政机构、公立学校。私法人分为社团法人和财团法人。社团法人包括"公司法"规范的营利社团法人与"人民团体法"规范的公益社团法人。财团法人包括公益财团法人与特别财团法人。公益财团法人主要是各类基金会,由各目的事业主管单位设置标准并监督。特别财团法人包括私立学校、私立医院、寺庙、教会、研究机构等,分别由"私校法""医疗法""宗教法"等特别条例予以规范。就非政府组织而言,包括社会团体、职业团体、政治团体等公益社团法人,基金会等财团法人,私立学校、私立医院、寺庙、教会、研究机构等特别财团法人以及非法人团体。参见贾西津,王名.两岸 NGO 发展与现状比较 [J].第三部门学刊,2004(1):169—187.
[②] 萧新煌.台湾的民间基金会组织与趋势 [M].香港:香港海峡两岸关系研究中心,1999:4.
[③] 萧新煌.台湾的非营利部门现状、新动向和未来发展 [M].香港:香港海峡两岸关系研究中心,1999:2.
[④] 萧新煌.台湾的民间基金会组织与趋势 [M].香港:香港海峡两岸关系研究中心,1999:14—16.
[⑤] 萧新煌.台湾的非营利部门现状、新动向和未来发展 [M].香港:香港海峡两岸关系研究中心,1999:2.

力丰厚，一般民众也有能力结合成立基金会，基金会规模大小并存，200万以下的基金会纷纷成立，进入大众化时代，不再只是少数人的特权或事业，目的也扩展至学术研究、公共政策检讨、社会改革提倡、关怀文化艺术等主题。[1] 比如，促进中华传统诗词文化在岛内传播的陈逢源文教基金会。诗人陈逢源1982年去世后，其女陈璧月、陈秀蓉各捐款500万元，为承继其父亲遗志，发扬中华传统诗学，鼓励古典诗创作，于1983年成立财团法人陈逢源文教基金会。[2] 基金会成立当年，开始举办"大专青年联吟大会"，并印制其父亲所著《溪山烟雨楼诗集》传布于诗坛。"大专青年联吟大会"每年由各大学中文学系轮流承办，共计举办二十届，成为台湾地区各大学中文学系、古典诗社团年度重要活动。[3] 岛内青年古典诗人大都曾参与大专联吟活动，为持续创作提供动力，许多曾获得"大专青年联吟大会"创作奖项的人后来都在古典诗词领域取得成就，不少人成为各大高校中文系的教授。早期，岛内民间诗坛吟唱仍多属临时表演或联谊性质，仅台湾师范大学的南庐吟社定期举行吟唱公演，经"大专青年联吟大会"推行，彰化师范大学、华梵大学、成功大学、高雄师范大学等近20所参与联吟的高校纷纷成立诗社，极力改变表演形式及研究曲谱，除原本流传曲谱、地方吟调、戏曲曲调外，晚期更加入大

---

[1] 萧新煌.台湾的民间基金会组织与趋势[M].香港：香港海峡两岸关系研究中心，1999：20.

[2] 陈逢源(1893—1982)，字南都，台湾省台南人，毕业于台北国语学校，因经商成功兼有文才，被称为台湾地区的"张謇"。日本殖民统治时期，积极投入"台湾议会设置请愿活动"，因"治警事件"被捕入狱数月。1923年任台湾文化协会理事。1924年与黄朝琴等人创办《台湾民报》周刊。抗战胜利后，投身于工商界，创设台北合会储蓄公司，投资经营台湾炼铁公司、台湾水泥、中华开发、台湾玻璃、中国人纤、台湾电视、大统海运、中华贸易开发等公司，或任董事，或为监察人。在工商界卓有盛誉，曾任台湾省议员，著有《溪山烟雨楼诗集》。杨毅周.台湾抗日人物传[M].北京：华艺出版社，2015：28.

[3] "大专青年联吟大会"的比赛逐渐规范化。分创作及吟唱二组，第一、二届创作比赛规则较为宽松，允许当场讨论，亦得由教授修改后再交卷。第三届以后，仿照考试，限定个人教室、座位，分派监考人员，除大会所发予每名参赛者《袖珍诗韵》、平仄谱、入声表、平仄两读表、四声相承表外，现场备有《广韵》与辞典公用，其余参考书则禁止携带入内。比赛分两日，首日试七言律诗一题，次日试七言绝句一题。皆于赛前三十分钟，召集各校学生代表公开抽题，于现场所备唐宋明清名家诗集中拟题，依数字随机抽定，并当场抽出所限诗韵。依民间诗社惯例限题、限体、限韵、限时比赛。由参赛者将作品腾录于两份诗卷之上，一份为评审用卷，编号弥封后送评；一份则为展览用卷，于赛后于试场外揭示展出，供诗友评赏。创作评审分初、决二审，一审检查格律正误，如有重大违犯，直接淘汰。复审则聘任诗人、大学教授担任评审词宗，选出前一百名。参见中华诗词研究院，复旦大学中国古代文学研究中心.中华诗词研究（第3辑）[M].上海：东方出版中心，2017：265—266.

陆新创曲谱，甚至由参赛者自行度曲等。① 通过定期举行比赛活动，陈逢源文教基金会成为传统诗社强力的后盾，吸引了大量对古典诗词有兴趣的青年学生投入创作，推动台湾古典诗社的发展进入高潮。

大量非营利组织发挥了促进社会整合的功能，包括：发现和创造新的社会关怀领域、发起和提倡必要的改革、保护和维系某些社会价值、提供服务给有需要的个人与团体，以及扩大社会参与的方法和管道。②

具体而言，一是直接或间接提供公权力机构应该提供的社会服务。比如针对残障人士、贫寒学子、低收入家庭、少数民族等弱势群体提供救助或慈善捐赠。比如，由扶轮社资深社友成立的财团法人中华扶轮教育基金会长期致力于赞助教育，尤其是为境外赴台的留学生提供奖学金。于1977年获批成立后，至1986年间，先后为东南亚侨生、外籍赴台留学生、泰国北部难民子弟赴台求学等提供总计近336万的奖学金。③ 二是支持民众要求台当局改革。"倡议性"非政府组织提出社会改革诉求，直接参与社会改革运动；"咨询性"非政府组织提供社会改革的具体方案；"服务性"非政府组织提供个人或团体最基本的生活与安全支持。④ 比如，推动女性平权运动的"妇女新知杂志社"。1982年，李元贞、曹爱兰、郑至慧、刘毓秀等关心性别平等的女性知识分子，针对当时妇女地位不彰的社会现实，为了唤醒妇女群体的权利自觉意识，推动性别平等，创办了"妇女新知杂志社"，发行刊物《妇女新知》月刊，多次探讨婚姻暴力问题、女工、性骚扰、娼妓等问题。虽然当时社会氛围不利，民众一听到男女平等，丈夫总以为妻子要争权，女人则担心被冠上"女强人"形象，"妇女新知杂志社"的言论被视为"中产阶级妇女所发的牢骚"，但女性受教育水平日渐提高，女性就业率也不断上升，维护女性权益的诉求日渐增长。⑤

---

① 黄乃江.青岩集[M].上海：复旦大学出版社，2018：121—136.
② 萧新煌.台湾的民间基金会组织与趋势[M].香港：香港海峡两岸关系研究中心，1999：4.
③ 财团法人中华扶轮教育基金会官网.关于基金会[EB/OL].http://www.cref.org.tw，2018-07-17.
④ 萧新煌.台湾的非营利部门现状、新动向和未来发展[M].香港：香港海峡两岸关系研究中心，1999：6.
⑤ "1953年，台湾地区女性20至24岁人口平均只受3.94年的教育，为男性受教育年数的57%；而到了1983年，台湾地区女性20至24岁人口已平均受到10年的教育，男性则为10.65年教育，两者相差不多。台湾地区女性的就业率也由1965年的33%增加为1983年的42%。"参见茅家琦.80年代的台湾（1980—1989）[M].郑州：河南人民出版社，1991：119—120.

鉴此,"妇女新知杂志社"坚持了稳健发展的道路,除了定期发刊,不断吸收会员,还支持并联合其他妇女团体,如晚晴协会、主妇联盟、台大妇女研究室等,从而让女性平权的声音不断扩大。1984 年,发布"妇女性骚扰问题"问卷调查结果,呼吁性骚扰应为社会正视的公共议题。针对大量少数民族少女被父母贩卖,"妇女新知杂志社"联合教会、人权、少数民族及其他妇女团体,于 1987 年 1 月发起"抗议贩卖人口——关怀雏妓"华西街大游行,抗议警察勾结人口贩卖集团,引发社会的广泛关注。[①]"解严"前后,"妇女新知杂志社"转型为"妇女新知基金会",持续成为女性平权运动的发动力量。

(二)社会治理能力的提升

在现代复杂社会里,民众间的信任产生于互惠规范和民众参与网络。民众参与的网络形态与制度绩效具有决定性的正相关性。[②]台湾地区社会治理能力的提升,在很大程度上是社会水平网络的扩张,在功能上补充乃至逐渐取代原有垂直网络的过程。

以中华儿童福利基金会(Chinese Children's Fund,简称 CCF)为例,其前身是美国基督教儿童福利基金会在台设立的办事处,致力于贫童救助,隶属于香港分会。1964 年,该会在台中成立分会。20 世纪 50 年代至 70 年代,尤其是 1964—1977 年间,该组织在台运作的所有经费皆由美国总会提供。虽然国民党威权当局限制社会团体的运作空间,但由于该会秉持不介入政治原则,且台当局无力负担更多的儿童福利工作,该会与台当局维持良好关系,得以在台顺利运作。1957 年,因收养弃婴、孤儿工作出色,获台湾省政府颁发一座全身育幼院"最佳经营楷模奖"给 CCF,并奖励 7000 元奖金。由于经费充足,且当局财力有限,扶贫采取低标,CCF 的慈善工作有大量的需求空间,CCF 也从直接经营育幼院收养孤儿、间接资助其他私立育幼院,到建立家庭扶助中心,针对贫困家庭儿童进行扶助。1961—1973 年间,CCF 获得的救助经费共高达 29514 万新台币,远远超过台湾省政府所代表的官方提供

---

① 同年 8 月,"妇女新知杂志社"主要成员及其他社运人士组建"台湾妇女救援协会"。1988 年,正式登记成立"妇女救援基金会"。参见唐桦. 文化研究视域下的台湾社会:音乐、电影及其他 [M]. 厦门:厦门大学出版社,2014:135—136.

② [美] 罗伯特·D. 帕特南. 王列,赖海榕译. 使民主运转起来——现代意大利的公民传统 [M]. 北京:中国人民大学出版社,2015:译者序.

的儿童救助经费，后者才 326.4 万新台币，[①] 补助的贫童数量也远远超过台当局补助的数量。[②] 在 CCF 的影响下，台湾岛内不仅建立了相对专业的儿童福利服务队伍，培养了一批拥有专业知识和经验的社工，而且在很大程度上促进台当局福利制度的革新与转型，促成儿童福利立法工作完成。1977—1985年，CCF 总部决定有步骤分年撤出台湾，其款项来源由依赖总会转向依靠本土募款。由于适逢台湾经济社会的发展已经进入新的阶段，通过民间募款获得的捐款丝毫不少于之前由美国总部获得的资助。不过，由于台当局在"美丽岛事件"以后有意扩大社会福利范围以安抚日益浮躁的社会，先后通过社会救助法等多项福利法案，CCF 与台当局的儿童福利工作关系由和谐配合转向竞争，不但难以获得台当局的补贴，还要与台当局竞争扶助贫童，竞争有经验的社工，竞争民间捐款。[③] 数据显示，1980—1984 年间，台当局补助的贫童数量逐渐接近并一度反超 CCF 补助的贫童数。为了生存发展，CCF 大打文宣战，以简单明了的图标和富有情感的语句，具体的事实和数据要求善心人士帮助某个具体的家庭，让捐款者发现台湾经济快速成长的背后还有那么多处在边缘的群体需要帮助，而且捐款的后续运作比较公开放心。但这也充分暴露台湾社会贫穷的一面，让地方官员脸上无光。省政府社会处一度致函 CCF，希望该机构不要用这种方法募款。不过，由于台当局担心过多的社会福利会阻碍经济发展，且官僚体系在具体实施时心态保守，运作僵化，而 CCF 则工作细致，在问候、回访等人性化安排上都超越台当局，逐渐让 CCF 在竞争中取得优势。1985 年以后，CCF 获得的捐款及扶助的贫童数量均超越台当局，且差距再次拉开。[④]1985 年 7 月，美国 CCF 正式撤离台湾。已经本土化的 CCF 则更名为中华儿童福利基金会（Chinese Children's Fund，仍旧简称 CCF），显示出蓬勃的生命力。40 岁以下的商人及公教人员成为募款主

[①] 官有垣，邱瑜瑾. 美国基督教儿童福利基金会对台湾儿童福利发展的影响 [A]. 官有垣. 非营利组织与社会福利——台湾本土的个案分析 [C]. 台北：亚太图书出版社，2000：35.

[②] 官有垣. 台湾民间社会福利机构与政府的竞争关系——以台湾基督教儿童福利基金会为例 [A]. 官有垣. 非营利组织与社会福利——台湾本土的个案分析 [C]. 台北：亚太图书出版社，2000：101.

[③] 张钟汝，范明林. 政府与非政府组织合作机制建设 [M]. 上海：上海大学出版社，2010：80—81.

[④] 官有垣. 台湾民间社会福利机构与政府的竞争关系——以台湾基督教儿童福利基金会为例 [A]. 官有垣. 非营利组织与社会福利——台湾本土的个案分析 [C]. 台北：亚太图书出版社，2000：59—107.

要来源，显示 CCF 与新生社会力量的完美结合。

从 CCF 的发展历程看，早期，其成员担任各级行政机构儿童福利促进会的委员，为台当局提供相关福利服务建言，参与决策与"立法"，在社会福利功能的发挥方面，是补充、辅助的角色；[①]20 世纪 80 年代前后，与台当局既合作，又竞争，甚至争夺社会资源，CCF 主要是在日趋复杂的社会水平网络中汲取营养，而台当局则有组织动员上的既有优势，双方的互动事实上促进了社会福利范围的扩大；后来在募款上，在社会福利的提供上，CCF 全面赶超当局，展现出蓬勃生机。相较而言，CCF 是借助水平网络，单纯提供社会福利救济的功能，工作人员以志愿者为主，不但理想性高，而且工作模式较为灵活，能够更及时广泛地与服务对象、募捐对象进行联系、回馈；而台当局除了提供社会福利救济的功能，还要考虑自身形象等政治效应，科层制的动员模式也限制了工作人员开展工作的空间。更重要的是，20 世纪 80 年代中后期的社会资本已足够丰富，开始与提供社会服务的组织之间形成相互支撑、良性循环的发展局面。

二、社会均衡的逐渐成形

随着社会力量的独立及壮大，开始寻求与政治力量、经济力量形成新的平衡。当社会中的非正式变迁积聚到一定程度，正式的制度开始回应社会需求，并进而引发新的社会变迁。在社会提供持续支持力量的情况下，改革所引发的社会变迁强化自身的运作逻辑，新的社会均衡由此形成。

（一）正式改革引发非正式变迁

社会力量积聚的过程，就是社会不断表达自身需求的过程。但是，在机械团结占据主导地位的时候，许多社会的功能性需求迟迟得不到满足。只有当社会条件发生改变、社会形态发生改变、功能性整合成为维系社会团结的主要方式后，也就是非正式变迁已经使体制认识到需要正式改革时，正式的制度变迁才开始发生。

以"社会救助法"为例，早在 1965 年就开始讨论，历经 15 年时间搁置，直到 1980 年，台当局才火速通过。同时，"老人福利法""残障福利法"也

---

① 张钟汝，范明林. 政府与非政府组织合作机制建设 [M]. 上海：上海大学出版社，2010：79—80.

完成"立法"程序，并先后通过"私立学校教职员保障条例""公务人员眷属保险条例"等。[1] 此后，又通过了"职业训练法"（1983）、"劳动基准法"（1984）、"退休人员及配偶疾病保险条例"（1985）、"私立学校教职员及配偶疾病保险条例"（1985）、"农民健康保险条例"（1985）等。这些法规的通过，导致社会福利支出的增加，尤其是扩大公务人员、劳工、私立学校教职员的给付范围。台当局的社会福利支出开始上升，在1981年接近513亿元，比例占到台当局总支出的12%。但法案中规定的各项福利措施和台当局曾做出的各项承诺，并未在稍后两三年间陆续兑现，相反，台湾民众在此期间反而不断地从各类传播媒体上听到、见到当局推动的公共过程接二连三发生弊案，其中也包括了许多台当局原先承诺的老人文化康养中心、残障教养院房舍、"国民住宅"等，引起部分残障、老人及社会福利团体的不满，以及学者、舆论的强烈质疑。面对公权力部门效率不彰的现实困境，主管社会福利事业的台当局"内政部"，通过下辖的"社会司"在1983年颁订"加强结合民间力量推展社会福利实施计划"，明定各县市政府推展社会福利工作，得以补助、奖励、委托民间合法福利机构共同办理，办法中规定台当局将以对等补助的方式协助各地方政府推动与民间机构合作的项目。此举被视为台湾社会福利"民营化"的开始，直接促成地方社会福利团体和福利事业的蓬勃发展。[2] 原来各县市普遍不重视福利工作，多数县市的年度社会福利经费仅占县市政府总预算的1%左右，有些甚至更低，县市政府可办的社会福利事业往往屈指可数。在台当局明确可以资助地方办理社会福利经费的50%甚至更高，又允许地方政府以委托、奖助名义让民间团体代为办理后，各县市政府积极性大幅提高，各地不同类型的福利团体及福利事业在20世纪80年代中期以后，无论是数量还是种类上都明显增加。

对主管福利工作的台当局行政部门而言，以"委托民间办理"的方式，既免去编制不足、程序冗长以至有心无力、效率不彰甚至贪腐横行的难题，实现社会资源的再分配，也可乘机主导社会福利事业的监督和发展。对台湾

---

[1] 1979年"美丽岛事件"发生后，党外人士所批评的许多涉及公共资源分配的民生议题浮上台面，迫使台当局在社会福利方面有所作为，以强化自身合法性。参见郭德勒，范英，刘小敏. 新时期人道主义思想和残疾人事业的理论与实践 [M]. 北京：华夏出版社，2008：272.

[2] 林万亿. 台湾全志（卷九）·社会志·社会福利篇 [M]. 台北："国史馆"台湾文献馆，2006：48.

地区的民间福利团体而言，不仅透过台当局的委托提高了自身的知名度和公信力，也在相关资助下获得不少的财源，更好地推行设施改善和扩建等福利项目。由此可见，正式制度的变迁，开启台当局与社会的良性互动，使得社会的需求得到一定的满足，社会的力量得到一定的发展，台当局的社会治理也得到了改善。

（二）自我维持机制的形成

均衡一旦实现，往往会自我增强。[1]随着台湾社会变迁的深入，普通民众对于社会的"集体意识"不断强化，对于社会环境的信念在发生改变。一是作为经济增长的获益者，对经济高速成长仍然期待，但同时注意到环境品质与生活品质的相关性，注意到经济增长方式的重要性。二是对台当局的权威不会挑战，但对当局的要求提高很多，对当局功能要求不仅限于"外交、国防、安全"领域，也扩张到社会公平、经济公平乃至社会福利的诉求，对政策的制定追求实质上的影响，以及认知与行动上的具体参与。三是对社会问题的敏感度提升，集体意识增强，对于如何重建新的社会规范、重组社会秩序以及个人该负责的部分还无法把握得当。

根据萧新煌所做的关于民众对社区生活满意度所做的抽样调查，列出11项不属于个人化的社区生活内容，包括交通便利、电信便利、水电供应、休闲娱乐措施、医疗设备、教育设施、治安问题、社区活动、宗教活动、乡里相处、地方机关事务便民等，其中前3项是属于实质性的公共设施，4—7项是属于福利性的措施，8—10项则属于社会参与。民众感到满意的均属于实质性的公共设施，半数以上的人都不满意福利性的措施，对于社会参与并不寄望当局，但对于交通、休闲设施、医疗设备、教育设施等，均希望当局能制定政策去改良。这样的调查结果也显示，个人能力能加以改进的项目，民众较易满足，且主观感受的生活品质也较高，这些大都属于私生活方面；然而一旦超越个人能力所能改进的项目，则评价水准较低，这些都属于民众的公共生活方面。因此，民众希望当局有足够的能力，来替他们改善其公共生活的品质。[2]

---

[1] [美]罗伯特·D.帕特南.王列，赖海榕译.使民主运转起来——现代意大利的公民传统[M].北京：中国人民大学出版社，2015：译者序.

[2] 萧新煌.社会力——台湾向前看[M].台北：自立晚报文化出版部，1989：23.

同时，随着社会的逐渐开放，社会资本的日益浓厚，人们主动参与社会组织，建设社会互惠网络的意愿和行动能力增强。就企业家言，越来越多的企业家在取得事业成功后，开始成立基金会回馈社会。如台湾地区的世界船王张荣发，在 1985 年其旗下的长荣海运公司成为世界第一大货柜运输公司后，成立了张荣发基金会，以关怀弱势群体。就知识分子而言，比如：消费者文教基金会董事长柴松林教授曾与几位研究特殊教育的朋友于 1980 年创办第一儿童发展基金会，专门从事智障儿童的教育工作，设置儿童庇护中心，提供示范性的低能儿启智教育，提供启智教育工作者及家长进修教育，推动智障儿童及成人职业教育及就业服务，协助其他特殊教育机构及启智协会等团体咨询服务与倡办各种活动。[1] 柴松林还于 1985 年参与创办新环境社，除了发行新环境月刊及出版环境保护有关书刊外，并提供其他环境保护组织咨询及环境资讯教育，促进环境保护立法，参与国际性环境保护活动。[2] 由于对台湾社会的广泛影响，柴松林被誉为"台湾的良心"，受到许多人的支持，希望其参选公职。但柴却主动放弃，认为"政治是一条窄途，政治之外还有很多社会领域可以贡献心智"。柴的生活态度也影响到很多人，柴松林的妻子薄庆容就是其中之一。薄是金融业的部门主管，也是"妇女新知"杂志社的主要创始成员，担任杂志的主笔，[3] 也是社会组织的积极参与者。在柴松林等人的影响下，台湾社会上许多人也有了从事公益的想法与行动。就普通民众而言，根据文崇一的研究，1983 年时，台湾地区居民有意愿参加社团活动的达 68%，其中城市居民更高达 73%，实际参加社团的人数也达到三分之一以上。[4]

就社会组织而言，各种非政府组织也随着时代的发展而拓展其关怀的领域，如张荣发基金会从照顾弱势发展到成立专门的慈善基金会，再发展出专

---

[1] 柴松林回忆当时刚刚设立第一儿童发展基金会时的情形，"枫桥新村的居民都不欢迎我们，他们在台北街头贴海报"，上书"柴松林请滚出台北"等。之所以出现那种情形，柴松林总结原因在于那个时代仍然在转型之中。当时，小孩如果智能不足，周遭民众大多认为是他的父母缺德，他们认为这是一种罪恶，所以排斥。后来，柴松林等人经过不断沟通，终于在半年后，使得包括枫桥新村在内的每个地方都欢迎他们去搞活动。参见郑石岩. 分享人人都有的梦：台湾知名成功人士的人生体悟 [M]. 北京：新华出版社，2000：16.

[2] 柴松林. 如何突破困境 [M]. 台北：林白出版社有限公司，1987：13.

[3] 柴松林. 如何迈向富裕 [M]. 台北：林白出版社有限公司，1987：16.

[4] 1982 年，台湾的各类社团数量已达 9000 多个，成员 500 多万，已囊括绝大部分就业人口。文崇一. 台湾的工业化与社会变迁 [M]. 台北：东大图书股份有限公司，1989：40—49.

门的文教部、专门的文物馆、海事博物馆等。[①]同时,各种非政府组织之间的互利合作越来越多。如1979年由音乐学家、知识分子成立的"中华民俗艺术基金会"[②],在初创时期,限于经费与人力,大致以民族音乐、戏剧的调查与研究为主。[③]在20世纪80年代开始举办"民间剧场",适合了社会的需要,影响力提升,进而通过与寺庙合作,推出庙会版的民间剧场,促进了民间游艺的发展,既解决了自身的财力人力问题,更使得寺庙不只是"宗教存在",更是"艺术存在""生活存在"[④],从而激活了民间习俗的现代意义,反映了托克维尔意义上的宗教、习俗、传统等"民情"如何转换成帕特南意义上的当代社会资本与社会均衡。

小　结

本章回到了托克维尔关于民主巩固的问题,除了穿插运用涂尔干、托克维尔、诺斯关于宗教、民情、观念等论述外,主要运用了帕特南的理论回应当代民主巩固的社会条件,即一方面是宗教信仰渗透到人们的习惯、思想和道德生活中,成为民情的保卫者;另一方面,更重要的是社会本身所建立的互惠网络形成支撑性结构,确保民主在良性发展的轨道上运转。

本章仍然延续组织视角,首先通过考察台湾地区宗教组织的变化来反映"民情"的变化。需要指出的是,宗教精神既有与一般公共团体内涵的促进社会公共参与相似的作用,更有不同于一般公共团体凸显个人权利,而有消极抑制个人欲望的倾向。具体而言:人间佛教的发展,既使得宗教适应现代社

[①]　财团法人张荣发基金会. 关于我们[EB/OL].https://www.cyff.org.tw/,2018-07-11.

[②]　在"中华民俗艺术基金会"成立之前,其创始人许常惠是以小规模聚会的形式分享其音乐爱好,分别于1961年创立"制乐小集""新约初奏",1963年创立"江浪乐集",1965年创立"五人乐会"。20世纪70年代前后则开始以社团形式推动音乐事业的发展。1969年创立"中国现代音乐研究会",1973年创立"亚洲作曲联盟"。"中华文化艺术基金会"的成立,则是以财团法人的方式进行推广。许常惠在推动音乐方面,在不同时间段所采取的不同组织形式,内在具有递进关系,反映的是台湾地区的社会变迁所带来的社会组织的转型发展。吕钰秀. 宝岛音乐文化[M]. 北京:中央音乐学院出版社,2013:307—308.

[③]　林美容. 台湾地区民间团体对无形文化资产的传承与保护[A]. 杨源,何星亮,民族服饰与文化遗产研究:中国民族学学会2004年年会议文集[C]. 昆明:云南大学出版社,2005:387—393.

[④]　吴明德. 台湾民俗文化的推手林明德[A]. 徐杰舜,金羊毛的寻找者——世纪之交的中国民俗学家[C]. 哈尔滨:黑龙江人民出版社,2005:219—220.

会世俗化发展的趋势，使得宗教与社会变迁相适应，又对变迁社会中的需求有了精神上的反馈提升，使得社会变迁中那些有利于宪制性权利实现的"民情"透过与宗教的结合，得以获得权威，并进而潜移默化人们的思维和行为方式，从而发挥了"唤起民主的宗教信仰"的功能。

台湾地区本土宗教影响着多数台湾地区民众，直接塑造台湾地区的主流"民情"。本土宗教有中华文化底蕴，有重视信仰本质的传统，也借鉴了西方宗教的组织运作方式，使得本土宗教与变迁中的台湾社会高度结合，迎来繁荣发展的局面，发挥了稳定民情的多项功能。同时，台湾地区本土宗教的融合化发展，呈现出"神圣中有世俗、世俗中有神圣、宗教中有巫术、巫术中有宗教、道德中有功利、功利中有道德"的特点，[①] 使得教与教的分野并不明显。许多台湾地区民众的信仰也不是非此即彼的，往往有着多重宗教认同而不觉得矛盾。随着本土宗教的影响力扩大，反过来强化了民众的"游宗"信仰观念，[②] 从而塑造了一种和谐共生的民情观念，有利于台湾社会转型的平稳过渡，起到"洁化民主的风尚"的效果。

由此，本书已经明确解释了台湾地区"解严"前宗教发展的三条线索，一是宗教的适应化发展，主要表现是传统宗教坚持基本教义的同时，将宗教形式、传播方式与社会变迁相适应，使得宗教在去政治依赖、去政治化的同时，能够从社会发展中恢复、强化宗教的生命力；二是宗教的民俗化影响，主要表现是宗教将教义约束赋予信徒的同时，也将宗教本身所吸收改造的价值理念、组织参与方式等体现社会变迁之处，以精神权威、宗教习惯等方式融入一般民众的日常生活之中；三是宗教的融合化发展，主要表现在佛教、道教、民间信仰等本土宗教的融合化发展。此外，基督教等西方宗教为了适应台湾地区社会变迁，在传教方式上也在借鉴吸收本土宗教重视"形象化"、重视"感应"、重视"体验"等特质，而本土宗教在慈善活动、组织运作等方面则充分借鉴西方宗教的经验，宗教与社会互动的需要加深了宗教融合化发展趋势，从而凝聚了人们的精神世界。

事实上，台湾地区"解严"前的宗教发展还有两条线索是本书有所触及，但未展开论述的。一是地下宗教的合法化过程。随着台湾社会的多元化发展，体制的不断扩张，以及宗教本身出现的融合化发展趋势，提供了原来不被正

[①] 陈明，朱汉民. 原道（第21辑）[M]. 北京：东方出版社，2013：75.

[②] 郑志明. 台湾传统信仰的宗教诠释[M]. 台北：大元书局，2005：3.

统宗教所承认的边缘宗教、地下宗教走向合法化的契机。需要指出的是，这类宗教为自身的合法化做出了长期的努力，不单单是争取台当局的合法注册登记而已，而更多的是社会条件的改变，原来被视为不合法的行为方式已经普遍存在并被社会认可，既有束缚的法理基础已经随着人们日常生活的改变自然而然地丧失了合法性。除了宏观环境的改变，这类宗教组织在中观层面上努力协调处理好与当局、与社会两组关系，并在微观层面上主动做出有力有效的具体作为。凭借形象的重新塑造与传教方式的适应化改造，促使社会先于体制接受了这类宗教，而体制的承认则起到顺水推舟的重要作用。二是部分宗教组织的倡议化发展。台湾地区部分宗教组织在经历了脱离政治庇护、依托社会的适应化发展以后，不满足于体制变迁的程度，与各类倡议性社会运动相结合。相较于早期各类倡议性运动的无序化发展，以及早期反对运动中盛行的派系化争执、利益化导向，这类倡议性宗教组织及其成员在参与倡议性活动，乃至反对运动时，往往既拥有组织经验、动员能力，又受到宗教教义及宗教习惯的限制。在活动中，对民众的组织号召能力更强，目标、策略清晰，行动上又要相对理性、克制许多，与体制的妥协、谈判意愿也更强，事实上在一定程度上起到了规制民主行动的作用。[①]

宗教信仰引领公共精神，是古典民主有效运作的灵魂，也是当代民主不可或缺的重要因素；民情风俗保障自由秩序，在19世纪自由资本主义阶段曾对民主品质起过决定作用，至今仍是维系民主的社会基础；相较而言，后发转型地区与当代民主的距离，更取决于社会资本的丰富程度，以及导致良性循环的社会均衡是否形成。

由此，本章还描述了台湾地区社会信任、规范和合作网络的形成过程，以及社会资本实现自我增强和累积的过程，展现良性循环所产生的社会均衡，不断形成台湾地区高水准的合作、信任、互惠、民众参与和集体福利。身处变迁社会中的台湾民众，则以理性的方式对社会环境做出反应，在非人际关系化的开放环境中，获得公共激励，从而强化制度变迁的社会效果，实现社会资本与社会均衡的相互强化。

综上，虽然"解严"前的台湾社会已经是一个高度异质化的社会，社会充满了各种诉求、各种矛盾、各种压力，但"解严"前的台湾地区也是一个

---

① 需要指出的是，部分倡议性宗教组织如基督教长老教会，在台湾社会转型时期，因为其成员构成极为偏狭，导致其政治诉求出现"台独化"倾向，也导致了民主行动的异化。

高度宗教化的社会，人们可以从宗教中寻求安慰，可以从宗教活动中得到解脱。普通民众在日常的宗教活动中掌握行使自由的技巧，学会如何参与公共事务，节制自身的激情与欲望，维系对家庭婚姻的尊重，加深对传统文化的理解。包括"人间佛教"在内的台湾地区的本土宗教影响着绝大多数台湾人的日常生活，在社会安宁、人心匡正、道德教化、文化改良方面都发挥了"唤醒"与"洁化"的功能，实现了公共精神的再提升，从而重塑台湾地区的"民情"。与台湾地区社会力量多元化、异质化发展不同，本土宗教的融合化发展，维系了精神世界的"共同体"，使得即便台湾地区政治出现高度分歧的统"独"认同矛盾，台湾社会运作仍然能够维持正常，台湾地区的转型仍然能够平稳发生。同时，更加现实的是，随着台湾地区社会资本的日益丰富，社会均衡的逐渐成形，私人主体之间的信任开始建立，而信心产生预期，预期影响行为，互惠规范与民众参与网络得以在良性发展的轨道上持续增强，从而建立了从社会发展到制度演进的"路径依赖"。

结语——回到社会看问题

社会条件的研究对台湾研究有拓展意义。本书回到社会看问题，不同于传统转型政治学或宪法史的视角，重新建立对宪制性规定变迁转型的理论解释框架。通过综合运用政治家托克维尔关于民主的社会条件理论，社会学家涂尔干的有机团结理论，经济学家诺斯的制度变迁理论，政治学家帕特南的社会资本理论，结合台湾地区宪制性规定变迁转型的社会条件，包括台湾地区社会的再组织化发展，台湾地区公共领域的形成以及台湾地区公共精神的提升，得出宪制性规定变迁转型的条件不仅仅是托克维尔所提出的民情条件，还包括涂尔干的社会结构，诺斯的动力因素以及帕特南的维持机制。简要回顾本书的描述过程，既是对台湾社会变迁进行重新认识的过程，也是对宪制性权利条件的理解深化的过程。台湾地区通向社会的经济发展模式，对社会产生深远影响，自1973年进入工业化社会后，社会结构开始多元化，开启工商团体的组织化、功能化发展，推动社会的再组织化。随着社会力量的独立及壮大，开始寻求与政治力量、经济力量形成新的平衡。公共团体带来了公共生活的习惯，促进了公共话语的形成，也为公共理性的发展提供空间，为体制的开放、机制的形成提供支撑，提高了社会的协商统合能力，也使得制度变迁得以从社会变迁中汲取养分。随着台湾地区宗教的发展、民情的稳定、社会资本的丰富与均衡化发展，台湾地区的公共精神得到提升，从社会发展到制度演进的"路径依赖"得以在良性的轨道上运行。由此，对台湾地区宪制性规定变迁转型社会条件的回顾性描述，正好验证本书的解释框架。

推而广之，看待台湾地区"解严"后宪制性规定变迁发展的曲折，尤其是考察当前台湾地区选举政治出现的种种新问题以及对两岸关系发展带来的挑战，同样可以回到前面的叙事框架中进行更进一步的解读。回到社会的角度去看台湾地区社会结构的变化、社会统合性因素的变化，以及社会维持机制的变迁，对台湾社情民意的了解也就越深，对我对台工作方向的把握也会更有理论抓手。

参考文献

专著与论文集

[1] 蔡明介.竞争力的探求：IC 设计、高科技产业实战策略与观察 [M].合肥：合肥工业大学出版社，2008.

[2] 蔡明璋，王宏仁.农民、劳工与中产阶级——流汗打拼为将来 [A].王振寰，章英华.凝聚台湾生命力 [C].台北：巨流图书有限公司，2005.

[3] 蔡文辉.我国现代化努力的过去、现在与将来 [A].蔡文辉.海峡两岸社会之比较 [C].台北：东大图书股份有限公司，1988.

[4] 蔡文辉."中华民国"社会福利之检讨与展望 [A].蔡文辉.海峡两岸社会之比较 [C].台北：东大图书股份有限公司，1988.

[5] 蔡相辉.北港朝天宫志 [M].云林：财团法人北港朝天宫董事会，1995.

[6] 曹建明.呕心沥血推进法治 [A].《报国有心爱国无限：汪道涵百年诞辰纪念文集》编辑组.报国有心爱国无限——汪道涵百年诞辰纪念文集 [C].上海：上海人民出版社，2015.

[7] 柴松林.新经济社会消费者运动 [A].萧新煌，郑又平，雷倩.台湾的消费者运动理论与实际 [C].台北：时报文化出版事业有限公司，1982.

[8] 柴松林.如何迈向富裕 [M].台北：林白出版社有限公司，1987.

[9] 陈碧奎口述，林慧姃整理.赤手空拳 [M].台北：前卫出版社，1998.

[10] 陈东升，周素卿.台湾全志（卷九）·社会志·社会都市发展篇 [M].台北："国史馆"台湾文献馆，2006.

[11] 陈冠任. 蒋介石在台湾：揭秘蒋介石退居台湾后的真相 [M]. 北京：东方出版社，2013.

[12] 陈家豪，庄濠宾. 台湾全志（卷五）·经济志·商业篇 [M]. 台北："国史馆"台湾文献馆，2006.

[13] 陈建樾. 台湾"原住民"历史与政策研究 [M]. 北京：社会科学文献出版社，2009.

[14] 陈明，朱汉民. 原道第 21 辑 [M]. 北京：东方出版社，2013.

[15] 陈小冲. 台湾民间信仰 [M]. 厦门：鹭江出版社，1993.

[16] 陈寅恪. 冯友兰中国哲学史下册审查报告 [A]. 陈寅恪. 金明馆丛稿二编 [C]. 北京：生活·读书·新知三联书店，2015.

[17] 陈忠纯. 大陆台湾史研究的历史与现状分析——以《台湾研究集刊》历史类论文 (1983—2007) 为中心 [A]. 李祖基. 台湾研究新跨越 历史研究 [C]. 北京：九州出版社，2010.

[18] 陈忠义. 稳健的再出发 [A]. 萧新煌，郑又平，雷倩. 台湾的消费者运动理论与实际 [C]. 台北：时报文化出版事业有限公司，1982.

[19] 程朝云. 战后台湾农会的制度改革 (1950-1954)[A]. 中国社会科学院近代史研究所青年学术论坛 2006 年卷 [C]，北京：社会科学文献出版社，2007.

[20] 程朝云. 农复会与战后台湾四健会的设立与发展 [A]. 张海鹏、李细珠. 台湾历史研究（第一辑）[C]. 北京：社会科学文献出版社，2013.

[21] 成汉昌. 中国土地制度与土地改革：20 世纪前半期 [M]. 北京：中国档案出版社，1994.

[22] 崇明. 创造自由——托克维尔的民主思考 [M]. 上海：上海三联书店，2014.

[23] 杜强. 台湾地区环境污染治理与生态保护研究 [M]. 长春：吉林人民出版社，2015.

[24] 杜维明. 文化中国系列·中国文化的危机与展望——当代研究与趋向 [M]. 台北：时报文化出版事业有限公司，1981.

[25] 傅景亮. 资本治理与政治转型：东亚地区民主化比较研究 [M]. 北京：中央民族大学出版社，2013.

[26] 符利群. 陆章铨传 [M]. 北京：华文出版社，2008.

[27] 郭玉军. 一个法学家的世纪追梦——韩德培思想研究 [M]. 武汉：武汉大学出版社，2015.

[28] 韩大元. 比较宪法学 [M]. 北京：高等教育出版社，2003.

[29] 韩清海. 中国企业史·台湾卷 [M]. 北京：企业管理出版社，2003.

[30] 何莉萍. 中国法律史学文丛：民国时期永佃权研究 [M]. 北京：商务印书馆，2015.

[31] 何绵山. 台湾佛教 [M]. 北京：九州出版社，2010.

[32] 何绵山. 台湾民族与宗教 [M]. 厦门：厦门大学出版社，2013.

[33] 何勤华. 西方法学名著精萃 [M]. 北京：中国政法大学出版社，2002.

[34] 何子文. 佛教僧人的社会身份及其近代转变 [M]. 北京：宗教文化出版社，2016.

[35] 何卓恩. 光复初期"台湾文化协进会"宗旨与始末初探 [A]. 张海鹏、李细珠. 台湾历史研究（第二辑）[C]. 北京：社会科学文献出版社，2014.

[36] 侯书森. 百年老书信：外事·商事卷 [M]. 北京：改革出版社，1998.

[37] 胡乔木等. 简明基督教百科全书 [M]. 上海：中国大百科全书出版社上海分社，1992.

[38] 胡佛. 政治变迁与民主化 [M]. 台北：三民书局，1998.

[39] 花松村. 台湾乡土续志（第1册）[M]. 香港：中一出版社，1999.

[40] 黄德福. 民主进步党与台湾地区政治民主化 [M]. 台北：时英出版社，1992.

[41] 黄世明. 台湾全志（卷九）·社会志·社会多元化与社会团体篇 [M]. 台北："国史馆"台湾文献馆，2006.

[42] 黄书纬，蔡庆同. 世代差异、工作伦理与台湾愿景 [A]. 王振寰，章英华. 凝聚台湾生命力 [C]. 台北：巨流图书有限公司，2005.

[43] 黄武东. 黄武东回忆录 [M]. 台北：前卫出版社，1998.

[44] 纪骏杰，萧新煌. 台湾全志——环境与社会篇 [M]. 台北："国史馆"台湾文献馆，2006.

[45] 季明. 世界社会主义五百年启示录 [M]. 北京：人民日报出版社，2014.

[46] 姜殿铭. 当代台湾大事典 [M]. 太原：山西教育出版社，1995.

[47] 姜南扬. 台湾政治转型之谜 [M]. 北京：文津出版社，1993.

[48] 姜南扬. 台湾政治转型与两岸关系 [M]. 武汉：武汉出版社，1999.

[49] 姜垣. 控烟政策——成功与挫折 [M]. 北京：中国协和医科大学出版社，2005.

[50] 江宜桦. 自由民主的理路 [M]. 台北：联经出版社，2001.

[51] 金泓讯，郑振清，吴能远. 台湾经济概论 [M]. 北京：时事出版社，1986.

[52] 金耀基. 中国的现代转向 [M]. 香港：牛津大学出版社 (中国区)，2004.

[53] 荆知仁. 中国"立宪"史 [M]. 台北：联经出版社，1984.

[54] 阚正宗. 台湾佛教一百年 [M]. 台北：东大图书股份有限公司，1999.

[55] 阚正宗. 重读台湾佛教——战后台湾佛教正编·续篇 [M]. 台北：大千出版社，2004.

[56] 柯三吉. 构建新台湾人的生活愿景 [M]. 台北：国民党中央政策研究工作会，1999.

[57] 赖骏楠. 宪制道路与中国命运：中国近代宪法文献选编 1840—1949(上卷)[M]. 北京：中央编译出版社，2017.

[58] 赖骏楠. 宪制道路与中国命运：中国近代宪法文献选编 (1840—1949)(下卷)[M]. 北京：中央编译出版社，2017.

[59] 李达. 台湾宗教势力 [M]. 香港：广角镜出版社，1987.

[60] 李丁赞. 社会力的诞生与转型 [A]. 王振寰，章英华. 凝聚台湾生命力 [C]. 台北：巨流图书有限公司，2005.

[61] 李非. 战后台湾发展经济史 [M]. 厦门：鹭江出版社，1992.

[62] 李福长.20 世纪历史学科通论 [M]. 济南：齐鲁书社，2012.

[63] 李健，苏真. 台港澳大辞典 [M]. 北京：中国广播电视出版社，1992.

[64] 李培林. 另一只看不见的手：社会结构转型 [M]. 北京：社会科学文献出版社，2016.

[65] 李松林. 蒋经国晚年 [M]. 合肥：安徽人民出版社，1996.

[66] 李添春. 台湾省通志稿（卷 2）：人民志·宗教篇 [M]. 台北：台湾省文献委员会，1956.

[67] 李文朗. 台湾人口与社会发展 [M]. 台北：东大图书股份有限公司，1992.

[68] 李庸三. 台湾服务业发展论文集 [M]. 台北：联经出版社，1995.

[69] 李永泰. 适当时机与适当政策——李国鼎经济科技创意实例 [M]. 南京：东南大学出版社，2008.

[70] 李瑜青，张斌. 法律社会学评论 [M]. 上海：华东理工大学出版社，2014.

[71] 李在全. 法治与党治——国民党政权的司法党化 [M]. 北京：社会科学文献出版社，2012.

[72] 黎安友. 中国研究四十载 [A].《思想》第 5 辑 "转型正义与记忆政治" [C]. 台北：联经出版社，2007.

[73] 林本炫. 台湾的政教冲突 [M]. 台北：稻乡出版社，1994.

[74] 林纪东. "中华民国宪法"释论 [M]. 台北：大中国图书公司，1972.

[75] 林嘉诚. 社会变迁与社会运动 [M]. 台北：黎明文化事业股份有限公司，1992.

[76] 林佳龙. 解释台湾的民主化 [A]. "党国"体制与民主发展 [C]. 台北：月旦出版社，1999.

[77] 林来梵. 从宪法规范到规范宪法：规范宪法学的一种前言 [M]. 北京：法律出版社，2001.

[78] 林来梵. 从宪法规范到规范宪法 [M]. 北京：商务印书馆，2017.

[79] 林美容. 台湾地区民间团体对无形文化资产的传承与保护 [A]. 杨源，何星亮，民族服饰与文化遗产研究：中国民族学学会 2004 年年会议文集 [C]. 昆明：云南大学出版社，2005.

[80] 林松龄. 有关资源分配的社会问题——贫穷问题 [A]. 杨国枢，叶启政. 台湾的社会问题 [C]. 台北：巨流图书公司，1991.

[81] 林万亿. 台湾全志（卷九）·社会志·社会福利篇 [M]. 台北："国史馆"台湾文献馆，2006.

[82] 林震. 东亚政治发展比较研究——以台湾地区和韩国为例 [M]. 北京：九州出版社，2011.

[83] 刘国深. 当代台湾政治分析 [M]. 北京：九州出版社，2002.

[84] 刘红. 蒋经国全传 [M]. 北京：中国言实出版社，1996.

[85] 刘明福. 论美国：对话基辛格论中国 [M]. 北京：北京古籍出版社，2017.

[86] 刘培峰. 结社自由及其限制 [M]. 北京：社会科学文献出版社，2007.

[87] 刘卫兵. 随访连战的日子 [M]. 北京：九州出版社，2007.

[88] 刘亚军. 政治学基础理论研究 [M]. 兰州：甘肃人民出版社，2015.

[89] 刘拥华. 现代城市社会与文化丛书：社会学的政治想象 [M]. 北京：中国社会出版社，2015.

[90] 刘焯. 法与社会论——以法社会学的视角 [M]. 武汉：武汉出版社，2003.

[91] 刘智豪. 初探台湾鸾堂之扶鸾仪式意涵与功能——以苗栗狮头山劝化堂为例 [A]. 法治文化视域中的宗教研究：第一届"宗教法律社会"学术研讨会论文集·凝聚台湾生命力 [C]. 北京：中国政法大学宗教与法律研究中心，2013.

[92] 陆嘉玉. 佛教文化与现代社会 [M]. 天津：天津人民出版社，2002.

[93] 吕大吉. 宗教学纲要 [M]. 北京：高等教育出版社，2003.

[94] 马国川. 没有皇帝的中国：辛亥百年访谈录 [M]. 牛津大学出版社中国有限公司，2011.

[95] 茅家琦. 80年代的台湾 (1980—1989)[M]. 郑州：河南人民出版社，1991.

[96] 茅家琦. 台湾经济政策轨迹：兼评尹仲容、李国鼎的经济政策思想 [M]. 北京：台海出版社，1998.

[97] 毛寿龙. 斯密理论与治道变革 [A]. 和谐社区通讯 (总第 38 期)[C]. 北京：和谐社区发展中心，2015.

[98] 苗连营，郑磊，程雪阳. 宪法实施问题研究 [M]. 郑州：郑州大学出版社，2016.

[99] 苗月霞. 北京大学政治发展与政府管理研究所编. 中国乡村治理模式变迁的社会资本分析：人民公社与"乡政村治"体制的比较研究 [M]. 哈尔滨：黑龙江人民出版社，2008.

[100] 慕禹. 一贯道概要 [M]. 台北：蠡巨书局，2002.

[101] 潘伟杰. 宪法的理念与制度 [M]. 上海：上海人民出版社，2004.

[102] 庞金友. 现代西方国家与社会关系理论 [M]. 北京：中国政法大学出版社，2006.

[103] 庞树奇，范明林. 普通社会学理论 [M]. 上海：上海大学出版社，

2011.

[104] 彭怀恩."中华民国"政治体系的分析[M].台北:时报文化出版事业有限公司,1983.

[105] 彭怀恩.台湾政治变迁40年[M].台北:自立晚报出版社,1987.

[106] 彭怀真.觉醒中的消费杂志[A].萧新煌,郑又平,雷倩.台湾的消费者运动理论与实际[C].台北:时报文化出版事业有限公司,1982.

[107] 彭清燕.法治热点若干问题研究[M].长沙:湖南师范大学出版社,2014.

[108] 齐延平.人权研究第16卷[M].济南:山东人民出版社,2016.

[109] 乔丛启.孙中山法律思想体系研究[M].北京:法律出版社,1992.

[110] 瞿海源.跨世纪公民的教育问题[A].市民社会与民主的反思[C].台北:桂冠出版社,1998.

[111] 瞿宛文.台湾经验——民主转型与经济发展[A].朱云汉等.台湾民主转型的经验与启示[C].北京:社会科学文献出版社,2012.

[112] 萨孟武.中国宪法新论[M].台北:三民书局,2007.

[113] 石毅主编.中外律师制度综观[M].北京:群众出版社,2000.

[114] 孙代尧.台湾威权体制及其转型研究[M].北京:中国社会科学出版社,2003.

[115] 孙林,黄日涵.政治学核心概念与理论[M].天津:天津人民出版社,2017.

[116] 孙尚扬.宗教社会学[M].北京:北京大学出版社,2001.

[117] 孙向晨.公民宗教之于公共领域及其三个版本浅议[A].基督教思想评论(总第二十一辑)[C].北京:宗教文化出版社,2016.

[118] 孙中山.三民主义[M].北京:北新书局,1927.

[119] 宋光宇.天道钩沉——一贯道调查报告[M].台北:嵩华彩色印刷有限公司,1983.

[120] 宋光宇.天道钩沉——一贯道与现代社会(上)[M].台北:三扬印刷企业,1996.

[121] 苏家坡.社会调查理论与方法[M].长沙:湖南师范大学出版社,1989.

[122] 唐桦.文化研究视域下的台湾社会:音乐、电影及其他[M].厦门:

厦门大学出版社，2014.

[123] 陶文钊.加强对台湾社会转型及其影响的研究[A].张海鹏、李细珠.台湾历史研究（第二辑）[C].北京：社会科学文献出版社，2014.

[124] 体恒法师.僧眼看台湾——宝岛佛教六十日参学记[M].北京：世界知识出版社，2008.

[125] 田弘茂.大转型——"中华民国"的政治和社会变迁[M].李晴晖，丁连财，译.台北：时报文化出版事业有限公司，1989.

[126] 许嘉猷.台湾代间社会流动初探——流动表的分析[A].伊庆春，朱瑞玲.台湾社会现象的分析——家庭、人口、政策与阶层[C].台北："中研院"三民主义研究所，1989.

[127] 汪丁丁.行为社会科学基本问题[M].上海：上海人民出版社，2017.

[128] 汪小平.台湾经济政策改革源起探讨(1950—1960)[A].张海鹏、李细珠.台湾历史研究（第三辑）[C].北京：社会科学文献出版社，2016.

[129] 汪小平.两岸学界对台湾土地改革研究的学术综述[A].张海鹏、李细珠.台湾历史研究（第四辑）[C].北京：社会科学文献出版社，2016.

[130] 王德睦，杨静利，刘一龙.台湾全志（卷三）·住民志·人口篇[M].台北："国史馆"台湾文献馆，2006.

[131] 王家英.国际政治经济、国家与台湾阶级发展[A].刘兆佳，尹宝珊，李明堃，黄绍伦.发展与不平等——大陆与台湾之社会阶层与流动[C].香港：香港中文大学香港亚太研究所，1994.

[132] 王名.非营利组织管理概论[M].北京：中国人民大学出版社，2002.

[133] 王名.社会组织概论[M].北京：中国社会出版社，2010.

[134] 王顺民.宗教福利[M].台北：亚太图书出版社，1999.

[135] 王泰升、曾文亮.台湾法学会四十年史[M].台北：社团法人台湾法学会，2011.

[136] 王焱.社会思想的视角[M].杭州：浙江大学出版社，2012.

[137] 王振寰.台湾新政商关系的形成与政治转型[A].萧新煌，徐正光.台湾的"国家"与社会[C].台北：东大图书股份有限公司，1995.

[138] 王正智.要从了解和尊重台湾的民间宗教信仰做起[A].谢庆云、刘

家军主编. 清水润生——第八届海峡论坛清水祖师文化论集 [C]. 厦门：厦门大学出版社，2016.

[139] 温振华，戴宝村. 淡水河流域变迁史 [M]. 新北：台北县立文化中心，1998.

[140] 文崇一. 台湾的工业化与社会变迁 [M]. 台北：东大图书股份有限公司，1989.

[141] 吴辉. 迪尔凯姆社会事实论研究：基于唯物史观及其思想史视野的考察 [M]. 合肥：安徽大学出版社，2017.

[142] 吴明德. 台湾民俗文化的推手林明德 [A]. 徐杰舜，金羊毛的寻找者——世纪之交的中国民俗学家 [C]. 哈尔滨：黑龙江人民出版社，2005.

[143] 夏勇. 走向权利的时代——中国公民权利发展研究 [M]. 北京：社会科学文献出版社，2007.

[144] 萧全政. 台湾新思维：国民主义 [M]. 台北：时英出版社，1995.

[145] 萧新煌. 要钱更要人——台湾消费者运动的回顾与展望 [M]. 台北：久大文化股份有限公司，1987.

[146] 萧新煌. 变迁中台湾社会的中产阶级 [M]. 台北：巨流图书公司，1989.

[147] 萧新煌. 社会力——台湾向前看 [M]. 台北：自立晚报文化出版部，1989.

[148] 萧新煌，张景旭. 台湾的阶级结构与阶级性格——对中产阶级的进一步观察 [A]. 刘兆佳，尹宝珊，李明堃，黄绍伦. 发展与不平等——大陆与台湾之社会阶层与流动 [C]. 香港：香港中文大学香港亚太研究所，1994.

[149] 谢路军. 中国佛教脉络 [M]. 北京：中国财富出版社，2013.

[150] 徐峰. 当代台湾政党政治研究 [M]. 北京：时事出版社，2009.

[151] 徐瑞希. 政商关系解读 [M]. 台北：远流图书公司，1992.

[152] 徐振国. 中国近现代的"国家"转型和政商关系变迁 [M]. 台北：韦伯文化国际出版有限公司，2008.

[153] 许皆清. 台湾地区有组织犯罪与对策研究 [M]. 北京：中国检察出版社，2006.

[154] 许开轶. 二战后东亚地区社会变迁的政治分析·东亚威权政治及其转型研究 [M]. 合肥：合肥工业大学出版社，2014.

[155] 严泉，陆红梅.台湾的中产阶级[M].北京：九州出版社，2009.

[156] 杨渡.民间的力量[M].台北：远流出版社，1987.

[157] 杨菊平.非正式制度与乡村治理研究[M].上海：上海交通大学出版社，2016.

[158] 杨流昌.天道传奇——一贯道在台湾的传播与影响[M].香港：中国评论学术出版有限公司，2011.

[159] 姚光祖.消费者文教基金会所面临的挑战——保护消费者运动不容阻挠[A].萧新煌，郑又平，雷倩.台湾的消费者运动理论与实际[C].台北：时报文化出版事业有限公司，1982.

[160] 叶石涛.文学回忆录[M].台北：远景出版社，1983.

[161] 伊庆春.有关社会制度的社会问题——家庭问题[A].杨国枢，叶启政.台湾的社会问题[C].台北：巨流图书公司，1991.

[162] 游劝荣.台湾法律界[M].北京：九州出版社，2013.

[163] 尤英夫.中外律师制度[M].台北：中央文物供应社，1985.

[164] 俞筱钧.教育、心理与社会服务[M].台北：中国文化大学出版部，1980.

[165] 毓朗.台港澳经济贸易辞典[M].太原：山西经济出版社，1993.

[166] 余逊达，赵永茂.参与式地方治理研究[M].杭州：浙江大学出版社，2009.

[167] 于宗先.台湾的对外贸易发展[M]."中研院"经济研究所，1982.

[168] 庄天赐.台湾全志（卷五）·经济志·工业篇[M].台北："国史馆"台湾文献馆，2006.

[169] 左成慈.余纪忠办报思想与实践研究：1988—2001[M].南京：南京大学出版社，2003.

[170] 张海鹏等.当代中国台湾史研究[M].北京：中国社会科学出版社，2015.

[171] 张茂桂.新社会秩序与中介团体[A].张晓春，萧新煌，徐正光.一九八五社会批判——社会转型[C].高雄：敦理出版社，1986.

[172] 张明伟."宪治"下的训政[M].台北：元照出版有限公司，2017.

[173] 张人杰.台湾社会生活史——休闲游憩、日常生活与现代性[M].新北：稻香出版社，2006.

[174] 张胜彦，洪绍洋. 台湾全志（卷五）·经济志·经济成长篇 [M]. 台北："国史馆"台湾文献馆，2006.

[175] 张世贤. 公共政策析论 [M]. 五南图书出版社，1986.

[176] 张珣、江灿腾. 当代台湾宗教研究导论 [M]. 北京：宗教文化出版社，2004.

[177] 张钟汝，范明林. 政府与非政府组织合作机制建设 [M]. 上海：上海大学出版社，2010.

[178] 朱元发. 涂尔干社会学引论 [M]. 台北：远流出版社，1988.

[179] 郑大华. 张君劢 [M]. 北京：群言出版社，2013.

[180] 郑丰喜. 汪洋中的一条船 [M]. 北京：华夏出版社，2000.

[181] 郑又平，雷倩. 台湾的报纸怎么看"消费者运动" [A]. 萧新煌，郑又平，雷倩. 台湾的消费者运动理论与实际 [C]. 台北：时报文化出版事业有限公司，1982.

[182] 郑振清. "本土化"与当代台湾政治转型的动力与进程 [A]. 周志怀. 台湾研究优秀成果奖获奖论文汇编·2010 卷 [C]. 北京：社会科学文献出版社，2011.

[183] 郑志明. 台湾传统信仰的宗教诠释 [M]. 台北：大元书局，2005.

[184] 郑志明. 台湾全志（卷九）·社会志·宗教与社会篇 [M]. 台北："国史馆"台湾文献馆，2006.

[185] 郑志明，孔健中. 北港朝天宫的神明会 [M]. 嘉义：南华管理学院，1998.

[186] 钟秉正，蔡怀卿. 宪法精义 [M]. 台北：新学林出版有限公司，2007.

[187] 邹东涛. 邹东涛讲诺斯 [M]. 北京：北京大学出版社，2011.

[188] "中国青商会". 中国青商史 [M]. 台北：国际青年商会"中华民国"总会，1995.

[189] 周呈奇. 战后台湾经济增长思想研究 [M]. 北京：九州出版社，2007.

[190] 周阳山. 自由与权威 [M]. 台北：三民书局，1990.

[191] 朱谌. "中华民国宪法"与孙中山思想 [M]. 台北：五南图书出版有限公司，1995.

[192] 朱瑞玲. 台湾社会现象的分析——家庭、人口、政策与阶层 [C]. 台

北："中研院"三民主义研究所，1989.

[193] 朱显龙.台湾商海中的"台南帮"[M].北京：九洲图书出版社，1999.

[194] 朱云鹏.1980至1986年间台湾所得分配变动趋势的分析[A].伊庆春，庄国雄.新企业与新企业家[M].台北：交通银行企划部，1989.

[195][爱尔兰]伯克.伯克文集[M].廖红，译.北京：北京理工大学出版社，2014.

[196][爱尔兰]伯克.自由与传统：柏克政治论文选[M].蒋庆，译.北京：商务印书馆，2001.

[197][澳]家博.台湾乡村地方政治[M].严安林，译.南京：南京大学出版社，1992.

[198][奥]约瑟夫·熊彼特.资本主义、社会主义与民主[M].吴良健，译.北京：商务印书馆，2007.

[199][德]黑格尔.宗教哲学讲演录[M].魏庆征，译.北京：社会科学文献出版社，1999.

[200][德]马克思，恩格斯.马克思恩格斯全集（第19卷）[M].中共中央马克思恩格斯列宁斯大林著作编译局，译.北京：人民出版社，1963.

[201][德]马克思，恩格斯.马克思恩格斯选集[M].中共中央马克思恩格斯列宁斯大林著作编译局，译.北京：人民出版社，1995.

[202][法]埃米尔·涂尔干.自杀论[M].冯韵文，译.北京：商务印书馆，1996.

[203][法]埃米尔·涂尔干.社会分工论[M].渠东，译.北京：生活·读书·新知三联书店，2013.

[204][法]埃米尔·涂尔干.宗教生活的基本形式[M].渠东，汲喆，译.北京：商务印书馆，2011.

[205][法]古斯塔夫·勒庞.乌合之众：大众心理研究[M].语娴，译.呼和浩特：远方出版社，2016.

[206][法]托克维尔.论美国的民主[M].李宜培，杨新楣，译.香港：今日世界社，1985.

[207][法]托克维尔.政治与友谊：托克维尔书信集[M].黄艳红，译.上海：上海三联书店，2010.

[208][法]托克维尔.论美国的民主[M].董果良,译.北京:商务印书馆,2013.

[209][法]托克维尔.旧制度与大革命[M].冯棠,译.北京:商务印书馆,2016.

[210][法]托克维尔.旧制度与大革命[M].陈玮,译.北京:中央编译出版社,2013.

[211][美]韦艾德,葛苏珊.台湾政治经济理论研究[M].张苾芜,译.厦门:鹭江出版社,1992.

[212][美]艾伯特·奥·赫希曼.欲望与利益——资本主义走向胜利前的政治争论[M].上海:上海文艺出版社,2003.

[213][美]巴林顿·摩尔.民主和专制的社会起源[M].拓夫等,译.北京:华夏出版社,1987.

[214][美]伯尔曼.法律与宗教[M].梁治平,译.北京:生活、读书、新知三联书店,1999.

[215][美]高棣民.台湾奇迹[M].台北:洞察出版社,1988.

[216][美]吉列尔莫·奥唐奈.现代化和官僚威权主义:南美政治研究[M].王欢,申明民,译.北京:北京大学出版社,2008.

[217][美]吉列尔莫·奥唐奈,[意]菲利普·施密特.威权统治的转型:关于不确定民主的试探性结论[M].锦威,柴绍锦,译.北京:新星出版社,2012.

[218][美]杰弗里·弗里登.20世纪全球资本主义的兴衰[M].杨宇光,译.上海:上海人民出版社,2017.

[219][美]坎培尔,威尔斯.社会中的法律研究[A].威廉·M.伊凡,法律社会学[C],郑哲民,译.台北:巨流图书公司,1996.

[220][美]兰德尔·柯林斯,迈克尔·马科夫斯基.发现社会:西方社会学思想述评(第8版)[M].李霞,译.北京:商务印书馆,2014.

[221][美]勒博.国际关系的文化理论[M].陈锴,译.上海:上海社会科学院出版社,2012.

[222][美]理查德·A.波斯纳.武欣,凌斌,译.法律理论的前沿[M].北京:中国政法大学出版社,2003.

[223][美]利普塞特(Lipset,Seymour Martin).政治人:政治的社会基础

[M].刘钢敏，聂蓉，译.北京：商务印书馆，1993.

[224][美]罗伯特·D.帕特南.流动中的民主政体：当代社会中社会资本的演变[M].李筠，王路遥、张会芸，译.北京：社会科学文献出版社，2014.

[225][美]罗伯特·D.帕特南.使民主运转起来——现代意大利的公民传统[M].王列，赖海榕，译.北京：中国人民大学出版社，2015.

[226][美]罗伯特·达尔.论民主[M].李柏光，林猛，译.北京：商务印书馆，1999.

[227][美]诺斯.经济史中的结构与变迁[M].陈郁，罗华平，译.上海：生活·读书·新知三联书店上海分店，1994.

[228][美]诺斯.制度、制度变迁与经济绩效[M].刘守英，译.北京：生活·读书·新知三联书店，1994.

[229][美]诺斯，约翰·约瑟夫·瓦利斯，巴里·R.温格斯特.杭行，王亮，译.暴力与社会秩序：诠释有文字记载的人类历史的一个概念性框架[M].上海：格致出版社，上海三联书店，上海人民出版社，2013.

[230][美]彼得·H.史密斯(Peter H. Smith).论拉美的民主[M].谭道明，译.南京：译林出版社，2013.

[231][美]乔·萨托利.政党与政党体制[M].王明进，译.北京：商务印书馆，2006.

[232][美]乔万尼·萨托利.民主新论上：当代论争[M].冯克利，阎克文，译.上海：上海人民出版社，2015.

[233][美]塞缪尔·P.亨廷顿.变化中的政治秩序[M].北京：华夏出版社，1988.

[234][美]塞缪尔·P.亨廷顿.第三波：20世纪后期的民主化浪潮[M].刘军宁，译.上海：上海三联书店，1998.

[235][美]史蒂芬·B.史密什.耶鲁大学公开课：政治哲学[M].贺晴川，译.北京：北京联合出版公司，2015.

[236][美]维克托·尼保罗·英格拉姆.嵌入与超越：制度、交换和社会结构[A].薛晓源，陈家刚，译.全球化与新制度主义[C].北京：社会科学文献出版社，2004.

[237][美]小奥利弗·温德尔·霍姆斯.普通法[M].冉昊，姚中秋，译.北京：中国政法大学出版社，2006.

[238][美]西摩·马丁·李普塞特.政治人：政治的社会基础[M].上海：上海人民出版社，1997.

[239][美]谢尔顿·S.沃林.两个世界间的托克维尔：一种政治和理论生活的形成[M].段德敏，毛立云，熊道宏，译.南京：译林出版社，2016.

[240][美]约瑟夫·熊彼特.资本主义、社会主义与民主[M].吴良健，译.北京：商务印书馆，1999.

[241][日]若林政丈.分裂国家与民主化(中文版)[M].台北：月旦出版社股份有限公司，1992.

[242][日]若林政丈.分裂国家与民主化[M].洪金珠，许佩贤，译.台北：新自然主义股份有限公司，2004.

[243][英]卡尔·波兰尼,巨变——当代政治经济的起源[M].黄树民，译.北京：社会科学文献出版社，2017.

[244][英]马丁·洛克林(Martin Luoghlin).公法与政治理论[M].郑戈，译.北京：商务印书馆，2002.

[245][英]帕特里·克贝尔特，[葡]菲利佩·卡雷拉·达·席尔瓦.二十世纪以来的社会理论[M].瞿铁鹏，译.北京：商务印书馆，2014.

[246][英]西登托普.托克维尔思想评传[M].林猛，译.北京：商务印书馆，2013.

[247]Andrew J. Nathan, Helena V. S. Ho. *Chiang Ching-kuo's Decision for Political Reform*[M] // Shao-Chuan Leng. Chiang Ching-kuo's Leadership in the Development of the ROC on Taiwan. Boston: University Press of America, 1993.

[248]Austin, Chinhengo. *Essential Jurisprudence* [M]. London: Cavendish Publishing Limited, 1995.

[249]Juan J Linz. *An Authoritarian Regime: The Case of Spain*[M]// Erik Allardt & Yrjö Littunen. Cleavages, Ideologies and Party Systems: Contributions to Comparative Political Sociology. Helsinki: The Academic Bookstore, 1964.

[250]Park, Robert E. *The City: Suggestions for the Investigation of Human Behavior in the Urban Environment* [M]. Chicago: University of Chicago Press, 1915.

[251]Peter H. Smith. *Democracy in Latin America: Political Change in Comparative Perspective* [M]. New York: Oxford University Press, 2012.

[252]Stouffer, Samuel A. *Communism Conformity and Civil Liberties* [M]. Garden City, NJ: Doubleday, 1990.

[253]Thomas Gold. *State and Society in Taiwan Miracle* [M]. New York: M.E. Sharpe, 1986.

[254]Tun-jen Cheng. Taiwan in Democratic Transition[M]// James W. Morley. Economic Growth and Political Change: The Experience of Nine Countries in the Asia Pacific Region, Armonk, N.Y: M. E. Sharpe, 1993.

[255]Urquidi and Marjory Mattingly(tr), Fernando Henrique Cardoso and Faletto Enzo. *Dependency and Development in Latin America*[M]. Berkeley: University of California Press, 1979.

[256]Carl J. Fredrick, Zbigniew Brzeziski. *Totalirarian Dietatorship and Autocracy*[M]. MA: Harvard University Press, 1965.

学位论文

[1] 董正华. 当代台湾与韩国的小农制：1949—1979[D]. 北京：北京大学，1993.

[2] 何明修. 民主转型过程中的"国家"与民间社会：以台湾的环境运动为例 (1986—1998) [D]. 台北：台湾大学，2000.

[3] 何子文. 菩萨公民：佛教僧人的社会身份及其近代转变 [D]. 上海：上海大学，2010.

[4] 黄飞君. 全球视野下宗教单元的宗教功能研究 [D]. 上海：复旦大学，2011.

[5] 李秘. 中间权力网络与台湾的民主进程 [D]. 上海：复旦大学，2010.

[6] 刘锡斌. 台湾地方自治制度研究 [D]. 北京：中国人民大学，2005.

[7] 刘振兴. 政治转型中的军队角色——解严前后至政党轮替 [D]. 台北：政治作战学校，2004.

[8] 倪炎元. 南韩与台湾威权政体转型之比较研究 [D]. 台北：政治大学，1993.

[9] 佟文娟. 过程与分析：媒体与台湾政治民主化 (1949—2007) [D]. 厦门：

厦门大学，2008.

[10] 涂义泽. 影响我国青商会组织变革之关键成功因素 [D]. 台北：台湾大学，2018.

[11] 汪伟瑞. 台湾基督长老教会之政治参与——以台南地区长老教会为例 [D]. 台北：台湾铭传大学，2003.

[12] 赵永茂. 台湾省基层政治精英之民主价值取向——乡镇（市）长民意代表之分析 [D]. 台北：台湾大学，1987.

[13] 郑振清. 台湾基督教长老教会的政治参与 [D]. 福州：福建师范大学，2003.

期刊

[1] 安东.1949—2009 年台湾历史上的四月 [J]. 台声，2010(4).

[2] 才家瑞. 国民党在台湾土改评析 [J]. 台湾研究，2002(4).

[3] 陈继盛等. 当前国家重大法制改革系列座谈会 [J]."中国比较法学会"学报，1988(6).

[4] 褚静涛. 李国鼎与台湾资讯电子产业 [J]. 南京社会科学，2004(2).

[5] 邓利娟. 试析台湾经济发展的资金来源 [J]. 台湾研究集刊，1987(2).

[6] 房宁等. 台湾政治转型的条件与路径——东亚五国一区政治发展调研报告之四 [J].Beijing Culture Review，2009 (11).

[7] 范云. 政治转型过程中的妇女运动——以运动者及其生命传记背景为核心的分析取向 [J]. 台湾社会学，2003(5).

[8] 范忠信. 国民冷漠、怠责与怯懦的法律治疗——欧美刑法强化精神文明的作法与启示 [J]. 中国法学，1997(4).

[9] 冯琳. 当代台湾政党史与政治史研究概况 [J]. 兰州学刊，2015(7).

[10] 高秉雄，唐扬. 主流理论视野中的国家与社会关系 [J]. 社会科学动态，2017(4).

[11] 高全喜. 宪法的生命在于实施 [J]. 民主与科学，2018(1).

[12] 高兴松. 小农制与台湾农业的发展 [J]. 台湾研究集刊，1999(2).

[13] 高玉林. 信任与不信任的社会均衡 [J]. 浙江社会科学，2012(7).

[14] 顾忠华. 公民结社的结构变迁——以台湾非营利组织的发展为例 [J]. 台湾社会研究季刊，1999(36)。

[15] 郭吉仁、谢长廷.台北法律服务中心——过去、现在、未来 [J].中国比较法学会学报，1980(12).

[16] 郭宇宽.法眼看世间：台湾佛教界教给了我们什么 [J].中国慈善家，2013(4).

[17] 郭希华.评李国鼎的企业经营思想 [J].台湾研究，1998(4).

[18] 何明修.台湾环境运动的开端：专家学者、党外与草根 (1980-1986) [J].台湾社会学，2001(2).

[19] 洪岩璧.道德与信任：道德认知的阶层差异 [J].东南大学学报（哲学社会科学版），2016,18(3).

[20] 胡玉鸿.西方三大法学流派方法论检讨 [J].比较法研究，2005(2).

[21] 黄晓波，王贻正.社会资本理论视阈下的文化建设 [J].经济研究导刊，2012(24).

[22] 贾西津，王名.两岸 NGO 发展与现状比较 [J].第三部门研究学刊，2004(1).

[23] 蒋雅芳.台湾民营企业的剖析 [J].亚太经济，1989(6).

[24] 康涵真.关系运作与法律的边缘化——台湾小型企业非正式融资活动的研究 [J].台湾社会研究季刊，1994(17).

[25] 雷晓明.市民社会、社区发展与社会发展 [J].社会科学研究，2005(2).

[26] 李丁赞.社会力的文化基础——论环境权感受在台湾的历史形成 (1970—1986)[J].台湾社会研究季刊，2000(38).

[27] 李非.战后台湾经济发展原因刍议 [J].台湾研究集刊，1988(1).

[28] 李非.台湾经济发展模式特征与困境 [J].台湾研究集刊，1991(4).

[29] 李培林.另一只看不见的手：社会结构转型 [J].中国社会科学，1992(5).

[30] 李培林.社会结构转型理论研究 [J].哲学动态，1995(2).

[31] 李伸一.消费者保护基本法应有之内容 [J]."中国比较法学会"学报，1981(12).

[32] 李胜，王小艳.流域跨界污染协同治理：理论逻辑与政策取向 [J].福建行政学院学报，2012(3).

[33] 林碧尧.台湾的反公害运动 [J].生态台湾，2008(21).

[34] 林长华. 战后台湾公营经济及其民营化的性质剖析 [J]. 台湾研究集刊，1996(4)。

[35] 林佳龙. 台湾民主化与政党体系的变迁——菁英与群众的选举连结 [J]. 台湾政治学刊，2000(4).

[36] 林震. 论台湾民主化进程中的认同问题 [J]. 台湾研究集刊，2001(2).

[37] 林震. 关于台湾地区和韩国民主化研究述评 [J]. 莆田学院学报，2003(4).

[38] 刘阿荣. 公民意识与民主政治的辩证发展 [J]. 学术研究，2019(5).

[39] 刘培峰. 托克维尔论民主的社会条件 [J]. 比较法研究，2012(2).

[40] 刘新圣. 积极引导社会力量成长——台湾民主转型的一点启示 [J]. 世纪桥，2012(19).

[41] 卢文婷. 解严前台湾妇女参政及其转变 (1945—1987)[J]. 台湾文献，2011,62(1).

[42] 罗雪飞. 以经验主义对抗建构主义——论哈耶克的自由观 [J]. 中共天津市委党校学报，2014(3).

[43] 罗轶轩. 论托克维尔的政治自由观及其局限 [J]. 华中科技大学学报 (社会科学版)，2018, 32(5).

[44] 牛芳. 台湾经济的初步发展与外汇贸易改革的作用 [J]. 经济纵横，1992(10).

[45] 欧焕文. 台湾宗教兴盛的背后 [J]. 中国宗教，1995(1).

[46] 覃慧. 权力与权利之间：台湾地区烟害防制法制经验与启示 [J]. 台湾研究集刊，2005(1).

[47] 卿松. 社会资本视域下的城市和谐社区建构 [J]. 商业经济研究，2012(29).

[48] 渠敬东. 涂尔干的遗产：现代社会及其可能性 [J]. 社会学研究，1999(1).

[49] 渠敬东. 职业伦理与公民道德——涂尔干对国家与社会之关系的新构建 [J]. 社会学研究，2014,29(4).

[50] 沈惠平. 美国与台湾民主化进程 [J]. 厦门大学学报，2010(5).

[51] 康环芳. 法社会学研究方法在民法学教学中的应用 [J]. 法制与经济，2014(18).

[52] 苏婧.寻找一个完整而非碎片化的哈贝马斯——谈"公共领域"思想及其发展 [J].新闻界，2018(5).

[53] 孙代尧.台湾威权政体的转型：策略互动、成本计算与理性选择 [J].台湾研究集刊，2002(2).

[54] 唐金培.台湾民间信仰的区域特色与河洛渊源 [J].寻根，2012(2).

[55] 王耕.源远流长：浅谈台湾的民间信仰 [J].两岸关系，2000(4).

[56] 王江伟.威权体制下的环境抗争与政府响应——台湾经验的分析 [J].两岸基层选举与地方治理研究通讯，2015,3(1).

[57] 王名.非营利组织的社会功能及其分类 [J].学术月刊，2006(9).

[58] 王振寰.台湾的政治转型与反对运动 [J].台湾社会研究季刊，1989,2(1).

[59] 韦森.再评诺斯的制度变迁理论 [J].经济学（季刊），2009,8(2).

[60] 韦森.入世的政治——经济学家阿尔伯特·赫希曼的思想之旅 [J].复旦学报（社会科学版），2015(6).

[61] 吴乃德.搜寻民主化的动力——兼谈民主转型的研究取向 [J].台湾社会研究季刊春季号，1989,2(1).

[62] 吴能远.也谈"台湾经济模式" [J].台湾研究集刊，1989(1).

[63] 萧功秦.国家、社会与转型 [J].中国企业家，2008(16).

[64] 萧全政.国民主义：台湾地区威权体制的政经转型 [J].政治科学论丛，1991(2).

[65] 严安林.汪道涵：关键时刻适时出手 [J].世界知识，2006(2).

[66] 杨欢进.李国鼎及其经济思想 [J].台湾研究，1999(2).

[67] 游盈隆.Elite Politics in the Process of Taiwan's Regime change (1984—1987)[J].东吴政治学报，1993(2).

[68] 俞可平.社会资本与草根民主——罗伯特·帕特南的《使民主运转起来》[J].经济社会体制比较，2003(2).

[69] 袁兴昌.评奥唐奈的新权威主义理论 [J].拉丁美洲研究，1992(1).

[70] 张婧.制度、体制和机制之间的区别与联系 [J].世界华商经济年鉴：理论版，2010(6).

[71] 张君劢.中国新宪法起草经过 [J].再生周刊，1948(220).

[72] 张世宏.台湾出口导向型工业化战略的选择及实施成功原因之探析

[J]. 台湾研究集刊，2004(3).

[73] 张勇. 古典政治经济学的新复兴——评道格拉斯·诺斯等著《暴力与社会秩序》[J]. 国外理论动态，2013(10).

[74] 张运良，制度：一个社会学概念的演化 [J]. 吉林广播电视大学学报，2006(5).

[75] 赵建中、陆丰. 简论李国鼎的财政金融思想 [J]. 台湾研究，1998(2).

[76] 郑大华. 张君劢与 1946 年"中华民国宪法"[J]. 淮阴师范学院学报（哲学社会科学版），2003(2).

[77] 郑大华. 重评 1946 年"中华民国宪法"[J]. 史学月刊，2003(2).

[78] 郑旭文. 经验主义与建构主义——宪政实现的基本范式 [J]. 中国石油大学学报：(社会科学版)，2009(1).

[79] 周红云. 再评社会资本：布迪厄、科尔曼和帕特南的比较 [J]. 经济社会体制比较，2003(4).

[80] 周安安. 台湾社会转型中的人间佛教 [J]. 文化纵横，2010(5).

[81] 朱云汉. 国民党与台湾的民主转型 [J]. 二十一世纪，2001(6).

[82][韩] 朴允哲. 台湾的市民社会组织与市民社会的成熟度 [J]. 中国学研究，2004(30).

[83][美] 高棣民. 从"依附理论"看台湾发展 [J]. 天下杂志，1984(43).

[84][美] 高棣民. 东亚新兴工业国对发展理论的挑战 [J]. 思与言，1985,23(4).

[85][美] 诺斯. 历时经济绩效——1993 年 12 月 9 日在斯德哥尔摩接受诺贝尔经济学奖时的演讲 [J]. 胡家勇，译. 经济译文，1994(6).

[86]Barrett, Richard E., Martin King Whyte, Dependency Theory and Taiwan: Analysis of a Deviant Case[J]. *American Journal of Sociology* 1982, (87:5).

[87]Coombs, Lolagene C., Te-Hsiung Sun. Familial Values in a Developing Society: A Decade of Change in Taiwan[J]. *Social Forces*, 1981, (59:4).

[88]Gates H.. The Great Transformation: Social Change in Taipei: Taiwan since the 1960s (review)[J]. *China Review International*,1997, (4:4).

[89]Hefner, R. W., Cheng, Brown, T., Deborah, A.. Religious organizations and democratization: Case studies from contemporary Asia[J]. *The Journal of*

Asian Studies, 2007, (66:1).

[90]Hsiao, Hsin-Huang Michael. State and Society in the Taiwan Miracle[J]. *Contemporary Sociology*, 1987, (16:6).

[91]Katz, Paul R. Religion and the State in Post-War Taiwan[J]. *The China Quarterly*, 2003, (174).

[92]Marsh Robert M., Cheng-Kuang Hsu. Changes in Norms and Behavior Concerning Extended Kin in Taipei, Taiwan, 1963-1991[J]. *Journal of Comparative Family Studies*, 1995, (26:3).

[93]Myers, Ramon H. The Economic Transformation of "the Republic of China" on Taiwan[J]. *The China Quarterly*, 1984, (99).

[94]Ngo, Tak-Wing, Yi-Chi Chen. The Genesis of Responsible "Government" under Authoritarian Conditions: Taiwan during Martial Law[J]. *China Review*, 2008, (8:2).

[95]Tan, Qingshan, et al. Local Politics in Taiwan: Democratic Consolidation[J]. *Asian Survey*, 1996, (36:5).

[96]Taylor C.. Models of Civil Society[J]. *Public Culture*, 1990, 3(1).

[97]Thomas Gold. Taiwan Society at the Fin De Siècle" [J]. *The China Quarterly*, 1996, (148).

[98]Tien, Hung-mao. Taiwan in Transition: Prospects for Socio-Political Change[J]. *The China Quarterly*, 1975, (64).

[99]Winn, Jane Kaufman, Tang-chi Yeh. Advocating Democracy: The Role of Lawyers in Taiwan's Political Transformation[J]. *Law & Social Inquiry*, 1995, (20:2).

[100]Winckler Edwin A. Institutionalization and Participation on Taiwan: From Hard to Soft Authoritarianism [J]. *The China Quarterly*, 1984, (99).

网络资源

[1] 财团法人"中华民国"消费者文教基金会官网.关于基金会 [EB/OL]. https://www.consumers.org.tw/home.html，2018-01-11.

[2] 财团法人张荣发基金会.关于我们 [EB/OL].https://www.cyff.org.tw，2018-07-11.

[1] 董氏基金会官网. 董氏 30[EB/OL].https://www.e-quit.org/CustomPage/HtmlEditorPage.aspx?MId=863，2018-04-07.

[2] 国家行政学院中国特色社会主义理论体系研究中心，坚定不移地推进社会主义协商民主建设. 人民网：理论频道 [EB/OL].http://theory.people.com.cn/n/2014/1017/c40531-25854689.html，2014-10-17.

[3] 李迅. 台湾佛教慈善发展经验谈 [EB/OL].http://shszx.eastday.com/node2/node4810/node4851/gatq/u1ai69294.html，2018-10-27.

[4] 台湾青年商会简介.[EB/OL].https://www.xzbu.com/1/view-172300.htm, 2019-11-07.

[5] 赵丽妍. 米糠油中毒 30 年 生活差过艾滋患者 [EB/OL].http://www.chinatimes.com/cn/realtimenews/20150109002384-260405，2018-01-10.

[6] 中国青商会会议规范.[EB/OL].http://www.taiwanjc.org.tw/DocuList.asp?Dno=G, 2019-01-17.

[7] 中国青商会官网.[EB/OL].http://www.taiwanjc.org.tw/LomStory.asp?JcNo=000, 2019-01-07.

其他来源

[1] 韩明安等. 新语词大辞典 [Z]. 哈尔滨：黑龙江人民出版社，1991.

[2] 刘建业等. 中国抗日战争大辞典 [Z]. 北京：燕山出版社，1997.

[3] 刘枝万. 台湾省寺庙教堂 (名称、主神地址) 调查表 [R]. 台湾文献 (11：2)[G]. 台北：台湾省文献委员会，1960.

[4] "内政部门". 各级人民团体调查报告 [R]. 台北：政府出版物，1989.

[5] 唐金培. 台湾民间信仰的区域特色 [N]. 中国社会科学报，2015-09-08(004).

[6] 魏镛. 向稳定、和谐、革新的道路迈进——从六次民意调查结果看政治发展趋势 [R]. 台北："研考会"，1986.

[7] 向洪等. 四项基本原则大辞典 [Z]. 成都：电子科技大学出版社，1992.

[8] 徐谦信等. 台湾基督长老教会百年史 [Z]. 台北：前卫出版社，2000.

[9] 中美联合编审委员会. 简明大不列颠百科全书第九册 [Z]. 北京：中国大百科全书出版社，1986.

[10] 朱贻庭等. 伦理学大辞典 [Z]. 上海：上海辞书出版社，2002.

[11] 朱贻庭等.应用伦理学辞典[Z].上海：上海辞书出版社，2013.

[12][英]A.布洛克等.枫丹娜现代思潮辞典[Z].北京：社会科学文献出版社，1988.

后　记

　　本书修改自我的博士论文。写作就像登山，登哪座山、选哪条路，难度系数、沿途风景、境界体验是完全不同的，考验的不仅仅是攀登者本身的身体素质、毅力和能力，还包括许多超出攀登者本身条件之外的要求。其间无数的考验与艰辛，在几经修改、终于完成本书、看到出版的曙光之际，颇有王国维先生所言读书三重境界之感悟。

　　"独上高楼，望尽天涯路。"对我而言，写作之前，只有欲上高楼的冲动，眼里虽有海市蜃楼般的憧憬，心中却并没有路。所幸我的导师刘培峰教授，毫不吝惜将多年思考所得传授于我，这铺垫了本书写作之道。老师所教立意甚高，然我学浅才疏并不能悉数领悟，久久徘徊于山脚之下，迟迟不见真章。好在老师秉持"大道之行"的教学态度，在我看不清山间迷雾、以为发现捷径而要跑偏走斜误入歧途之际，总能如"指路明灯"般引导我回归正题。正所谓"书山有路勤为径"，我也在阅读大量材料后，逐渐悟出老师所言道理，在求知的道路中学会藏巧守拙。

　　"衣带渐宽终不悔，为伊消得人憔悴。"工作、学习、生活，就如登山过程中必须做出的取舍，考验的是后勤保障能力。我的父亲母亲，不辞辛劳用大半生努力为我人生做出温暖的铺垫，让我坚信，文字的逻辑不能脱离生活的实际。夫人身怀六甲时，曾与我风雪中同上自习。如今长子入学，次女初生。此间寒暑，花开花落，很多与家人相伴的时间是在学校的图书馆、自习室、操场、食堂共同度过的，虽五味杂陈，却也留下平凡而美好的校园记忆。家人的温暖让我获得平静的力量，每每困顿难堪之时，"仰首，轻轻一吼，天，依旧；闭眼，匆匆低头，路，悠悠"。登山的过程中，有时急惰，有时用力过猛，有时真的扛不住了。古人"衣带渐宽"，我则是小毛病不断，幸遇良医诊治，或治愈或好转，不胜感激。本书力求见微知著，实在是生活经验的自然表现。

"蓦然回首，那人却在，灯火阑珊处。"本书几经修改，到后来已经不觉得是在写作，而像是看不到尽头的打磨，总觉得有不满意之处，又发现时间不够。幸好写作期间，领导与同事的关心、理解，学校老师与同门的指导、协助，在很大程度上助力我完成此书。无论是研究旨趣，还是研究阶段，我认为此书更像是一个必经的起点，承载着许多依稀可见的答案，提示了许多未尽未解的困惑，值得未来在此基础上做出更具前瞻性的研究。

2022 年 3 月